DEUXIÈME ÉDITION

LES DRAMES DE LA VIE

LA
COMTESSE PAULE

PAR

ÉMILE RICHEBOURG

I

FANCHON-LA-PRINCESSE

PARIS
E. DENTU, ÉDITEUR
LIBRAIRE DE LA SOCIÉTÉ DES GENS DE LETTRES
3, PLACE DE VALOIS — PALAIS-ROYAL

1885

LES DRAMES DE LA VIE

LA COMTESSE PAULE

I

FANCHON-LA-PRINCESSE.

OUVRAGES DU MÊME AUTEUR

LA DAME VOILÉE, 6ᵉ édition. . . . . 1 vol.
L'ENFANT DU FAUBOURG, 4ᵉ édition. . . . . 2 vol.
LA FILLE MAUDITE, 8ᵉ édition. . . . . 2 vol.
LES DEUX BERCEAUX, 4ᵉ édition . . . . 2 vol.
ANDRÉA LA CHARMEUSE, 5ᵉ édition. . . . . 2 vol.
UN CALVAIRE, 2ᵉ édition . . . . 1 vol.
DEUX MÈRES, 6ᵉ édition. . . . . 2 vol.
LE FILS, 6ᵉ édition. . . . . 2 vol.
L'IDIOTE, 4ᵉ édition . . . . 3 vol.
JEAN LOUP, 4ᵉ édition . . . . 3 vol.
LA PETITE MIONNE, 4ᵉ édition. . . . . 3 vol.
LES MILLIONS DE M. JORAMIE, 3ᵉ édition . . . . . 3 vol.
LA NONNE AMOUREUSE, 4ᵉ édition . . . . 1 vol.
LE MARI, 3ᵉ édition. . . . . 3 vol.
LA GRAND'MÈRE, 4ᵉ édition . . . . 3 vol.

EN COLLABORATION AVEC M. DE LYDEN

LES AMOUREUSES DE PARIS. . . . . 2 vol.

BIBLIOTHÈQUE CHOISIE A 1 FR. LE VOLUME

LA BELLE TIENNETTE . . . . 1 vol.
HISTOIRE D'UN AVARE, D'UN ENFANT ET D'UN CHIEN . 1 vol.
QUARANTE MILLE FRANCS DE DOT . . . . 1 vol.

ÉMILE COLIN. — IMP. DE LAGNY

LES DRAMES DE LA VIE

LA

COMTESSE PAULE

PAR

ÉMILE RICHEBOURG

I

FANCHON-LA-PRINCESSE

PARIS
E. DENTU, ÉDITEUR
LIBRAIRE DE LA SOCIÉTÉ DES GENS DE LETTRES
PALAIS-ROYAL, 15-17-19, GALERIE D'ORLÉANS
ET 3, PLACE DE VALOIS.

1888
Tous droits réservés

LES DRAMES DE LA VIE

LA
COMTESSE PAULE

PREMIÈRE PARTIE

FANCHON-LA-PRINCESSE

AVANT-PROPOS

Au mois d'août de l'année 1886, je terminais mon roman le *Mari* et déjà je pensais à la *Grand'Mère*, évoquant, animant les nombreux personnages de ce drame.

Un matin, c'était un samedi, appuyé au balcon de la fenêtre de mon cabinet, je réfléchissais pendant que mes regards embrassaient les magnifiques paysages environnants sur lesquels le soleil versait des torrents de lumière, car la matinée était merveilleusement belle et sereine.

Pas un nuage ne venait ombrer la limpidité de la vaste coupole bleu-turquoise, qui s'étendait au-dessus de la terre et allait se fondre à l'horizon derrière les coteaux boisés.

L'atmosphère était saturée des senteurs agrestes et balsamiques qui arrivaient par bouffées des bois, des jardins, des champs et que portait au loin une brise tiède et légère.

J'admirais le splendide panorama qui se déroulait à mes yeux.

Le château et les futaies de Beauregard, qui couronnent le coteau du côté de Versailles et ferment l'étroit vallon de la Celle-Saint-Cloud et de Bougival.

Marly-le-Roi, qui retentit encore du bruit des chasses et du brouhaha des élégants de l'Ermitage.

Louveciennes embaumé de ses fleurs et parfumé aussi par le souvenir de la pauvre Dubarry.

Plus loin, la terrasse de Saint-Germain et ses environs, les châteaux, les villas en amphithéâtre.

Chatou, Croissy, Bougival, chers aux canotiers.

Meudon et ses bois où s'égarent joyeusement les amoureux de la vingtième année, sous la protection paternelle de l'ombre de Rabelais.

Saint-Cloud encore tout fumant de l'incendie allumé par les torches prussiennes.

Plus bas, Paris, la ville immense, tout à la fois fourmilière laborieuse et fournaise ardente, ville de travail et de plaisir, cœur et cerveau du monde civilisé.

Soudain, la porte de mon cabinet s'ouvrit et, derrière moi, une voix me dit:

— Monsieur, voici vos lettres et vos journaux.

— C'est bien, merci, répondis-je.

Sur mon bureau, avec trois journaux, la bonne avait déposé une lettre et un paquet d'un certain volume ficelé et cacheté.

Le paquet et la lettre m'avaient été adressés au

Petit Journal et m'étaient envoyés à Bougival par les soins de l'administration.

J'examinai le paquet ; il portait le timbre de la poste du bureau de Beaune. L'adresse était ainsi libellée :

MONSIEUR ÉMILE RICHEBOURG

ROMANCIER

au *Petit Journal*

PARIS.

La lettre portait la même adresse écrite de la même main. L'écriture m'était absolument inconnue ; mais je devinai facilement une écriture de femme.

Avant de rompre l'enveloppe du paquet, je le palpai avec une certaine inquiétude. Ce devait être un manuscrit.

J'eus comme un frémissement. Songez donc, un manuscrit, un manuscrit de femme ! Le manuscrit de femme est le fléau des romanciers.

Allais-je ouvrir le paquet ou le laisser intact ? Mon expérience me faisait hésiter. Enfin je me décidai ; je déchirai l'enveloppe.

Je ne m'étais pas trompé : c'était un manuscrit d'une centaine de pages écrit assez lisiblement.

Je lus alors la lettre que je reproduis textuellement :

« Saint-Amand, le 10 août 1886.

» Monsieur,

» Je me permets de vous adresser le récit drama-
» tique de mon existence ; c'est un véritable roman.

» J'ai éprouvé tous les malheurs possibles, comme
» jeune fille, comme épouse et comme mère, et je
» crois que vous intéresserez vivement les nombreux
» lecteurs du *Petit Journal* en les leur racontant.

» Je ne saurais faire ce récit moi-même et je vous
» serais infiniment reconnaissante de vouloir bien
» vous en charger.

» Dans le cas où vous consentiriez, vous voudriez
» bien changer tous les noms, y compris ceux des
» localités.

» En attendant votre réponse, je vous prie, mon-
» sieur, de recevoir mes salutations.

» COMTESSE PAULE DE V. »

Bien des fois déjà des communications de ce genre m'avaient été adressées ; je ne fus nullement surpris. Mais l'expérience m'ayant appris que les prétendus drames, qui sont envoyés ainsi aux romanciers, ne sont le plus souvent que des élucubrations absolument dénuées d'intérêt et même de raison, je me sentais assez disposé à jeter dans un coin le manuscrit de la comtesse.

Cependant, je me ravisai, et séance tenante et courageusement, je me mis à lire.

Je fis bien.

Ma lecture dura une heure. Le récit m'avait intéressé.

— Oui, me dis-je quand j'eus fini, il y a quelque chose dans cela. Cette histoire d'une femme pourrait être le canevas d'un roman.

Le lendemain j'avais le plaisir de recevoir chez moi quelques amis au nombre desquels se trouvaient trois romanciers.

Après le déjeuner, en prenant le café sous les frais ombrages des érables et des sycomores, on parla de littérature, théâtre, roman.

— Messieurs, dit une dame, j'ai quelque chose à vous demander : Une histoire dramatique, vraie, prise dans la vie réelle, avec des personnages qui existent ou ont existé, c'est-à-dire en chair et en os, peut-elle être aussi intéressante, aussi émouvante, que le roman que vous inventez, que vous cherchez et qui est composé de péripéties toutes d'imagination ?

— Moi, dit une autre dame, je crois que messieurs les romanciers n'ont rien de mieux à faire que de se mettre l'esprit à la torture pour trouver un sujet, d'abord, puis des incidents très corsés, très empoignants, qui passionnent les lecteurs, fussent-ils invraisemblables.

— Voilà aussi mon opinion, dit le mari de la première dame ; il n'y a pas de roman dans la vie positive, si dramatiques et si étranges que soient certains faits, certains événements. Si, dans le roman, l'écrivain ne forçait pas les caractères, s'il les prenait tels qu'il les rencontre sur son chemin, il ne parviendrait pas à intéresser ses lecteurs, ses personnages seraient de simples passants qui ne feraient même pas détourner la tête.

Un romancier devait répondre : Mon ami M... prit la parole.

Il protesta énergiquement, citant à l'appui de sa cause plusieurs affaires, les unes de police correctionnelle, les autres de cours d'assises.

— Oui, oui, continua-t-il, et soyez-en convaincu, nos inventions les mieux venues, les plus saisissantes sont au-dessous de la vérité, au-dessous de ce qui se passe continuellement autour de nous, entre les murs de la vie privée.

Que de drames intimes restés ignorés du public dépassent en horreur tout ce que le romancier le plus fécond peut imaginer ! Et d'autre part, que de dévouements inconnus et de sacrifices sublimes ! Vous parliez des caractères : ceux que nous créons, si étonnants qu'ils puissent paraître, existent dans le monde réel. Et l'héroïsme ? Ah ! celui de beaucoup de personnages que je pourrais nommer l'emporte de beaucoup sur les héroïsmes d'invention ! Enfin, les scènes les plus attendrissantes comme les plus terribles, racontées par un romancier ingénieux, ne sont le plus souvent que des espèces de photographies.

La seule chose qui, dans un livre, appartient à l'écrivain, c'est l'arrangement des faits, c'est la mise en scène.

— Mon ami M... a absolument raison, dis-je alors.

Et je parlai du manuscrit que j'avais reçu la veille et de la lettre qui l'accompagnait.

— Est-ce que de l'histoire de la comtesse vous ferez un roman ? me demanda-t-on.

— Je ne sais pas ! peut-être.

— Oui, oui, il faut le faire.

— Eh bien ! je le ferai.

— Quand ?

— Après la *Grand'Mère*.

Tenant ma promesse et sans dénaturer aucun des faits, j'ai écrit l'histoire de la comtesse Paule.

I

LA BELLE PAULE

Nous sommes à Saint-Amand-les-Vignes, gros village du département de la Côte-d'Or, arrondissement de Beaune, à quelques kilomètres de la patrie de Gaspard Monge.

C'est le matin, au commencement du mois de mai 1867. Le temps est superbe, le soleil resplendissant.

La maison dans laquelle nous allons pénétrer est située à peu près au centre du village, dans la rue principale; sa blanche façade est égayée par des pampres verts; à son premier et unique étage, au-dessus du rez-de-chaussée, il y a une petite chambre. Dans cette chambrette, assez coquettement meublée, se trouve une belle jeune fille qui n'a pas encore dix-sept ans; elle est assise près de la fenêtre toute grande ouverte et travaille à un ouvrage de couture.

Tout en piquant et tirant son aiguille, la jeune fille semble s'absorber dans un rêve.

A quoi peut-elle songer?

De temps à autre, comme à la vue de quelque riante image, un mystérieux sourire se dessine sur ses lèvres.

Soudain elle a un mouvement de surprise et dresse la tête. Un bruit inaccoutumé a frappé son oreille. C'est, dans la rue, le galop d'un cheval.

La jeune fille se lève précipitamment et sa jolie figure s'encadre dans la baie de la fenêtre, encadrée elle-même de gobéas, de jasmins et autres plantes grimpantes.

Le cheval qui galope est monté par un jeune et élégant cavalier. En passant, le jeune homme jette un regard sur la fenêtre, fait un léger mouvement de tête, qui peut être pris pour un salut, et c'est tout.

La jeune fille est devenue rouge comme une pivoine, son cœur bat violemment et avec une émotion indicible elle laisse échapper ces mots :

— Ah ! c'est lui !...

Cette exclamation répond évidemment à quelque secrète pensée, faisant suite peut-être au rêve de tout à l'heure, car la jeune fille ne connaît pas le cavalier, qui est déjà loin, et qu'elle vient de voir pour la première fois.

Elle jette un long regard dans la coulée de la rue, ne voit plus rien, mais entend encore le bruit des sabots du cheval sur le pavé. Elle pousse un soupir, se retire de la fenêtre comme à regret, retombe palpitante sur son siège, et ne pensant plus à son travail de couture inachevé, elle se plonge dans une rêverie profonde.

. . . .
. . . .

Cette jeune fille, une simple paysanne, était réellement d'une grande beauté et bien faite pour causer l'admiration d'un peintre et d'un statuaire.

On aurait dit une de ces figures exquises qui illustrent les Keepsakes.

Blonde et rose avec de grands yeux bleus, un regard angélique, sa douce physionomie, parfois rêveuse, mais toujours suave et pleine de charme, pouvait être comparée à celle des anges. Sa bouche mignonne, ornée de dents petites et blanches, semblait avoir été faite pour le sourire. Le nez aux narines mobiles et fines, délicatement attaché, était d'un dessin charmant. Elle avait la taille svelte, élancée, gracieuse, pleine d'élégance. Son cou était celui de Niobé. Ses mains et ses oreilles étaient exquises de formes. Son beau front pur et ses joues aussi fraîches que la rose qui s'épanouit sous les caresses du soleil, appelaient les baisers.

Tout en elle était adorable et résumait toutes les perfections.

Cet ensemble de grâces charmantes et naïves était complété par un air de noblesse et de distinction tel que l'on eût pu croire, en la regardant passer, qu'on avait sous les yeux une princesse déguisée.

Elle s'appelait Paule.

Les habitants de la contrée, en parlant d'elle, disaient toujours la belle Paule.

Mais comme elle avait pour second prénom celui de Françoise, les femmes et les jeunes filles du village, traduisant Françoise par Fanchon, appelaient la belle Paule Fanchon, Fanchon la Princesse.

Dans leur bouche, ce surnom de princesse n'était

1.

pas un éloge, un hommage rendu à la beauté merveilleuse de la jeune fille, à sa distinction, à sa grâce, c'était un sarcasme amer, plein de jalousie et d'envie.

Tous les hommes, jeunes et vieux, pauvres et riches, tournaient autour des jupes de la belle Paule comme des papillons autour de la flamme d'une bougie. Et, comme les papillons finissent toujours par se brûler les ailes à cette flamme qui les attire, messieurs les galantins se brûlaient le cœur au feu ardent des prunelles de la belle Paule.

Femmes et jeunes filles la détestaient, cela se comprend; les unes auraient donné beaucoup pour qu'elle quittât le pays; d'autres, les plus terribles, excitées par la jalousie, allaient jusqu'à désirer sa mort.

Il faut bien le reconnaître, si dur à dire que ce soit, les femmes, quand il s'agit de rivalité de beauté ou de rivalité d'amour, sont impitoyables et implacables.

Cependant il ne faut pas trop jeter la pierre aux femmes: ce qu'elles sont par amour, par jalousie, par vanité même, les hommes le sont par ambition, par cupidité, par orgueil.

Si encore Paule n'avait été que charmante, gracieuse et jolie, mais elle était intelligente, raffinée dans ses goûts, supérieure par ses aspirations.

Les choses vulgaires lui répugnaient, elle allait au beau instinctivement, naturellement, comme les fleurs se tournent vers le soleil.

Il y avait en elle comme un souffle puissant d'intuition; elle savait certaines choses sans les avoir apprises. Son imagination lui révélait des délicatesses sociales dont ses compagnes n'avaient pas même idée, des élégances artistiques véritablement merveilleuses.

Musicienne d'instinct, il lui avait fallu seulement quelques leçons du curé pour toucher de l'orgue, certainement sans observer les règles de l'harmonie qu'elle ignorait complètement, mais avec un grand sentiment. Sa voix était expressive, et quand elle chantait l'*Ave Maria*, on se sentait pris du besoin de prier.

Ses parents, des vignerons, n'étaient pas riches, et sa mère ne pouvait guère faire de frais pour sa toilette ; mais avec le plus petit bout de ruban, Paule était mieux parée que les plus riches avec tous leurs affiquets.

En vérité, comment les mères et leurs filles auraient-elles pu pardonner tout cela à Fanchon? Il ne faut pas demander l'impossible.

Mais toute médaille a son revers; et comme la perfection n'est pas de ce monde, Paule était vaniteuse, fière et dédaigneuse, non pour le vain plaisir d'humilier ses compagnes, mais par le seul sentiment de sa supériorité.

Sa mère et son père l'avaient gâtée et elle devait à leur trop grande faiblesse les défauts de sa nature et de son caractère.

Depuis qu'elle était née, on l'avait adulée, et ses oreilles n'avaient entendu que des louanges. Son père, un très excellent homme, se serait agenouillé devant elle. Sa mère, qui l'adorait, s'extasiait devant sa beauté, ne voulait voir en sa fille qu'une merveille, la portait aux nues. Pierre Rouget, son grand-père, l'idolâtrait.

C'était à qui, du père, de la mère et de l'aïeul vanterait le mieux la beauté, la grâce, l'esprit, les mérites de la jeune fille.

— Ah! lui disait la bonne femme en la contemplant avec admiration, si nous étions à la ville, tu épouserais qui tu voudrais.

— Un millionnaire, disait le père.

— Un prince, ajoutait la mère.

Ces paroles faisaient rire la belle Paule, mais lui donnaient de singulières idées de grandeur.

Au fait, pourquoi n'épouserait-elle pas mieux qu'un pauvre vigneron comme son père, mieux même qu'un riche vigneron?

Elle se berçait dans des rêves insensés et bâtissait châteaux et palais en Espagne.

Et comme elle était franche et naïve, elle ne dissimulait pas ses visées ambitieuses.

Ses compagnes en riaient et n'avaient pas tort.

En effet, quelle chance Fanchon pouvait-elle avoir qu'un jeune homme de la ville, beau, élégant, riche, vînt la chercher à Saint-Amand-les-Vignes pour lui offrir son nom et sa fortune?

Mais quelle jeune fille n'a pas eu son rêve irréalisable?

Paule avait lu dans les contes de fées qu'il y avait toujours un prince charmant pour épouser la fille du bûcheron. Mais le temps des fées était passé, et il n'existait plus de prince charmant.

Bref, autant par les allures involontaires de la jeune fille que par les paroles échappées à ses parents, qui s'en allaient répétant partout : « Elle est digne d'un prince », — le surnom de *la princesse* lui fut donné et il lui resta.

On ne l'appelait plus Paule ou Françoise Pérard, mais Fanchon la Princesse.

Et quand elle arrivait à la danse, — car elle aimait le plaisir, — on s'écriait :

— Voilà Fanchon la Princesse !

— Fanchon la Princesse, tu étais hier au lavoir.

— Fanchon la princesse, iras-tu aux vignes demain ?

Les grandes filles la raillaient.

Les gamins souvent la poursuivaient de huées.

Un jour qu'elle marchait sur la route, poussant sa brouette, une affreuse petite bossue, sale et hargneuse comme un chien galeux, lui jeta une grosse pierre à la tête en criant :

— Hue donc, la Princesse !

Le sang coula.

Le père Pérard voulut étrangler la bossue.

Mais Paule était aussi bonne que belle, elle s'opposa à ce que son père la vengeât.

Ce n'était pas seulement en raison des dons qu'elle avait reçus de la nature, que la jeune fille et ses parents se berçaient de l'espoir d'une grandeur extraordinaire. D'autres arguments étaient invoqués par eux.

II

LE SERGENT ROUGET

Pierre Rouget, le grand-père maternel de Paule, avait été soldat pendant une douzaine d'années et avait même conquis, à la pointe de sa baïonnette, le grade de sergent. C'était un brave parmi les braves qui, s'il eût su seulement lire et écrire, aurait gagné l'épaulette d'or.

En 1823, il avait appartenu au 3ᵉ bataillon du 34ᵉ régiment de ligne, qui faisait partie de la colonne d'attaque dirigée par le général Bourdenouillet et qui avait l'ordre d'emporter le fort Saint-Louis qui défendait le Trocadéro.

La position de l'ennemi était formidable. Il fallait d'abord traverser plusieurs cours d'eau d'une assez grande profondeur, sous le feu de la flotille ennemie, renforcée d'une forte batterie d'artillerie, puis franchir des retranchements hérissés d'obstacles et enfin prendre le fort d'assaut.

Les Espagnols considéraient l'entreprise comme impossible. Elle fut cependant menée à bonne fin en quelques heures, le 29 août 1823.

On s'est plu, à l'époque, à railler l'expédition du Trocadéro et à la présenter comme un jeu d'enfant. On sortait à peine de l'épopée impériale et l'on était encore sous l'impression des grandes batailles et des victoires de Napoléon. Cependant, la prise du Trocadéro fut un brillant fait d'armes tout à l'honneur de notre infanterie.

Les soldats firent des prodiges de courage et d'héroïsme militaire, et l'on se rendra compte des difficultés dont ils eurent à triompher quand on saura que la place était défendue, entre autres moyens, par une baie de quatre pieds de profondeur au delà de laquelle, protégés par des retranchements formidables, cinquante canons lançaient la mort.

Pierre Rouget était sergent depuis peu; c'était un rude soldat, impassible, et se disant que lorsque le tambour battait la charge il fallait avancer quand même. Et il avançait sans sourciller, sans s'inquiéter des balles, des boulets, se contentant de crier à ses hommes :

— Allons, camarades, de l'ensemble et en avant !

Après la prise du fort Saint-Louis, qui fut bientôt suivie de la prise du Trocadéro, une compagnie fut chargée d'aller débusquer une bande de guérillas qui s'étaient retranchés dans une des maisons situées près de l'embouchure du canal. Cette compagnie était celle de Pierre Rouget. L'affaire ne fut pas longue; mais elle coûta la vie à un caporal et deux soldats. Furieux, nos fantassins ne firent pas de quartier; les guérillas dont ils s'emparèrent furent passés par les armes.

Comme les hommes du sergent Rouget se retiraient, ils entendirent une malédiction prononcée par une voix de femme et aussitôt suivie d'un coup de feu.

La balle siffla aux oreilles du sergent.

Les soldats revinrent sur leurs pas, fouillèrent la maison et découvrirent dans un angle, debout, un pistolet à la main, une vieille femme.

Il n'y avait pas à douter, c'était elle qui venait de tirer.

Quatre ou cinq baïonnettes se dirigèrent vers la femme et allaient la clouer à la muraille, quand le sergent bondit et d'une voix tonnante s'écria :

— Bas les armes !

Puis se plaçant entre les soldats et la vieille Espagnole :

— On ne tue pas les femmes ! dit-il.

A ce moment il se sentit pris par les jambes et une voix d'enfant murmurait :

— Gracia ! gracia !

Le sergent baissa la tête. Une fillette d'une douzaine d'années était à ses pieds.

— Tonnerre ! en voilà bien d'une autre, fit-il, une petite fille, maintenant, et gentille en diable !

L'enfant répéta, en joignant les mains :

— Gracia ! gracia !

Un soldat releva brutalement la fillette avec des intentions criminelles qui se lisaient dans ses yeux.

Rouget le repoussa violemment.

— Vraiment, dit-il avec indignation, il ne manquerait plus que nous nous attaquions aux enfants.

— Mais, sergent, à la guerre comme à la guerre.

— Tonnerre ! pas d'observation, et par file à droite.

Comme l'enfant se pressait contre le sous-officier, devinant en cet homme un protecteur, il lui dit :

— N'aie pas peur, petite.

Et, sur un geste impérieux, les soldats se retirèrent à quelque distance.

La vieille se tenait toujours debout, farouche. De son bras maigre elle attira la fillette à elle.

— Tu es bon, dit-elle au sergent dans un baragouin, mélange d'espagnol et de mauvais français, tu es bon, merci ; Dieu te récompensera.

Rouget la regarda alors avec attention.

C'était une femme de haute stature, paraissant âgée de soixante ans, sèche, maigre, aux regards énergiques et portant le costume des gitanas.

— Tu es bon, reprit-elle, tu as sauvé l'enfant, c'est bien.

— Mais je t'ai sauvée aussi, toi, il me semble...

— Oh ! moi, fit-elle avec une expression et un accent intraduisibles... Tiens, regarde !

Et écartant son corsage, elle découvrit une plaie béante.

— Diable !... Si le major était ici il te panserait.

— Inutile, je serai morte ce soir.

La malheureuse avait prononcé ces paroles froidement. Le sergent la regarda avec admiration.

— C'est possible, répondit-il, en homme habitué à voir la mort de près.

— C'est exact... Mais je te remercie d'avoir empêché tes soldats de m'achever.

— Je le crois bien, on part toujours trop tôt.

— Ce n'est pas cela que je veux dire : les Français sont vainqueurs, je suis heureuse de mourir !

— Bien ! tu as le cœur d'un homme !

— Ecoute, Français, cette enfant est ma petite-fille ; son père était dans l'armée de Garcès, il a été tué à la défense du moulin de la Guerba.

— Oui, de ce côté, les Espagnols ont tous été tués.

— Eh bien, puisque tu as sauvé cette enfant, puisque Dieu a permis qu'elle vive et ne soit pas souillée, je te demande de continuer ton œuvre.

— Hein, que veux-tu dire ?

— Je veux que tu emmènes Inès avec toi.

— Plaît-il ?... que j'emmène cette petite ?...

— Oui.

— Et que diable veux-tu que j'en fasse !

— Tu la conduiras au général Lopès Banos qui a été fait prisonnier.

— Bon. Après ?

— Tu diras au général que la vieille Mercédès la lui confie et tu ajouteras que Ramon, son père, est mort pour la patrie.

— C'est tout ?

— Oui.

— Ce que tu réclames de moi sera fait. Mais je ne veux pas t'abandonner ici.

— Ne t'occupe pas de moi ; je te répète que je mourrai ce soir.

— Tu peux te tromper, fit le sergent, plus ému qu'il ne voulait le laisser voir.

— Non, je ne me trompe pas... Tu vas t'éloigner, mais avant je veux te récompenser.

— Comment ?

— En te révélant l'avenir.

Le sergent se mit à rire.

— Donne-moi ta main, dit la vieille.

Rouget hésitait.

— Français, est-ce que tu as peur ?

Rouget haussa les épaules et tendit sa main.

C'était une main large, puissante, fortement attachée, mais calleuse et noire. Les lignes intérieures étaient difficiles à suivre dans leurs méandres ; aussi la gitana resta-t-elle quelque temps à l'examiner.

— Eh bien, dit le sergent d'un ton goguenard, te ne découvres rien ?

— Incrédule, je vois au contraire bien des choses.

— Alors, parle, et parle vite.

— Tu mourras vieux.

— C'est déjà quelque chose.

— Tu resteras pauvre.

— Tant pis ; mais il ne faut pas être sorcier pour deviner cela.

— Tu mourras satisfait, heureux !

— Merci.

— Ecoute maintenant et souviens-toi !

— Je t'écoute de mes deux oreilles et j'ai bonne mémoire.

— Tu te marieras, tu auras une fille ; ta fille, mariée à son tour, aura également une fille ; à celle-ci, ta petite-fille, sont promises les plus hautes destinées.

— C'est fini, tant mieux, dit le sergent.

Et il haussa les épaules en retirant sa main.

A ce moment, le clairon, sonnant au ralliement, se fit entendre.

— Ah ! voilà qui nous appelle, dit Rouget.

— Pars donc, emmène l'enfant et sois fidèle à ta promesse.

N'en pouvant plus, la gitana s'affaissa et s'étendit sur le sol. Agenouillée, la petite fille l'embrassait.

— Allons, vous autres, dit le sergent à ses hommes, en route !

Et il tendit sa main à l'enfant qui la prit sans hésitation.

— Un instant, dit le soldat qui avait brutalisé la petite Inès, il faut que la vieille me dise aussi la bonne aventure.

Et il s'approcha de la moribonde, qui se souleva.

— Donne-moi ta main, dit-elle.

— Voilà !

La vieille l'examina attentivement et la laissa retomber.

— Eh bien ?

— Tu le veux ?

— Oui, certes. Serai-je maréchal de France ?

— Avant qu'une semaine soit écoulée, tu seras mort !

Le soldat resta ébahi et fut pris d'une sorte de frémissement. Mais comme c'était un brave, il eut un sourire ironique et reprit son rang.

L'enfant, aidée du sous-officier, arrangea sa grand'mère le mieux qu'elle put, l'embrassa une dernière fois et partit.

Le vieille gitana murmura une prière, ferma les yeux et attendit stoïquement la mort.

Elle avait prédit au soldat que dans huit jours il n'existerait plus.

Six jours plus tard, s'étant risqué en maraude, il fut pris par un parti de guérillas et fusillé.

On comprend l'effet que cette mort annoncée dut produire sur Pierre Rouget.

Un an plus tard, notre brave sergent, fatigué de la vie militaire, quitta le service et rentra à Saint-Amand-les-Vignes. Il était chevalier de la Légion d'honneur.

Il se maria à l'âge de trente-quatre ans et eut une fille unique qu'il donna pour femme à Jacques Pérard, un simple journalier, mais un brave et honnête garçon, très rangé, très travailleur, ne perdant jamais une minute, n'ayant jamais connu le chemin du cabaret.

D'ailleurs le jeune homme et la jeune fille s'aimaient ; Pierre Rouget avait donné son consentement à un mariage d'amour.

Quinze mois après cette union, Paule-Françoise était venue au monde. L'enfant grandit et devint la ravissante jeune fille qu'on appelait ironiquement Fanchon la Princesse.

L'ancien sergent s'était rappelé la prophétie de la vieille gitana, et comme tous les vieillards, qui aiment à parler de leur jeunesse, il se plaisait à raconter à sa fille et à son gendre l'étrange aventure qui lui était arrivée en Espagne.

Tout ce que la gitana lui avait prédit s'accomplisssait.

N'était-ce pas merveilleux, inouï ?

Mais tout n'était pas encore arrivé. Il y avait à attendre les hautes destinées promises à la belle Paule.

III

LA CARAVANE

Quatre jours après le passage du cavalier inconnu dans la principale rue de Saint-Amand-les-Vignes et l'apparition de la belle Paule à sa fenêtre, toute la population du village était rassemblée sur la grande place.

C'était un dimanche après vêpres, une joyeuse après-midi.

Femmes et jeunes filles étaient en habits de fête : jupons aux couleurs voyantes, bonnets enrubannés, croix d'or au cou, fichus coquettement drapés sur les épaules, tabliers de soie aux nuances les plus fantaisistes.

Les hommes, dont la plupart avaient le dos voûté par la longue habitude du binage, étaient en sarreau bleu brodé de blanc ou en veste de gros drap, tous coiffés du grand chapeau rond à larges bords.

Les gros bonnets de Saint-Amand-les-Vignes discouraient dans les groupes.

Les jeunes filles lorgnaient l'estrade élevée dans un angle entre quatre tilleuls en fleurs et sur laquelle des chaises de paille attendaient les musiciens.

Disons bien vite que la grande place était la salle de bal des dimanches et jours de fête, comme dans la semaine, le jeudi, elle servait au marché.

Et l'on jasait, et l'on riait et on se poussait !

Le garde champêtre, le sabre au flanc, la plaque luisante au bras, le chapeau à trois cornes sur le côté de la tête, grave comme il convient à l'autorité, causait avec animation avec l'officier des pompiers.

L'un et l'autre avaient servi dans l'armée.

Le garde champêtre avait été caporal dans un régiment de ligne, le 22º ; et comme il répétait à chaque instant : Quand j'étais au 22º ou dans le 22º, on lui avait donné le surnom de père Vingt-Deux.

Et il était loin de s'en fâcher.

Le lieutenant des sapeurs-pompiers avait gagné les galons de maréchal des logis dans un régiment de chasseurs, ce qui lui faisait dire souvent : — Et nous autres cavaliers !

C'étaient, d'ailleurs, deux vieux braves, buvant sec, en vrais Bourguignons qu'ils étaient, mais à cheval sur la consigne.

Derrière eux, comme c'était son devoir, en sa qualité d'inférieur, se tenait le tambour de ville, un ancien *tapin*, qui avait roulé sa caisse en Afrique sous le général Pélissier.

Un autre brave, mais aussi un autre buveur, si buveur même que les loustics du pays l'avaient surnommé Pompe-à-Mort !

On ne manquait ni d'esprit ni de malice à Saint-Amand-les-Vignes.

Comme il y avait eu revue des pompiers le matin, les trois anciens hommes de guerre étaient vêtus de leur uniforme et, çà et là, quelques sapeurs, dont le casque resplendissait au soleil, faisaient admirer aux femmes leur prestance martiale.

— Ainsi, père Vingt-Deux, disait un garçonnet au garde champêtre, vous en avez vu en Algérie des chameaux ?

— Un peu, mon neveu.

— Des chameaux vivants ?

— Oui, vivants comme toi et moi.

— Avec leurs bosses ?

— Avec leurs bosses, comme tu dis, gamin, et avec leurs Bédouins.

— Et vous, commandant, en avez-vous vu aussi ?

— De quoi ?

— Des chameaux avec leurs bosses et leurs Bédouins.

— J'ai fait mieux que voir des chameaux, j'ai voyagé dessus, entre leurs bosses.

— Ah ! fit le gamin émerveillé, quand je serai soldat, commandant, je veux aller comme vous en Afrique.

— Sans aller aussi loin, petit, tu verras tout à l'heure un chameau.

— Un vrai ?

— Oui, un vrai. Est-ce que tu crois qu'on en fait en caoutchouc ?

A ce moment, on vit accourir, venant de l'extrémité du village, une vingtaine de gamins qui criaient à tue-tête.

— Les voilà ! les voilà !

Aussitôt un grand mouvement se produisit dans

la foule. Les enfants grimpèrent sur l'estrade qui fut vite envahie. Les femmes se groupèrent sur les marches de l'église en se dressant sur la pointe des pieds.

Cette émotion, cet empressement du populaire provoquèrent, chez le chef des pompiers, un sentiment de dédaigneux étonnement.

— On s'aperçoit bien, dit-il au père Vingt-Deux, que tous ces pékins n'ont jamais rien vu ; ce n'est pas comme nous autres cavaliers.

Le père Vingt-Deux avait bien envie de protester contre cette seconde partie de l'observation ; mais comme elle venait d'un supérieur, il se contenta de répondre :

— J'ai vu bien des choses aussi quand j'étais au 22e.

Les cris : Les voilà ! Les voilà ! retentirent de nouveau poussés de tous les côtés par la foule, qui se mit à battre des mains.

Les fenêtres de la mairie s'ouvrirent et se garnirent de têtes.

Le visage ridé de la gouvernante du curé se montra tout embéguiné à une lucarne du presbytère, et nous n'affirmerions pas que parmi les curieux, dissimulés derrière les rideaux, ne se trouvaient pas le curé lui-même et le maire en personne.

Presque aussitôt on entendit le son d'un tambourin se mariant à contre temps avec les notes fausses d'un trombone, les vibrations aiguës d'un triangle et des tintements de clochettes.

C'était un cortège ou plutôt une caravane.

Elle comprenait quatorze... individus, bêtes et gens : Savoir du côté des bêtes :

Un chameau, un singe, un ours, un cheval, un âne, un boule-dogue, un caniche et une pie.

Du côté des gens :

Un jeune garçon, une jeune fille, une vieille femme, un petit bossu et deux hommes.

La caravane marchait dans l'ordre suivant :

Le jeune garçon en tête, tenant le chameau par une corde en guise de licou.

Le singe huché entre les deux bosses du chameau.

Le petit bossu tirant l'ours à l'aide d'une courroie.

La jeune fille campée sur l'âne.

La vieille femme à califourchon sur le cheval.

La pie perchée sur l'épaule de la femme.

En serre-file : le caniche à droite, le boule-dogue à gauche.

Les deux hommes de front, fermant la marche.

Le petit bossu tapait sur le tambourin pendu devant lui à la façon des montreurs de marionnettes.

La femme soufflait consciencieusement dans un trombone à coulisse.

La jeune fille faisait vibrer l'acier du triangle.

L'un des deux hommes brandissait une lance énorme avec banderole bleue. L'autre avait un fouet passé au cou et tenait à la main un bâton noueux.

Les costumes des gens et des bêtes, — car les bêtes étaient costumées comme les gens, — ont droit à une mention particulière.

Le jeune garçon, un gentil mulâtre de seize ans, avec de grands yeux noirs, était vêtu d'un burnous, qui avait dû être blanc, jeté sur une tunique qui avait dû être rouge. Il avait sur la tête un turban jadis vert ; circonstance à noter, car le turban vert indique que celui qui le porte descend du prophète.

Des jambières comme celles de nos zouaves, c'est-à-dire en cuir jaune, lui serraient les jambes de la cheville jusqu'au-dessus des jarrets ; sur les genoux retombait le bouffant d'une culotte qui avait bien pu être bleue. Une ceinture de laine, également d'un bleu passé, lui ceignait la taille, soutenant un petit yatagan à manche de corne.

Il marchait pieds nus, et laissait voir ses bras maigres, mais musculeux.

Le chameau avait la tête ornée de plumes roses ; un lambeau de tapis à dessins multicolores, frangé par la vétusté, était jeté sur ses reins en guise de caparaçon.

Le singe portait une espèce de livrée de chasseur de cercle : chapeau galonné, veste à brandebourgs.

Le petit bossu était habillé en troubadour espagnol, comme on en voit encore dans les bals de barrière aux jours du carnaval : toque de velours avec une plume, pourpoint de velours bleu à crevés de satin blanc, culotte noire garnie de rubans et de boutons, tout cela fripé, rapiécé, usé, mais relativement propre.

L'ours avait un petit drapeau tricolore piqué au haut de sa muselière.

La jeune fille, avec son teint bistré et ses lèvres rouges, était délicieusement jolie.

Elle ne paraissait pas avoir plus de dix-sept ans.

Elle était en costume de gitana : jupe courte rouge et noire avec galons d'or, corsage noir tout constellé de paillettes, ceinture rouge aux extrémités flottantes. Elle avait une aumônière de cuir pendue à son côté, des verroteries au cou et aux poignets. Ses pieds étaient chaussés de souliers de maroquin rouge, les bas rayés étaient de même couleur. Pour compléter le costume, elle avait sur la tête une mantille noire, et un petit poignard à lame triangulaire était attaché à sa ceinture.

Elle avait de superbes cheveux noirs bouclés, retenus par un bandeau de pièces de cuivre, brillantes comme des sequins d'or, mais à coup sûr moins brillantes que la prunelle de ses grands beaux yeux noirs veloutés.

L'âne était caparaçonné de velours, la housse était frangée d'or ; il avait un nœud de rubans à la queue, des sonnettes et des plumes à la tête comme une mule espagnole.

Ce quadrupède était évidemment le personnage important de la troupe, quelque chose comme le chef d'emploi.

Le cheval, une pauvre jument dont les côtes saillantes se dessinaient sous la peau tendue et qui eût obtenu le prix de maigreur, même à côté de la mémorable Rossinante, n'avait, la malheureuse bête, qu'un restant de vieille couverture sur l'échine ; comme elle, la vieille femme n'était vêtue que de lambeaux de jupons et de corsage dont il eût été impossible de déterminer la forme et la couleur.

Ces deux vétérans, ces deux invalides étaient tombés dans les utilités, comme on dit au théâtre.

L'homme à la lance, un vrai colosse, avait sur le corps l'habit rouge d'un marchand d'orviétans, à ses jambes un pantalon bleu collant, et sur la tête un chapska de lancier polonais. Avec cela, des bottes à revers.

L'homme au bâton, trapu et court, semblait tout fier de son habit noir, de son pantalon blanc, de son gilet jaune et de son chapeau à haute forme.

Le caniche qui, à chaque instant, se dressait élégamment sur ses pattes de derrière, avait un petit manteau de drap rouge et était coiffé d'une toque de juge.

Enfin la pie portait au cou un ruban couleur de feu.

Seul le dogue n'avait rien emprunté à l'art de la décoration pour faire valoir ses avantages physiques, sachant bien, sans doute, que par sa taille, sa force et ses crocs, il inspirait suffisamment le respect et la considération.

La caravane marchait lentement, solennellement. Chaque personnage gardait sa dignité comme tout fonctionnaire bien élevé dans une réception d'apparat.

Le chameau baissait et relevait alternativement son long cou avec une régularité de pendule, pendant que le singe, par un geste automatique et rapide, ôtait et remettait son chapeau, saluant la foule ébahie.

L'ours dodelinait lourdement sa grosse tête.

L'âne redressait fièrement la sienne, comme l'âne portant des reliques de La Fontaine, ayant l'air de vouloir faire admirer ses magnifiques oreilles.

Le petit bossu décochait des œillades et des sourires aux femmes.

La jeune fille souriait à tout le monde, montrant des dents blanches admirablement rangées.

La jument essayait de faire bonne contenance, mais hélas ! la pauvre haridelle efflanquée, baissant la tête, ne rappelait plus en rien le noble animal si pompeusement décrit par M. de Buffon.

La vieille femme, raide comme une poupée sur son bâtonnet, semblait rivée à sa monture.

Le caniche jappant, trottinant, se dressant debout, allait de l'âne à l'ours et de l'ours à l'âne.

Le boule-dogue courait de la jeune fille au gentil mulâtre, et la pie était comme empaillée et clouée sur son perchoir, tant elle était fixe dans son attitude mélancolique.

L'homme à la lance, grave et compassé, promenait sur la foule ses regards bienveillants.

Quant à l'homme au bâton, seul il manquait de tenue : il tenait entre ses dents une pipe de terre dont le fourneau tout noir attestait un long usage.

Au fur et à mesure que la caravane se déroulait, la foule s'écartait et se formait en demi-cercle.

Au centre d'un groupe à part se trouvaient le commandant des pompiers, le garde champêtre et le tambour de ville.

Au moment où le chameau s'arrêta, toute la suite du cortège demeura immobile. Alors le public salua bêtes et gens par de formidables bravos.

Soudain, sur un signe de la jeune fille, le silence se fit comme par enchantement.

IV

MERCÉDÈS, LA GITANA

La belle jeune fille, toujours assise sur son âne, promena sur son auditoire attentif un regard plein de douceur et de coquetterie ; puis d'une voix peut-être un peu gutturale, mais encore harmonieuse, elle parla en ces termes :

« Messieurs et mesdames.

» Au nom de tous les artistes de la troupe, je vous remercie de l'accueil bienveillant que vous venez de nous faire ; croyez bien que nous en garderons éternellement le souvenir ; mais, sans qu'on puisse nous accuser d'orgueil, je n'hésite pas à dire que nous sommes dignes de cet accueil.

» Tout à l'heure, quand vous nous aurez vus travailler, quand vous nous aurez entendus, vous reconnaîtrez que votre attente n'a pas été trompée.

» Avec la permission de M. le maire de la commune, notre régisseur général don Stephano va avoir l'honneur de vous donner le programme des exercices que nous allons exécuter devant vous, et vous serez les premiers à dire que jamais spectacle aussi intéressant, aussi extraordinaire n'a été offert dans ce pays.

» Messieurs et mesdames, nous nous plaisons à reconnaître, de notre côté, que jamais nous n'avons rencontré dans nos courses à travers le monde, plus noble et plus intelligente assemblée. »

Plaçant alors sa main gauche sur son cœur, la jeune fille envoya du bout des doigts de sa main droite une douzaine de baisers à la foule, salua gracieusement de la tête et reprit sa pose avec la gravité bienveillante d'une reine assise sur son trône et donnant audience à des ambassadeurs.

Ce petit speech, qu'elle répétait de bourgade en bourgade, produisit un effet immense, et les habitants de Saint-Amand-les-Vignes enthousiasmés y répondirent par une acclamation unanime.

Pendant ce temps, don Stephano, le régisseur général, se détachait de son rang et venait prendre place au milieu du demi-cercle.

Don Stephano était l'homme à l'habit noir et à la pipe culottée.

Méthodiquement il avait éteint sa *bouffarde* et l'avait glissée dans une de ses poches.

D'abord il exécuta avec son bâton un savant moulinet, qui se termina par une espèce de salut sous les armes, lequel obtint un regard approbateur du père Vingt-Deux, accompagné de ces mots :

— Très correct.

Don Stephano sourit à cet éloge et salua le garde champêtre.

Après avoir jeté avec élégance son couvre-chef à terre, il toussa sans trop d'affectation, puis avec cette voix caverneuse, éraillée, qui n'appartient qu'aux saltimbanques, il prononça le boniment suivant :

« Mesdames et messieurs,

» La troupe qui a l'honneur d'être en ce moment devant vous, avec la permission de M. le maire, est tout simplement la première de l'univers ; elle a été recrutée dans toutes les parties du monde.

» Voici d'abord Ben-Chaoun, jeune Bédouin qui descend en droite ligne de Mahomet ; son chameau, une bête sacrée, a fait trois fois le voyage de la Mecque. Ben-Chaoun, l'année dernière, a fait le saut périlleux au-dessus du Niagara sans se mouiller un cheveu.

Le mulâtre salr la façon arabe.

» Ce chameau, continua le régisseur, n'est autre que le dromadaire d'Abd-el-K.. .er ; Horace Vernet l'a peint dans son grand tableau la *Smala*; il entend toutes les langues. Saluez, mon ami.

Le chameau baissa la tête.

La foule émerveillée applaudit.

» Ce singe, recueilli dans les forêts vierges du Congo, fait des armes, pince de la guitare et adore le beau sexe ; mais rassurez-vous, mesdames, il a des mœurs.

Des éclats de rire retentirent de tous les côtés.

» Mouton, notre caniche, est un calculateur de premier ordre ; il joue aux dominos comme feu Philidor ; il jouera ce soir sa consommation avec celui d'entre vous qui lui fera l'honneur d'accepter son défi.

» Cet ours descend par les femmes du grand ours Martin du jardin des Plantes de Paris, le même qui dévora un jour un pioupiou avec son sabre et son shako.

» Je vous présente maintenant le prince polonais Stanislas Carinski ; il est passé maître en l'art d'avaler les sabres ; très facile à nourrir : quand la faim le prend, il se contente d'avaler sa lance.

» Votre serviteur Stephano, première basse chantante, chantant à lui seul tous les opéras connus. »

Ici Don Stephano crut devoir attaquer et lancer un formidable accord : Fa, la, do, fa, auquel l'âne répondit aussitôt par un hihan non moins formidable.

Ce duo d'un nouveau genre fut accueilli par un redoublement d'hilarité. On se tordait.

Don Stephano posa la main sur son cœur, salua avec une gravité comique et poursuivit :

» Puisque le seigneur Asinus a parlé, et comme sa modestie bien connue l'empêcherait de vous faire connaître ses mérites, ainsi que ceux de sa jolie maîtresse, la sultane Mercédès, dite la fleur de Grenade, je vais vous apprendre que cet âne n'est point un âne, mais aussi savant, au contraire, que tous les sorciers passés, présents et à venir.

» Quant à mademoiselle Mercédès, la Fleur de Grenade, je renonce à vous faire son éloge ; vous la verrez à l'œuvre et, d'ailleurs, je veux vous laisser la surprise. Je vous dis seulement que la senora Mercédès connaît la cartomancie, la chiromancie, la nécromancie, enfin que sa science est unique dans le monde. Elle dit aux jeunes filles si elles se marieront bientôt et dénonce aux épouses les maris infidèles.

Il y eut un long frémissement dans la partie féminine de l'auditoire.

» Et, mesdames, continua Stephano, savez-vous

quel est l'oracle infaillible qui révèle à la senora Mercédès les secrets les mieux cachés ? Je vous le donne en dix, je vous le donne en cent, je vous le donne en mille... Non, vous ne trouverez pas... Eh bien, c'est notre pie !

» Maintenant, allez la musique! »

Le tambourin, le trombone, le triangle, les sonnettes résonnèrent de nouveau; les chiens aboyèrent, l'âne se mit à braire, l'ours à hurler, le cheval à hennir, le public à applaudir, et ce fut pendant quelques instants un vacarme infernal.

Les femmes et les jeunes filles surtout se montraient enthousiasmées. Oh! ce n'était pas la perspective d'entendre chanter Don Stephano, de voir le singe faire des armes, le Bédouin se disloquer, l'ours danser, qui causaient leur émotion : c'était, disons-le vite, l'ardent désir qu'elles avaient de voir mettre à l'épreuve les talents cabalistiques de la senora Mercédès, dite la Fleur de Grenade.

Au premier rang des spectateurs se trouvaient la belle Paule et, tout près d'elle, le vieux Pierre Rouget.

En entendant prononcer le nom de Mercédès, l'ancien sergent n'avait pu s'empêcher de tressaillir et ses regards s'étaient fixés curieusement et avidement sur le visage de la jeune Espagnole.

Il croyait revoir, tant la ressemblance lui semblait frappante, cette fillette de douze ans dont il avait été le protecteur pendant vingt-quatre heures et que, selon la promesse qu'il avait faite à la vieille gitana mourante, il avait conduite au général espagnol Lopès Banos.

Mais ses yeux, quoique bons encore, devaient le

tromper, sans doute. Cette ressemblance qu'il trouvait entre la petite-fille de la vieille gitana et cette jeune fille, qui était devant lui, n'existait pas.

Il se disait cela, le vieillard, et cependant il restait sous le coup d'une émotion extraordinaire. Tout ce que lui avait dit la vieille Espagnole revenait à sa pensée et il lui semblait que les paroles prophétiques résonnaient de nouveau à ses oreilles.

Cependant les saltimbanques commençaient leurs exercices à la grande satisfaction des enfants et de beaucoup d'autres personnes pour qui pareil spectacle était une nouveauté.

La jeune gitana descendit de son âne et fut aussitôt entourée et vivement sollicitée de commencer ses expériences. Seulement c'était à qui ne serait pas la première à offrir sa main à l'examen indiscret de la jolie sorcière.

Parmi les jeunes filles que dévorait l'irrésistible désir de connaître leur destinée, on pouvait remarquer la belle Paule Pérard. Elle aurait bravement donné à la Fleur-de-Grenade ses boucles d'oreille et sa bague d'or ornée d'une turquoise, pour qu'elle lui dise seulement le nom du beau cavalier qu'elle avait vu passer sous sa fenêtre.

La jeune senora se promenait devant les rangs pressés des spectateurs, et, finissant par avoir raison de l'hésitation des jeunes filles, les prenait à part et leur prédisait l'avenir, le même à toutes, un avenir heureux.

Quand elle arriva près de Paule, elle s'arrêta brusquement, frappée d'admiration, et pendant quelques instants resta comme en extase.

— Allons, Fanchon, dit une femme, à ton tour de te faire dire ta bonne fortune.

— Oui, oui, s'écrièrent plusieurs jeunes filles, à toi, Fanchon la Princesse, à toi.

— On va te faire savoir si tu seras un jour une grande dame, ajouta une envieuse en ricanant.

La jeune fille était devenue très rouge et tremblait d'émotion.

— Ah ! ah ! Fanchon la Princesse a peur !

— Oui, oui, elle a peur !

— Et de qui et de quoi aurais-je peur ? répliqua-t-elle en haussant les épaules.

Et tendant sa main à la gitana, elle ajouta :

— Ce qui va m'être dit, personne ne le saura.

— Ah ! vraiment, fit une vieille fille furieuse d'avoir depuis longtemps coiffé sainte Catherine, pourtant voilà ton grand-père, le vieux Pierre Rouget, qui tend déjà l'oreille pour écouter.

Au nom de Pierre Rouget la jeune Espagnole sursauta et ses yeux étincelèrent. Elle saisit la main de Paule et lui dit :

— Mademoiselle, votre grand-père se nomme Pierre Rouget ?

— Oui.

— Et il a été soldat ?

— Hein, qu'y a-t-il ? demanda en s'approchant l'ancien sergent.

— Il y a, grand-père, que mademoiselle me demande si, dans le temps, tu as été soldat.

— Eh oui, certes, j'ai été soldat, dit le vieillard.

La gitana s'était tournée vers lui et le regardait avec une expression indéfinissable.

— Monsieur, dit-elle, quand vous étiez soldat, vous êtes allé en Espagne ?

— Parfaitement.

— Et vous étiez à la prise du Trocadéro ?

— Mon Dieu, oui, j'y étais.

— Vous rappelez-vous une petite fille qui s'appelait Inès ?

— Si je me la rappelle ! je le crois bien... Mais, tenez, plus je vous regarde, plus je trouve que vous êtes son portrait vivant.

— Inès Ramon était ma mère.

— Votre mère ! Ah ! j'aurais dû le deviner. Et qu'est-elle devenue, votre mère ?

— Elle est morte.

— Pauvre enfant !

— Ma mère m'a souvent parlé de vous, monsieur, et en me parlant de vous, de ce que vous aviez fait pour elle, elle m'a appris à aimer la France et les Français. Dans notre famille, monsieur, on a la religion du souvenir. Si, aujourd'hui, je me suis rappelé votre nom, c'est qu'il a toujours été dans mes prières.

— Ah ! vous êtes une brave et bonne fille !

— Ma mère, monsieur, a contracté envers vous une dette de reconnaissance que sa fille serait heureuse de pouvoir payer un jour. Je ne suis qu'une pauvre gitana ; mais si jamais vous ou quelqu'un des vôtres avait besoin de Mercédès, la fille d'Inès Ramon, serais-je au bout du monde, j'accourrais pour mettre à son service tout mon dévouement.

Après ces paroles, pendant que le vieillard essuyait ses yeux mouillés de larmes, la jeune Espagnole embrassa Paule, examina l'intérieur de sa main, et, pendant un instant, lui parla tout bas à l'oreille. Ensuite, ayant fait un salut gracieux à l'ex-sergent, elle se disposa à continuer de jouer son rôle de devineresse.

Soudain ses regards tombèrent sur un grand et beau gars de vingt-cinq ans qui, en contemplation devant la petite-fille de Pierre Rouget, la dévorait des yeux. Il était très pâle et avait des mouvements fiévreux. Sa physionomie agitée exprimait en même temps l'admiration, la tristesse et toutes les ardeurs d'une passion violente, indomptable.

A la façon dont il regardait la belle Paule, la gitana devina facilement l'amour qui était dans son cœur et les anxiétés qui tourmentaient son âme.

Mercédès allait passer, mais le jeune homme se redressa brusquement, lui saisit le bras et l'arrêta.

— Que me voulez-vous ? demanda la gitana un peu surprise, mais non effrayée.

— Vous venez de parler tout bas à la belle Paule, que lui avez-vous dit? Oh! apprenez-le-moi, j'ai besoin de le savoir.

En parlant il avait mis une pièce de vingt francs dans la main de Mercédès.

— Non, monsieur, non, répondit-elle, gardez votre or ; je ne puis satisfaire votre curiosité : ce que j'ai dit à la belle demoiselle est un secret qu'il ne m'est pas permis de vous révéler.

— Je vous prie...

— N'insistez pas, monsieur, c'est inutile. Reprenez votre pièce d'or.

— Non, je vous l'ai donnée, elle est à vous.

— Vous êtes généreux... Soit, j'accepte votre don. Maintenant, donnez-moi votre main gauche.

— Pourquoi faire?
— Vous le verrez.
— Je ne crois pas aux sorcières.
— Qu'importe ? Donnez-moi toujours votre main.
— Vous le désirez, la voilà.

Mercédès examina attentivement les lignes de la main et dit :

— Vous êtes bon, vous avez un grand cœur, des sentiments élevés ; vous êtes serviable, toujours prêt à obliger et dévoué à ceux que vous aimez ; malheureusement, et comme cela arrive trop souvent, vous n'êtes pas récompensé selon vos mérites, et votre destinée ne sera point ce qu'elle devrait être. Vous aimez la belle Paule.

— Oh ! oui, je l'aime ! je l'aime à en mourir !
— C'est une grande passion ; vous avez essayé de vous en guérir ?
— Oui, mais je n'ai pas pu.
— La demoiselle sait-elle que vous l'aimez ?
— Je le lui ai dit.
— Que vous a-t-elle répondu ?
— Ses beaux yeux se sont fixés sur moi et elle a souri tristement.
— Et puis?
— C'est tout.
— Elle n'a rien dit ?
— Rien. Ah ! tenez, si vous pouviez me faire aimer...
— Je le voudrais pour vous et pour elle, mais je ne possède pas le philtre d'amour.
— M'aimera-t-elle un jour ?
— Peut-être.
— Alors, il m'est permis d'espérer ?

— Il ne faut jamais désespérer. Inspirez-vous de votre cœur afin de faire fondre la glace du sien.

— Ah ! pour elle je ferais tout au monde, pour elle je donnerais ma vie avec joie !

— Voilà ce qu'il faut lui faire comprendre, lui faire sentir.

— J'essayerai. Merci.

Mercédès s'éloigna du jeune homme.

A ce moment, Paule prit le bras de Pierre Rouget et l'entraîna en disant :

— Venez, grand-père, allons-nous-en.

Ils passèrent devant le jeune amoureux qui les salua avec respect ; il aurait bien voulu adresser la parole à la jeune fille, le pauvre timide, mais Paule ne s'arrêta point, et pressa le pas, au contraire, en murmurant :

— Comme il m'aime ! Pauvre garçon !

— Qu'est-ce que t'a dit la gitana ? demanda Pierre Rouget à sa petite-fille, quand ils furent sortis de la foule.

— Elle m'a dit que je n'étais pas née pour le travail des champs.

— Ça, c'est bien sûr.

— Que je me marierais bientôt et que je serais adorée de mon mari.

— Très bien.

— Que je n'épouserais pas un paysan.

— Parbleu, c'est ce que j'ai toujours dit, moi.

— Enfin que je verrais s'accomplir tous mes rêves.

— Oui, tu seras riche, heureuse, de hautes destinées t'attendent. La vieille gitana du Trocadéro l'a prédit.

V

ÉTIENNE DENIZOT

L'amoureux de la belle Paule Pérard se nommait Etienne Denizot. Comme il le disait lui-même, il aimait la jeune fille à en mourir. Pour lui, il n'y avait que Paule au monde, il ne voyait qu'elle, ne pensait qu'à elle.

Bien des jeunes filles de Saint-Amand et des environs cherchaient à attirer l'attention d'Etienne par de petits manèges de coquetterie et des gentillesses à son égard ; mais il ne s'apercevait de rien ; il dédaignait les plus jolies et les plus riches, comme Paule le dédaignait lui-même ainsi que tous les autres garçons qui subissaient le charme de sa beauté, de ses grâces.

D'abord, comme cela arrive souvent au village, quand on se voit presque tous les jours, Etienne et Paule s'étaient liés d'amitié. Plus tard, lorsque la jeune fille entra dans sa seizième année, l'amitié d'Etienne devint de l'amour, et cet amour, plein de délicatesse, de dévouement, d'abnégation, de respect et d'admiration, mais hélas ! non partagé, irrité par la réserve et la froideur de celle qui en était l'objet, n'avait pas tardé à prendre les allures d'une passion dévorante.

Les sentiments de Paule étaient restés les mêmes; elle avait toujours de l'affection, de l'amitié pour Etienne ; mais c'était tout, elle ne pouvait lui donner davantage.

Elle avait ses rêves ambitieux et Etienne Denizot, un paysan, n'était pas l'homme appelé à les réaliser.

Etienne était de huit ans plus âgé que Paule.

C'était un garçon bien bâti, de bonne tournure, robuste de corps, aux membres solides, plein de santé, à la barbe et aux cheveux noirs, à la figure ouverte, au regard franc.

Il était un des riches cultivateurs de Saint-Amand. Il possédait, outre un petit vignoble d'un excellent rapport, un certain nombre d'arpents de prairie et de terres en labour qu'il faisait valoir lui-même, aidé d'un domestique et de plus ou moins de gens de journée, suivant les saisons.

Il était grand travailleur, généreux, toujours disposé à rendre service, dur pour lui, doux et bon pour les autres. Etienne enfin était une excellente nature et réalisait le type du bon enfant.

Il n'avait pas encore vingt ans lorsqu'il avait perdu son père, et il avait dû à ce malheur d'être épargné par la conscription. Il était fils unique de veuve. Il vivait avec sa mère, une digne et honnête femme qui ne voyait rien au-dessus de son gars, rien de plus beau que son Etienne.

L'excellente mère n'avait pas été longtemps sans s'apercevoir que son fils était profondément épris de Paule Pérard. Il était triste, rêveur, constamment préoccupé et comme inquiet. Tout d'abord la mère fut contrariée de sa découverte, car elle pressentait pour son fils de gros chagrins. Déjà Etienne souffrait, elle souffrit aussi.

— Mon fils, lui dit-elle un jour, tu n'es plus du tout le même : ta bonne gaieté d'autrefois a disparu, tu ne parles plus, tu ne chantes plus, tu ne ris plus ; tu es soucieux, on te voit rêvasser sans cesse ; tu n'as plus le même cœur au travail, et quand tu es dans les champs tu vas et viens comme une âme en peine... Voyons, mon gars, parle, qu'est-ce que tu as ?

Le jeune homme baissa la tête et laissa échapper un soupir.

— Tu ne me réponds pas, reprit la mère, mais va, ce que tu as, je le sais, et le soupir que tu viens de pousser en dit long. Tu es amoureux de la belle Paule ; il y a déjà longtemps que je l'ai compris.

— Eh bien, oui, ma mère, vous avez deviné, j'aime la belle Paule.

— J'aurais préféré que tu jetasses les yeux sur une autre mais ce qui est fait est fait. Oh! ce n'est pas que je veuille dire du mal de la petite aux Pérard ; c'est une bonne fille, pas méchante du tout, bien élevée, instruite, honnête et sage, ayant enfin tout ce qu'il faut pour faire une bonne ménagère. Malheureusement elle est fière et elle se fait si haute... Et puis, elle et ses parents ont des idées si singulières... On ne sait pas, vraiment, quelles folies ces gens-là ont en tête. Il n'est pas jusqu'au vieux père Rouget qui ne s'imagine que sa petite-fille est pétrie d'une autre pâte que les autres.

Il n'y a qu'une personne dans cette famille qui

n'ait pas l'esprit de travers ; c'est la sœur de Pierre Rouget, la grand'tante Françoise, qui est, comme tu le sais, la marraine de Paule.

Celle-là au moins est sensée ; elle voit et pense comme tout le monde et ne s'en va pas courir au pays des chimères. Elle a aussi deviné que tu aimes sa petite nièce et dernièrement elle me disait :

— Votre garçon, mère Denizot, est travailleur ; c'est un jeune homme laborieux et rangé, sans compter qu'il est fort bien de sa personne ; voilà le mari qu'il faudrait à notre Paule.

— Mais, tante Françoise, ai-je répondu, c'est un mariage qui se pourrait faire.

En répondant cela, je pensais à toi, Etienne, et je te le dis, malgré tout ce qui ne me va pas chez les Pérard, je serais heureuse si Paule devenait ta femme et je suis toute prête à lui donner à côté de toi une place dans mon cœur. Une mère aime tout ce que son fils aime.

Mais voyons, Etienne, puisque tu aimes la belle Paule à en perdre l'appétit, à en devenir malade, pourquoi, au lieu de te morfondre comme tu le fais, ne lui fais-tu pas la cour ainsi que tout garçon à la jeune fille qu'il veut épouser ?

— Elle ne me l'a pas permis, ma mère.

— Et tu t'en es tenu là, et quand elle se présente au bal du dimanche, tu n'oses même pas la faire danser ?

— Si vous saviez comme près d'elle je suis craintif !

— Pauvre peureux ! Si tu crois que c'est en agissant ainsi qu'un jeune homme se fait aimer, tu te trompes du tout au tout. Tiens, veux-tu que je me mêle un

3.

peu de tes affaires, que j'aille voir le père et la mère Pérard, et que je parle pour toi !

— Mais je veux bien, chère mère. Ah ! si tu pouvais réussir !

— C'est bien, je verrai les Pérard et je ferai pour le mieux.

La mère d'Etienne connaissait en partie les espérances ambitieuses de Paule et de ses parents. Comme tout le monde elle en avait ri et en riait encore.

— C'est de la folie, pensait-elle ; mais ce sont des gens de cœur et la raison leur reviendra ; il est impossible que le père et la mère, qui adorent leur fille, ne comprennent pas ce qu'il faut pour son bonheur.

Le lendemain, qui était un dimanche, la mère Denizot, dans ses plus beaux atours, se rendit chez les parents de Paule un peu avant l'heure des vêpres.

Madame Denizot était une femme ronde en affaires, qui n'avait pas l'habitude des circonlocutions et moins encore celle de parler pour ne rien dire. Allant droit au but, elle dit au père et à la mère de Paule, qu'elle avait trouvés ensemble :

— Mon fils est amoureux fou de mademoiselle Paule ; si vous ne le saviez pas déjà, je vous l'apprends ; eh bien, je viens au nom de mon fils vous demander la main de mademoiselle Paule.

Le mari et la femme restant muets, elle reprit :

— Je n'ai pas à vous faire l'éloge d'Etienne, vous le connaissez et savez ce qu'il vaut ; nous n'avons pas à parler de ce que votre fille aura un jour et de ce que mon garçon possède aujourd'hui, nous laissons ces calculs à d'autres.

— Il est certain, dit Pérard revenu de sa surprise qu'Etienne Denizot est beaucoup plus riche que notre fille.

— Nous ne nous occuperons pas de cela. Étienne aime mademoiselle Paule et, sûr de la rendre heureuse, il vous demande de la lui donner pour femme.

— Madame Denizot, répondit la mère de Paule, nous sommes très flattés, très honorés de votre démarche, mais notre fille est trop jeune pour être mariée.

— La jeunesse ne saurait empêcher le mariage que nous pourrions, du reste, retarder à six mois si vous le désiriez. Mademoiselle Paule n'a pas encore dix-sept ans, c'est vrai; mais elle est grande, forte, dans son complet épanouissement, et on lui donnerait plutôt vingt ans que dix-sept.

— Oui, en effet, Paule paraît plus que son âge : mais voyez-vous, madame Denizot, nous ne voudrions pas la voir travailler aux champs, et puis ce n'est pas dans ses goûts.

— Eh! mon Dieu, qui vous parle de cela? Vous savez bien que la femme de mon fils n'aura à aller ni aux vignes ni à la charrue, qu'elle n'aura aucun gros ouvrage à faire. Elle restera à la maison et fera ce que j'ai fait, moi; elle soignera son ménage et le petit ou les petits qui pourront venir.

— Je connais les idées de ma fille, répliqua madame Pérard; ce qu'elle désire, c'est un mariage d'amour.

— Faut-il donc vous répéter que mon fils l'adore, qu'il en est fou.

— Oui, madame Denizot; mais, malheureusement, Paule ne partage pas les sentiments de M. Etienne.

— En ce moment ; mais, laissez faire, votre fille aimera mon fils ; Étienne n'est point de ceux qu'on ne peut pas aimer.

— Il y a autre chose, dit Pérard, notre fille ne veut pas épouser un paysan et nous pensons comme elle.

— Et pourquoi cela, quand ce paysan est un brave et honnête garçon ? Est-ce que vous n'êtes pas des paysans et votre fille une paysanne ?

— Sans doute et croyez-le, madame Denizot, nous ne faisons pas fi des paysans, loin de là.

— Eh bien alors ?

— Nous reconnaissons avec plaisir que votre fils est de tous les garçons du village le plus honnête, le plus loyal, le plus travailleur ; il a de grandes et sérieuses qualités.

— Eh bien ?

— Mais voilà, Paule ne l'aime pas ; aussi croyons-nous devoir conseiller à M. Étienne de ne plus penser à notre fille.

Le refus était catégorique.

La mère d'Étienne devint très rouge et fronça les sourcils. Après un moment de silence, elle reprit avec une amertume mêlée d'ironie :

— Pourquoi ne me dites-vous pas toute la vérité ? Mais cette vérité, je la connais. Ainsi, c'est donc bien vrai tout ce que l'on dit ? Vous attendez qu'un jeune homme de la ville, élégant et riche, vienne vous demander votre fille ?

Les époux Pérard restèrent silencieux ; mais leur embarras était visible.

Madame Denizot continua :

— Attendez-le donc ce jeune homme de la ville,

élégant et riche, puisque votre fille ne veut pas épouser un paysan et que vous l'encouragez dans ses rêves insensés et ses idées malsaines.

— Nous ne voulons pas que notre fille soit malheureuse, dit avec vivacité la mère de Paule, et nous ne pensons qu'à son bonheur.

— Nous verrons. Mais je vous le dis, vous êtes des gens privés de raison, et vous vous repentirez cruellement de votre folie.

Sur ces mots, la mère d'Étienne se retira droite, raide, irritée.

Ceci s'était passé quinze jours avant le passage de Mercédès la gitana à Saint-Amand-les-Vignes.

Étienne ne s'était pas tenu pour battu.

En apprenant l'insuccès de la démarche de sa mère, il avait dit simplement :

— J'attendrai.

— Tu attendras quoi ?

— Qu'elle se lasse elle-même d'attendre.

Le jeune homme était tenace comme tous les amoureux. Il se disait :

— Quand elle verra que je suis toujours là, patient, dévoué, et que toutes les filles de son âge, se marient, elle se décidera à me prendre.

— Faute de mieux, aurait pu répondre la mère.

Il faut dire que le pauvre amoureux comptait un peu, peut-être même beaucoup, sur la marraine de la belle Paule, dont l'appui n'était pas à dédaigner, d'abord parce que c'était une vieille femme d'un grand bon sens et qu'elle avait de l'influence sur la jeune fille.

La sœur de Pierre Rouget était de quelques années moins âgée que son frère; elle demeurait avec lui, mais comme elle était encore valide et aimait à s'occuper, elle était plus souvent dans la maison de Jacques Pérard, où elle trouvait toujours quelque chose à faire, que dans celle de l'ancien sergent.

Pendant que Pérard, sa nièce et sa petite-nièce étaient à la vigne, elle soignait le bétail et préparait les repas des travailleurs.

La tante Françoise ne s'était pas mariée; elle avait gardé le célibat parce que le mariage n'était pas dans ses goûts; toutefois, aucune femme ne mettait plus d'ardeur qu'elle à conseiller aux jeunes filles de se marier.

Tout le monde à Saint-Amand l'appelait la tante Françoise ou la mère Françoise; son âge la faisait bénéficier de ce titre de mère auquel elle n'avait aucun droit. Elle le méritait, cependant, car elle adorait les enfants, et comme elle avait toujours quelque friandise à leur distribuer, elle ne pouvait guère se montrer dans la rue sans en avoir trois ou quatre accrochés à ses jupes.

Quoique vieille, la tante Françoise était encore une femme de tête, qui ne se laissait diriger que par sa froide raison. Malgré le ruban rouge qui ornait la boutonnière de la veste de son frère, elle ne se gênait point pour se moquer de ses racontars qu'elle qualifiait de radotages, et elle le raillait sans pitié au sujet des fameuses prédictions de la bohémienne espagnole.

Naturellement, elle ne partageait en rien les illusions de l'ancien sergent, des époux Pérard et de sa petite-nièce; au contraire, elle blâmait fort son frère d'avoir, par ses récits absurdes, tourné la tête à la jeune fille et à ses parents. Elle souffrait de cela dans son affection pour Paule et elle s'effrayait de l'avenir; elle ne pouvait voir que des conséquences funestes.

— Oui, sans doute, disait-elle à son frère, ta petite-fille est charmante, sa nature est pleine de distinction et de charme, elle est élégante dans toute sa personne, et je conviens volontiers que son éducation et son instruction la mettent au-dessus de toutes nos paysannes.

— Eh bien, répondait Pierre Rouget, puisque de ton avis elle est au-dessus de sa condition, pourquoi ne chercherait-elle pas à en sortir? Pourquoi ne serait-elle pas aimée rien que pour elle-même par un homme du grand monde?

— Paule est merveilleusement belle, trop belle, hélas! pour la fille d'un vigneron. Oui, elle peut inspirer une passion, une grande passion, à un homme de ce monde où tu vas, dans ton rêve, lui chercher un mari. Mais Dieu veuille que cela n'arrive point!

— Pourquoi cela, s'il te plaît?

— Parce que ce serait un grand malheur.

— Un grand malheur, dis-tu?

— Oui.

— Explique-moi cela.

— Si un homme du monde, un richard, un noble commettait la faute d'épouser Paule, ils seraient bientôt malheureux tous les deux.

— Tu ne sais ce que tu dis, ma pauvre sœur, dit le grand-père en haussant les épaules.

— C'est toi qui ne veux pas comprendre, mon frère.

Oui, encore une fois, oui, Paule serait malheureuse, très malheureuse, parce qu'elle n'est pas de ce monde où toi, ta fille et ton gendre voudriez la faire entrer; parce que, pour n'être pas celles de nos paysannes, ses habitudes, son éducation sont encore à cent lieues de celles des jeunes filles riches élevées à la ville.

— Allons donc, elle se formera !

— Elle sera ridicule !

— Ridicule ! Paule, la petite-fille de Pierre Rouget !

— Oui, cent fois oui.

— Françoise, tu es folle !

— Tâche de ne jamais être fou plus que je ne suis folle. Supposons que Paule se marie selon votre désir à tous; eh bien, une fois que la passion de son mari sera satisfaite, il s'apercevra bien vite que sa femme n'est pas de son monde; elle sera au-dessous de sa position auprès de lui comme elle semble être au-dessus de celle qu'elle occupe ici; le mari, alors, regrettera la sottise qu'il aura faite et je te laisse à examiner ce qui s'ensuivra.

Écoute, mon frère, écoute-moi : En épousant un brave garçon de sa classe, de sa condition, Paule souffrira peut-être un peu d'abord, mais elle conservera sa supériorité et aura la tranquillité d'esprit et des satisfactions d'amour-propre au lieu des humiliations, des déboires de toutes sortes qui l'attendent dans un monde qui n'est pas le sien...

Mais, au fait, je suis vraiment bien bonne de te parler de cela... Il ne viendra pas, le prince que vous rêvez, il ne viendra pas, heureusement, et ma filleule sera très heureuse de devenir la femme d'un brave garçon qui l'adorera; tiens, comme...

— Comme Étienne Denizot, n'est-ce pas ?
— Oui, mon frère, comme Étienne Denizot.
— On sait qu'il est ton protégé.
— Mais je ne m'en cache point, mon frère ; Étienne Denizot est le mari qu'il faut à Paule, le mari qui lui convient, et je donnerais de grand cœur le peu de jours qui me restent à vivre pour voir ma filleule mariée à ce bon et honnête garçon dont vous êtes assez aveugles tous pour ne pas vouloir.

Mais la tante Françoise perdait son temps et sa peine et était navrée de voir qu'elle prêchait dans le désert. Tous ses raisonnements, marqués au coin de la sagesse, étaient traités comme radotages de vieille fille par son frère et les époux Pérard.

La tante Françoise avait eu toujours un faible pour Étienne et, comme nous venons de le voir, elle se déclarait ouvertement sa protectrice. Une circonstance devait encore se produire pour rendre plus cher à la vieille fille ce prétendant évincé, mais que rien ne décourageait.

VI

L'INCENDIE

On était arrivé au mois d'août.

Sans négliger le travail des vignes où de nombreuses et superbes grappes prêtes à mûrir pendaient aux ceps, les habitants de Saint-Amand se pressaient de faire la moisson.

Ce jour-là, presque tout le monde était dans les champs. La chaleur était accablante, l'atmosphère chargée d'électricité et l'on redoutait un de ces terribles orages qui, trop souvent, détruisent en moins d'une heure le fruit des labeurs d'une année. On voulait que, le soir, les épis coupés fussent liés en gerbes et celles-ci, autant que possible, entassées dans les greniers.

Derrière les faucheurs et les moissonneurs, les femmes, les jeunes filles, les vieillards et jusqu'aux enfants levaient les javelles qu'ils plaçaient sur les liens de paille de seigle. On liait, on réunissait les gerbes par douzaines; les grands chars à quatre roues arrivaient de tous les côtés; aussitôt chargés ils retournaient au village et revenaient vite prendre un nouveau chargement.

Vers trois heures de l'après-midi, un être humain se glissant derrière les jardins, longeant les murs, les haies, les palissades, jetant autour de lui des regards inquiets, sournois et méchants, se dirigeait vers la demeure de Jacques Pérard.

Cette demeure, une des plus belles de la commune, avait, comme nous l'avons dit, un étage au-dessus du rez-de-chaussée. Au-dessus de l'étage, se trouvait le grenier à grains et un autre grenier où étaient entassés des fagots, des planches et beaucoup d'objets de ménage ou de basse-cour devenus inutiles ou encombrants : baquets pour le savonnage, vieilles futailles, etc.

Ces greniers se trouvaient séparés par une muraille, dans laquelle une porte était percée, d'un autre grenier beaucoup plus vaste, qui recevait les fourrages, les céréales en gerbes, et qui se trouvait au-dessus de la grange, de l'écurie et d'une remise.

La tante Françoise était seule à la maison. Ayant besoin d'un fagot, elle était montée au grenier auquel on arrivait en grimpant une échelle et en ouvrant une trappe.

La bonne vieille fille se trouvant subitement incommodée par la chaleur étouffante, s'était reposée sur une botte de paille de seigle destinée à faire des liens, puis s'était endormie d'un lourd et profond sommeil.

Le corps de logis avait deux issues, l'une sur la rue, l'autre sur le jardin. Avant de monter au grenier, la tante Françoise avait poussé le verrou de la porte sur la rue, mais avait négligé de fermer également la porte de derrière. D'ailleurs, à quoi bon tant de précautions? Les voleurs étaient inconnus à Saint-Amand-les-Vignes.

Cependant la personne aux allures mystérieuses dont nous venons de parler, était arrivée derrière la haie de troënes dont le jardin de la maison Pérard était clos.

C'était une jeune fille de seize ans environ, qui ne paraissait pas en avoir plus de dix ou onze, rachitique, contrefaite, aux jambes cagneuses et sales, un véritable avorton.

Elle était pauvrement vêtue d'un caraco de toile grise et d'une jupe souillée, déchirée, trouée, une loque.

Elle avait les pieds nus; ses bras longs et maigres pendaient le long de son corps; ses mains et sa figure étaient crasseuses; sa tête était couverte de cheveux roux épais, ébouriffés, à travers lesquels le peigne semblait n'avoir jamais passé.

Sa face était blême, avec des lèvres pâles, pincées, des yeux louches, un front déprimé, un museau de fouine.

Cette espèce de monstre n'était autre que la petite bossue qui, un jour, avait blessé Paule à la tête d'un coup de pierre et que Jacques Pérard avait voulu châtier comme elle le méritait.

Un sentiment d'implacable haine avait germé, grandi dans le cœur gangrené de cette déshéritée. Elle avait juré de se venger de Pérard et de sa fille, et avec la patience du chat-tigre qui guette sa proie, elle avait attendu l'heure favorable.

Cette heure était sonnée.

Ne pouvant s'attaquer aux personnes, elle avait

résolu de s'en prendre aux choses. Ruiner la famille Pérard était son idée, son but.

Dans son intelligence du mal elle s'était dit qu'une fois pauvre comme elle, Fanchon la Princesse ne trouverait pas de mari, et c'était là tout ce qu'elle voulait. Or, croyant ainsi arriver à son but, elle allait mettre le feu à la maison.

Après être restée un instant immobile comme une statue, sûre de n'être vue par personne, elle franchit la haie, qui était plutôt un ornement du jardin qu'une clôture, et à pas de loup, marcha vers l'habitation.

Elle regarda à travers les vitres de la fenêtre et ne vit personne. Elle tendit l'oreille et ne perçut pas le moindre bruit à l'intérieur de la maison.

Alors, pour entrer, elle n'eut qu'à faire jouer la clanche et à pousser légèrement la porte.

Au milieu de la pièce elle s'arrêta et de nouveau se mit aux écoutes. Un silence profond régnait autour d'elle.

— Personne, murmura-t-elle, il n'y a personne.

Devenue hardie, ne redoutant plus rien, elle se dirigea vers l'escalier du premier étage qu'elle grimpa avec la légèreté d'un chat, de même que l'échelle de meunier conduisant aux greniers.

Son intention était d'allumer le feu dans un tas de paille ou de foin; mais soit qu'elle manquât de force ou d'adresse, elle ne parvint pas à ouvrir la porte en bois de chêne qui fermait le grenier à fourrages.

Cet obstacle ne la fit point renoncer à accomplir son œuvre horrible. Elle enflamma successivement plusieurs allumettes et les jeta dans les fagots et les bourrées. Elle en avait encore trois dans sa main à allumer lorsqu'elle aperçut la vieille tante couchée sur la botte de paille de seigle. Elle tressaillit violemment, puis resta un instant comme paralysée par l'épouvante.

Mais la vieille Françoise avait les yeux fermés et ne faisait pas un mouvement. La misérable bossue comprit que la sœur de Pierre Rouget était profondément endormie; elle se rassura et se hâta de s'éloigner. Par une précaution diabolique elle abaissa la trappe avant de descendre l'échelle.

Un instant après, elle était hors de la maison. Personne ne l'avait aperçue. Par des chemins détournés, elle se rendit dans les champs afin d'y faire constater sa présence.

Le feu couva pendant près d'une demi-heure; enfin il éclata.

La tante Françoise se réveilla, mais à demi asphyxiée; elle se traîna jusqu'à la trappe qu'elle n'eut pas la force d'ouvrir. Alors, folle de terreur, elle se mit à appeler désespérément au secours.

Les flammes ayant percé la toiture commençaient à se déployer dans l'air au milieu d'une énorme colonne de fumée noire et épaisse. Presque aussitôt dans la rue retentirent ces cris :

— Au feu ! au feu !

Étienne Denizot arrivait avec un chariot chargé de gerbes. Il abandonna son attelage dans la rue et se précipita vers la maison de Jacques Pérard devant laquelle se trouvaient seulement une dizaine de personnes, des vieillards qui ne pouvaient rien faire. Mais des hommes valides ne tarderaient pas à arriver, car le curé avait couru au clocher et sonnait le tocsin.

On dit à Etienne :

— La mère Françoise est dans la maison, elle appelle au secours; elle doit se trouver dans le grenier, au milieu des flammes.

— Oh! fit le le jeune homme.

Ne pouvant ouvrir la porte, verrouillée comme nous l'avons dit, il enfonça l'œil-de-bœuf qui éclairait l'évier, et se glissant par cette ouverture il pénétra dans la maison.

— Mère Françoise, mère Françoise! appela-t-il.

Pas de réponse.

Mais il crut entendre, venant d'en haut, une plainte étouffée.

Alors, au risque d'être asphyxié par la fumée qui remplissait la maison, Étienne s'élança vers les greniers où il parvint après avoir poussé la trappe d'un bras vigoureux.

Trois fois les flammes lui barrèrent le passage. Mais il entendait les plaintes, les gémissements de la tante Françoise. Enfin il avança et à la lueur de l'incendie, à travers des tourbillons de fumée, il découvrit celle qu'il voulait sauver, étendue en travers de la porte du grenier à fourrages et s'attendant à être brûlée vive.

Le second corps de bâtiment venait d'être envahi par les flammes et, dans un instant, l'incendie allait redoubler de violence.

Derrière Étienne, une partie du plancher s'effondra tout à coup et l'étage fut en feu. La retraite n'était plus possible de ce côté; et il n'y avait pas une minute à perdre s'il voulait sauver la tante Françoise et ne pas périr lui-même au milieu des flammes.

Il ouvrit la porte qui était devant lui, prit dans ses bras la vieille fille, qui avait perdu connaissance, et marcha rapidement jusqu'à la lucarne du grenier à fourrages qui était ouverte et par laquelle s'échappaient des nuages de fumée.

La foule s'amassait devant la maison incendiée ; de tous les côtés accouraient les travailleurs des champs, hommes et femmes affolés, poussant le cri sinistre :

Au feu !

L'officier des pompiers, accompagné de quelques hommes, avait couru chercher la pompe. On l'attendait ; mais il était à craindre qu'elle n'arrivât trop tard.

Quand Étienne parut à la lucarne, des voix dans la rue crièrent :

— Ah ! le voilà, le voilà !

Puis il y eut une immense clameur qui indiquait qu'on savait le jeune homme dans la maison et que tout le monde avait craint qu'il n'eût été victime de son dévouement.

Au-dessus de la lucarne, s'avançant sur la rue, il y avait une poulie de fer fixée à une potence à fourche solidement scellée dans la muraille. Cette poulie c'était le salut. Mais la corde ?

Étienne la trouva presque à ses pieds et laissa échapper un cri de joie.

Il mit la corde dans la rainure de la poulie, la ramena à lui, lia la tante Françoise sous les bras, et, toujours évanouie, la fit passer par la lucarne ; puis tirant sur la corde pour faire contre-poids, il opéra, aux applaudissements, aux acclamations de la foule, la descente de la vieille fille que reçurent les bras de ceux qui étaient en bas.

Sans rien perdre de sa présence d'esprit, rapidement, le jeune homme attacha la corde à la potence et cria d'une voix forte :

— Amis, à la corde et tenez ferme.

Quatre hommes se pendirent aussitôt à l'autre extrémité de la corde.

Alors, avec la légèreté et la force musculaire des bras d'un matelot ou d'un gymnaste, Étienne s'accrocha au cordage et, à son tour, commença sa descente devenue extrêmement périlleuse, car maintenant tout brûlait et la toiture du second corps de bâtiment s'engloutit comme celle du premier dans la fournaise.

Sous les yeux de la foule anxieuse, frémissante, Étienne descendait, aveuglé par la fumée et mordu par les flammes qui glissaient le long de la muraille.

Tout à coup, la corde brûlée se rompit. Heureusement le jeune homme n'était plus qu'à trois mètres du sol ; il tomba, mais sans se faire aucun mal.

De nouvelles acclamations retentirent de toutes parts.

On entourait le vaillant garçon, on le félicitait, tout le monde aurait voulu l'embrasser.

Ce fut la mère de Paule, qui, la première, en pleurant, se jeta à son cou, Paule, à son tour, l'embrassa. Prompte à l'enthousiasme, la jeune fille lui témoignait une reconnaissance sans bornes.

Si, à ce moment, Étienne lui avait dit :

— Paule, voulez-vous être ma femme ?

Elle aurait accepté spontanément.

Mais Étienne n'était pas un homme à se faire

payer un service, si grand qu'il fût, et il se borna à penser que son action plaiderait suffisamment pour lui sans qu'il s'en mêlât.

D'ailleurs, il n'était pas en état de parler beaucoup et de rester longtemps debout.

Sans le blesser grièvement, le feu l'avait atteint en plusieurs endroits du corps et il avait les cheveux brûlés. De plus, le frottement de la corde avait mis ses mains en sang.

Il avait besoin de soins, sa mère et deux de ses amis l'emmenèrent.

La pompe était enfin arrivée et commençait à noyer l'incendie.

La tante Françoise avait vite repris connaissance; mais sous le coup des terribles émotions qu'elle venait d'éprouver, elle n'avait pu prononcer que quelques paroles incohérentes. On l'avait aussitôt transportée chez elle et couchée dans son lit.

L'habitation de Jacques Pérard était détruite, heureusement la maison de l'ancien sergent était assez grande pour donner asile au père, à la mère et à la fille. Le soir même les incendiés s'y installèrent.

Le crime de la bossue n'avait pas ruiné les Pérard, comme elle l'espérait. La maison et les denrées étaient assurées, et les bâtiments reconstruits devaient plutôt gagner que perdre en valeur.

L'incendie donna lieu à une enquête judiciaire, laquelle établit que ce sinistre devait être attribué à la malveillance. Mais ce fut tout, et l'auteur du forfait resta inconnu et par conséquent impuni.

La misérable petite bossue ne fut même pas soupçonnée.

VII.

LA MARRAINE

L'événement avait fait grand bruit dans le pays, comme on pense bien.

Étienne Denizot était le héros du moment et toutes les mères auraient voulu le donner pour époux à leur fille.

Mais l'on savait qu'il aimait Fanchon la Princesse. Il est vrai que l'on savait également que la belle Paule le tenait à distance et que le père et la mère Pérard lui avaient nettement refusé la main de leur fille.

— Oui, disait-on, avant l'incendie ils ne voulaient pas donner leur fille à Étienne Denizot ; mais Étienne, le brave garçon, a sauvé la tante Françoise d'une mort certaine. Après une si belle action, Fanchon la Princesse n'a plus le droit de faire la dédaigneuse et ses parents ne peuvent plus refuser sa main à Étienne.

Donc, presque tout le monde s'attendait à entendre dire que le mariage de la belle Paule avec le sauveur de la tante Françoise était décidé.

Aussi l'étonnement fut-il grand quand on vit que la situation restait absolument la même.

Un matin Étienne Denizot reçut une lettre de la préfecture. Le préfet informait le jeune homme, qui certes ne pensait guère à cela, que le gouvernement avait décerné au sauveteur de Françoise Rouget une médaille d'honneur, une médaille d'or.

Cette médaille était une récompense méritée par l'acte de courage et de dévouement d'Étienne ; mais c'était une autre récompense, ardemment désirée, qu'aurait voulu l'amoureux de la belle Paule.

En moins d'une heure, tout le monde dans la commune sut qu'une médaille d'or avait été décernée à Étienne Denizot pour sa belle action...

Le jeune homme était estimé et aimé de tous.

Ce fut un jour de fête à Saint-Amand-les-Vignes.

La médaille avait été envoyée au maire, et ce fut le chef de la municipalité, assisté de son adjoint et escorté de son conseil, qui la remit solennellement à Étienne, en le félicitant d'avoir su mériter cette distinction honorifique, en félicitant le gouvernement de savoir récompenser le mérite partout où il se trouve.

Étienne Denizot avait pour parrain un frère de sa mère appelé Firmin Mouillet. Ce brave homme aimait son neveu et filleul en bon oncle et bon parrain. Il admirait le jeune homme dans tout ce qu'il faisait et disait.

— Mon neveu est le coq du canton, répétait-il souvent dans son langage pittoresque de paysan.

Il vit la médaille de sauvetage, la tint longtemps dans sa main et s'en montrait si fier, si rempli d'orgueil, que l'on eût dit que c'était à lui-même qu'elle était donnée.

Deux jours après, habillé comme un jour de fête, il vint trouver la mère d'Étienne et lui dit :

— Ma sœur, tu vas venir avec moi.
— Où cela ?
— Tu le verras quand nous y serons.
— Mais, Firmin, il faut que tu me dises...
— Quoi ?
— Ce que tu as en tête, ce que tu veux faire.
— Eh bien, écoute : Étienne se meurt d'amour pour la belle Paule ; ça ne peut pas durer ainsi, il faut que ça finisse, il faut que nous sachions aujourd'hui même ce que pense les Pérard et si, oui ou non, ils donneront leur fille à ton fils.

— Mon frère, tu vas au-devant d'un nouveau refus, dit la veuve en secouant la tête.

— Nous verrons ; mais je veux en avoir le cœur net de toute cette histoire-là. Mets tes souliers, une coiffe blanche, un fichu sur tes épaules et viens.

— Tu le veux absolument ? Eh bien ! soit.

La famille Pérard, nous le savons, demeurait maintenant chez le père Rouget, dont la maison se trouvait à l'extrémité du village.

La tante Françoise était toujours alitée ; elle avait été violemment secouée, la pauvre vieille, et le médecin avait déclaré qu'il y avait peu d'espoir de guérison.

Paule avait une grande affection pour sa marraine et était presque constamment auprès d'elle, lui prodiguant ses soins et ses caresses.

Plus d'une fois la malade avait parlé à Paule de

4.

son sauveur, de cet honnête et excellent garçon, qui serait un si bon mari.

Mais alors la physionomie de la jeune fille changeait d'expression ; soucieuse, inquiète, elle baissait la tête et ne répondait rien.

Paule renfermait en elle toutes ses pensées. Ni à sa mère, ni à sa marraine, ni à personne elle n'avait parlé du jeune et beau cavalier aperçu dans la rue par une belle matinée de printemps. Elle n'avait pas revu cet inconnu ; mais quelque chose en elle lui disait qu'il reviendrait, et sans cesse elle pensait à lui.

La nuit, il lui apparaissait dans son sommeil ; le jour, à chaque instant, elle, s'imaginait qu'il allait tout à coup paraître devant elle et le pas d'un cheval dans la rue faisait battre son cœur avec violence.

Elle avait à peine vu sa figure, et cependant son image était restée gravée dans sa pensée et dans son cœur. Si elle eût su dessiner, elle aurait pu faire son portrait.

Nature ardente et romanesque, Paule avait ouvert son âme aux plus délicieuses sensations ; presque tout de suite elle s'était mise à aimer son bel inconnu ; l'amour était dans son cœur et le remplissait.

Pérard et sa femme étaient ensemble lorsque la mère et l'oncle d'Étienne se présentèrent. Le père Rouget était absent.

Les deux époux n'eurent pas de peine à deviner le but de la visite qui leur était faite ; ils allaient subir un nouvel assaut, avoir à répondre à une nouvelle demande en mariage.

Les visiteurs ayant demandé à ne parler que devant la tante Françoise et en présence de mademoiselle Paule, on les fit entrer dans la chambre de la malade.

— Mère Françoise, dit Firmin, je vous apporte une bonne nouvelle.

— A moi, fit-elle en souriant mélancoliquement.

— Oui, à vous, et vous l'accueillerez avec joie.

— Oh ! alors, dites, dites vite.

— Eh bien, mère Françoise, voici la chose : le gouvernement a appris comment vous avez été sauvée du feu par mon neveu.

— Ah ! le brave garçon, le brave enfant !

— Donc, mère Françoise, ayant appris l'affaire, le gouvernement a voulu récompenser Etienne.

Le gouvernement a bien fait, dit simplement la vieille femme.

— Il a donné à mon neveu la médaille en or que voici, une médaille d'honneur.

— Ah ! c'est beau, c'est beau, et c'est bien mérité ! s'écria la tante Françoise.

— Oui, bien mérité, appuya Pérard.

Françoise Rouget avait pris la médaille d'une main tremblante ; après l'avoir regardée avec des larmes dans les yeux, elle la porta à ses lèvres.

— Est-ce que vous saviez qu'Etienne avait reçu cette médaille ? demanda-t-elle en portant successivement ses yeux sur le père, la mère et la fille.

— Nous le savions, répondit la mère de Paule.

— Et vous ne me l'aviez pas dit ! fit la malade tristement et avec un profond accent de reproche.

— Maintenant, reprit Firmin Mouillet, autre chose ; il s'agit de savoir si, définitivement, vous voulez donner votre fille pour femme à Etienne Denizot, mon neveu et mon filleul.

Paule baissa les yeux et devint très pâle.

Le père et la mère gardèrent le silence.

— Eh bien, dit la tante Françoise, surprise de cette attitude, pourquoi ne répondez-vous pas ? Et toi, Paule, pourquoi baisses-tu ainsi les yeux ? Pourquoi es-tu si pâle ? Ne trouves-tu pas qu'Etienne soit digne de toi ?

— Je ne dis pas cela, tante Françoise.

— Tu ne le dis pas, mais tu le penses peut-être.

— Vous vous trompez, répliqua vivement la jeune fille.

Certainement elle admirait Etienne, le trouvait bien sous tous les rapports et s'avouait intérieurement que toute fille serait fière de devenir sa femme. Mais elle avait son rêve, elle avait son amour.

— Ah ! Paule, Paule, je ne te comprends pas ! fit tristement la malade.

De grosses larmes roulaient dans les yeux de la jeune fille.

— Mais, ma tante, hasarda Pérard, vous savez bien...

— Ah ! oui, ah ! oui, la fameuse prédiction faite à mon frère !... Eh bien, je vous le dis encore une fois, vous et Pierre, vous êtes fous !

— On ne peut pourtant pas nous contraindre à marier notre fille contre son gré et à la donner à un paysan, dit la mère de Paule avec aigreur.

— Mais qu'est-elle donc et qu'êtes-vous donc ? exclama la tante Françoise.

— En voilà assez, dit fièrement madame Denizot,

blessée dans sa dignité et son amour maternel, c'est trop d'humiliations... Je sais ce que vaut mon fils et on ne le marchande pas. C'est moi maintenant qui ne veux plus entendre parler de ce mariage. Etienne aime Paule et il souffrira beaucoup, le pauvre garçon ; mais il faudra pourtant bien qu'il se console...

Tu vois, mon frère ; ah ! je t'avais prévenu de ce qui nous attendait... Voilà, voilà ce que nous sommes venus chercher ici. Enfin, c'est comme ça !... Mais c'est bon, je ne suis pas embarrassée pour trouver à mon fils une femme qui lui fera oublier mademoiselle Fanchon la Princesse.

Ce mot était de trop, et les parents de Paule eurent un regard de colère.

Pérard allait probablement répondre par quelque dure parole ; la malade l'arrêta.

— Taisez-vous, Jacques, dit-elle ; tais-toi, ma nièce, ajouta-t-elle en regardant la mère de Paule qui allait parler ; j'ai quelque chose à dire, écoutez-moi, oui, écoutez-moi bien, car ce sont peut-être mes dernières paroles que vous allez entendre.

— Oh! tante Françoise! protestèrent Pérard et sa femme.

— Le médecin a dit que je ne me remettrais pas et moi je sens bien que je suis arrivée à la fin de ma vie. La machine est usée. Je n'ai pas peur de la mort, croyez-le bien... Celui qui, durant sa vie, a toujours rempli ses devoirs, meurt doucement. Je mourrais sans un seul regret, contente, si Paule, ma chère filleule, que j'ai toujours tant aimée, avait son bonheur assuré. Mais, hélas ! je vois noir dans son avenir et j'ai peur qu'elle ne soit un jour la plus malheureuse des femmes.

Paule, viens, approche-toi, ma poulette.

La jeune fille, qui avait son mouchoir sur ses yeux, s'avança et, machinalement, s'agenouilla devant le lit.

— C'est bien, dit la vieille, tu es là à ta place.

Elle continua :

— Paule, ma chérie, c'est une mourante qui te parle, et, tu le sais, mon enfant, on doit se garder de ne pas tenir compte des paroles de ceux qui vont mourir. Ecoute-moi donc : Les rêves sont choses creuses et il n'y a dans la vie que des réalités ; s'abandonner à ses rêves c'est se préparer à de cruelles déceptions. On ne construit pas sur le sable mouvant, mais sur un terrain solide. Il en est de même de la vie : elle ne peut pas s'appuyer sur des illusions.

Paule, ma chérie, si tu veux être heureuse, ne cherche pas le bonheur au pays des songes, des chimères ; c'est ici, ici seulement, à Saint-Amand-les-Vignes, que tu le trouveras.

Il n'existe pas un meilleur jeune homme qu'Etienne Denizot et qui te convienne mieux. Paule, si tu deviens sa femme, tu seras heureuse. Pour la femme, avoir un bon mari qui travaille et dont elle est aimée, voilà le bonheur !

Je sais que tu pourrais me répondre, comme tu m'as déjà répondu, que tu as de l'amitié pour Etienne, mais que tu ne l'aimes point comme tu veux aimer celui que tu prendras pour mari.

Hé, ma chérie, qui te dit que, bientôt, tu n'aimeras pas Etienne comme il mérite d'être aimé, comme tu voudrais l'aimer pour devenir sa femme ?

Je ne te demande pas de dire tout de suite : je

consens à épouser Etienne. Mais je te conjure de réfléchir, de penser sérieusement à ton avenir, de bien voir ce qu'est Etienne Denizot, ce qu'il vaut et ce qu'il est capable de faire pour toi !

Alors, tu te trouveras mieux disposée en sa faveur, tu comprendras que ton bonheur est près de lui et, avec des tressaillements de joie, tu sentiras que tu l'aimes d'amour.

Paule, mon enfant, promets-moi de te souvenir de mes paroles et de faire ce que je te demande.

— Marraine, je vous le promets, répondit d'une voix étouffée la jeune fille qui sanglotait.

Françoise Rouget posa sa main sur la tête de Paule et lui dit :

— Va, tu es bonne et tu mérites d'être heureuse ; relève-toi, ma chérie, ta vieille marraine te bénit !

Regardant le père et la mère, elle reprit :

— Vous avez entendu ; vous aussi n'oubliez pas mes paroles.

Elle se tourna ensuite vers la mère et l'oncle d'Étienne et dit :

— Mère Denizot, vous embrasserez votre brave enfant pour la vieille Françoise Rouget, en lui disant qu'il ne doit pas désespérer encore.

Tout était dit.

Le frère et la sœur se retirèrent vivement impressionnés.

Le surlendemain la tante Françoise rendait le dernier soupir.

VIII

LA FONTAINE-BELLE-EAU

A cinq ou six cents mètres de Saint-Amand, il existe une fontaine appelée la Fontaine-Belle-Eau, où les jeunes filles du village, particulièrement l'été, pendant les grandes chaleurs, viennent chercher l'eau à l'usage du ménage et celle qu'emportent ceux qui travaillent aux vignes ou aux champs.

La fontaine, profonde de quatre-vingt centimètres et large de cinquante à peine, est à fleur de terre et se trouve au bord d'un chemin dont le fossé reçoit son trop plein. La nature l'a creusée au bas d'un large coteau planté de vignes et couronné de magnifiques sapins dont les cimes hautes et droites s'élancent fièrement vers le ciel.

On vient prendre l'eau à la fontaine avec des cruches que l'on appelle bures dans nos départements de l'Est. Ce sont des vases de grès à anse, d'une contenance de quatre à huit litres, s'arrondissant et s'élargissant du collet à la base. Au-dessous du collet, sur une des faces convexes, émerge un petit tube de la grosseur du doigt et ayant la forme d'une tétine, que l'on prend entre ses lèvres pour boire.

La Fontaine-Belle-Eau de Saint-Amand-les-Vignes est renommée dans toutes les communes environnantes. Ce n'est pas qu'elle ait quelque propriété médicinale reconnue ; mais son eau a cette qualité d'être naturellement filtrée par les couches sablonneuses qu'elle traverse souterrainement ; enfin elle est d'une grande limpidité, très agréable à boire et toujours très fraîche sans jamais être glacée.

Un des premiers jours de septembre, vers trois heures de l'après-midi, la belle Paule sortit de la maison de son grand-père, ayant une bure à chaque main, pour aller puiser de l'eau à la fontaine.

Sous son chapeau de paille de riz garni d'un crêpe et coquettement placé sur le côté de la tête, son gracieux et joli visage était adorable.

Du reste, son vêtement de deuil lui allait à ravir, et, sans cependant rien ajouter à sa radieuse beauté, communiquait un charme indéfinissable à sa physionomie douce et rêveuse...

Elle était seule sur le chemin poudreux, bordé de haies vives et plein de soleil. Bien que l'on approchât de l'automne, il faisait encore chaud comme aux jours caniculaires. La vendange s'annonçait bien, promettait beaucoup : toutes les tonnes seraient remplies.

Arrivée à la fontaine, Paule posa à terre ses deux vases, essuya sa figure mouillée de sueur, et comme elle n'était pas pressée de retourner à la maison, elle s'assit sur un petit tertre, à l'ombre d'un buisson, pour se reposer.

Cachés dans les haies, les petits des linots et des fauvettes, devenus grands, gazouillaient tous ensemble, pendant que les grillons et les cigales chantaient, tapis dans les hautes herbes.

Dans les haies et les buissons venaient aussi se réfugier des bandes de grives, après avoir couru à travers les vignes où, en visitant les grappes, elles gobaient les premiers grains mûrs.

Paule écoutait le chant des oiseaux et des grillons et tout en promenant mélancoliquement ses regards sur la campagne, elle pensait à ce que lui avait dit sa marraine et à la promesse qu'elle avait faite.

— Oui, se disait-elle, Etienne Denizot est un brave et honnête garçon ; il n'a pas les mains fines et les belles manières des jeunes gens des villes, mais il est bon, et, bien sûr, celle qu'il prendra pour femme sera heureuse.

Paule comprenait que la tante Françoise, en lui parlant comme elle l'avait fait, n'avait en vue que son bonheur ; elle savait aussi combien Etienne l'aimait et, à ce moment, elle sentait en elle le regret de ne pas l'aimer d'amour.

Tout à coup, le bruit d'une respiration haletante l'arracha à ses réflexions.

C'était un chien qui venait de se montrer sur le chemin, après avoir traversé la haie, un beau chien d'arrêt noir et blanc, à poil ras, aux longues oreilles tombantes. L'animal était essoufflé, avait chaud, et sa gueule ouverte et sa langue tirée indiquaient qu'il avait une grande soif.

En effet, il se précipita dans le fossé qui recevait l'eau de la fontaine et but avidement avec un bruit de langue qui témoignait de la satisfaction et du bien-être qu'il éprouvait.

Après s'être désaltéré, ayant sans doute besoin de se mieux rafraîchir encore, il prit un bain en se roulant dans l'eau, à l'endroit même où il venait de boire.

— Pauvre bête ! murmura la jeune fille ; allons, maintenant, le voilà content.

Elle se leva, s'approcha de la fontaine et remplit sa première bure; elle allait prendre la seconde pour la plonger dans la belle eau claire, lorsque, soudain, un jeune homme, un chasseur, le maître du chien, parut à son tour sur le chemin.

Il était vêtu d'un élégant costume de chasse de velours marron rayé ; ses pieds étaient chaussés de forts brodequins sur lesquels tombaient de hautes guêtres qui enveloppaient ses jambes jusque sous les genoux ; pour coiffure il avait un chapeau de feutre mou aux larges ailes relevées de chaque côté de la tête.

Il avait la gibecière au côté et le fusil désarmé en bandoulière.

Il paraissait avoir vingt-sept ou vingt-huit ans; il était grand, bien taillé et de bonne tournure. Sa barbe noire, qu'il portait en collier, encadrait sa figure aux traits fins et réguliers, un peu brunie par le hâle, à laquelle deux grands yeux fendus sous un beau et large front donnaient un caractère tout particulier d'énergie, de force, de fierté, d'animation, de vie.

Un cri de surprise et de joie avait failli échapper à la jeune fille ; mais peut-être n'avait-elle pas eu la force de le pousser tant son saisissement avait été prompt et violent.

Certes, il y avait de quoi ; du premier coup d'œil, Paule venait de reconnaître le bel inconnu qui, pendant plusieurs mois, avait été l'objet de tous ses rêves, avait occupé toutes ses pensées, et que, un instant auparavant, elle désespérait de revoir jamais.

D'abord elle était devenue rouge comme la fleur du grenadier, puis une réaction s'était faite et, très pâle maintenant, le cœur battant à se briser, elle tremblait comme la feuille.

A la vue de cette belle jeune fille qui lui apparaissait comme une ondine ou une amadryade, le jeune homme s'était arrêté, frappé d'admiration; enfin il s'avança son chapeau à la main.

Par un mouvement inconscient peut-être, mais certainement instinctif, la jeune fille passa sa main sur son front pour écarter quelques frisons dérangés par un souffle de la brise, secoua légèrement ses jupes et étira son corsage;

Les grandes coquettes des salons, des boudoirs et d'ailleurs ne font pas autre chose quand un inconnu se présente à elles. C'est quelque chose comme le mouvement à la fois offensif et défensif de la sentinelle qui aperçoit l'ennemi.

— Mademoiselle, dit le jeune homme après avoir salué avec beaucoup de politesse, depuis plus d'une heure je souffre de la soif ; vous seriez bien aimable en me permettant de boire à cette cruche, que vous venez de remplir de cette belle eau claire et fraîche.

— Oh! avec grand plaisir, monsieur.

Et se baissant vivement, elle prit la bure, la leva à la hauteur de son visage et la pencha légèrement, approchant le tube de la bouche du chasseur.

Celui-ci but à longs traits, mais sans cesser de regarder cette ravissante jeune fille, qu'il ne se lassait pas d'admirer, qui le tenait sous le charme, et qui, souriante, laissait voir entre ses lèvres roses, des dents fines et blanches, les plus belles qu'on pût voir.

Quand il eut fini de boire, il prit la cruche des mains de la jeune fille, en disant :

— Je vous remercie, mademoiselle.

Puis, ayant posé la cruche à terre, à côté de l'autre, il reprit :

— Mademoiselle, notre rencontre près de cette fontaine me remet en mémoire une scène charmante des temps primitifs, racontée dans la Genèse, et pour un peu je m'imaginerais que vous êtes la belle Rebecca, fille de Bathuel, fils de Nachor, frère d'Abraham, le patriarche.

— Il y a un peu de cela, peut-être, monsieur, répondit la jeune fille avec une émotion visible; seulement je ne suis pas Rebecca qui donna à boire à Eliézer, serviteur d'Abraham, ainsi qu'à ses chameaux.

Un peu étourdiment, elle ajouta :

— Et vous n'êtes pas non plus Isaac à qui Rebecca fut donnée pour épouse.

L'inconnu sourit et après un court silence :

— Me permettez-vous, mademoiselle, de vous demander votre nom ?

— Je m'appelle Paule, monsieur, Paule Pérard.

— Vous êtes en deuil, auriez-vous perdu récemment une personne de votre famille qui vous était chère ?

— Oui, monsieur, répondit-elle tristement, ma

grand'tante et marraine, Françoise Rouget, est morte il y a quinze jours.

— Je prends part à votre peine, mademoiselle. Il me semble que ce nom de Rouget, que vous venez de prononcer, ne m'est pas inconnu.

— Mon grand-père, qui a été militaire et est décoré, se nomme Pierre Rouget.

— Oui, oui, Pierre Rouget, on a parlé devant moi de votre grand-père, mademoiselle.

— Oh ! on ne disait pas de mal de lui.

— Au contraire, mademoiselle, au contraire.

— Mon grand-père est un des hommes les plus honnêtes et les meilleurs qui existent.

— Si je ne me trompe pas, mademoiselle, ce village, dont j'aperçois d'ici les premières maisons à travers les arbres, est Saint-Amand-les-Vignes ?

— Vous ne vous trompez pas, monsieur.

— Est-ce que vous êtes de Saint-Amand, mademoiselle Paule ?

— J'y suis née et j'y ai toujours demeuré.

— Moi, mademoiselle, je ne suis pas de la Bourgogne et je ne connais guère ce canton ; cependant j'ai déjà passé une fois à Saint-Amand-les-Vignes.

— Oui, au mois de mai dernier, dit Paule vivement et sans réfléchir, c'était dans la matinée et il y avait un beau soleil comme aujourd'hui ; vous étiez à cheval.

— C'est vrai. Ainsi vous m'avez vu ?

— Oui.

— Et vous vous rappelez que c'était au mois de mai, le matin, et qu'il faisait un temps superbe ?

Paule, comprenant qu'elle avait manqué de réserve, rougit et baissa les yeux.

Pendant quelques instants le jeune homme la regarda fixement.

— Ah! fit-il d'un ton presque joyeux, je me souviens... Comme je passais dans la grande rue de Saint-Amand, une jeune fille parut à une fenêtre; c'est à peine si j'ai pu voir son visage, car mon cheval allait d'un trot rapide; cependant, mademoiselle, je vous reconnais maintenant. Oui, oui, c'était vous.

La rougeur de Paule devint plus vive encore.

— Tenez, continua le jeune homme, je vois encore cette fenêtre du premier étage tout enguirlandée de feuillages verts auxquels se mêlaient des fleurs bleues, roses et blanches. Oh! comme cette verdure et ces jolies fleurs du printemps étaient bien le cadre qui vous convenait! J'aurai certainement l'occasion de passer encore à Saint-Amand, et je reconnaîtrai facilement la fenêtre et la maison blanche aux volets verts.

— Non, répondit Paule en secouant la tête, vous chercheriez vainement la maison, elle n'existe plus.

— Que voulez-vous dire?

— Une main malveillante, croit-on, y a mis le feu et elle a été entièrement brûlée.

— Oh!

— Les pertes ont été d'une certaine importance; mais elles étaient heureusement couvertes par des assurances. Depuis quelques jours la reconstruction est commencée. Pour le moment, nous demeurons, mon père, ma mère et moi, chez Pierre Rouget, mon grand-père. Sa maison est la deuxième que vous voyez d'ici, à travers les arbres.

— Oui, je la vois, mademoiselle. Vous connaissez sans doute M. de Vaucreux, dont le domaine est à deux petites lieues de Saint-Amand-les-Vignes ?

— Oui, monsieur, je connais M. de Vaucreux et je suis même allée deux ou trois fois au château de la Chaumelle avec mon grand-père.

— Eh bien, mademoiselle, je suis actuellement l'hôte de M. de Vaucreux, et je resterai probablement à la Chaumelle jusqu'à la fin de ce mois, temps suffisant pour faire un peu la guerre aux lièvres, aux perdrix et aux cailles qui abondent en ce pays.

Les yeux de Paule se portèrent machinalement sur la gibecière.

— Je n'ai pas été heureux cette après-midi, reprit le jeune homme en souriant, je n'ai tué que quatre perdreaux et une demi-douzaine de cailles.

Après une pause, il continua :

— Vous avez bien voulu me dire votre nom, mademoiselle, je croirais manquer à un de mes devoirs si je ne vous faisais pas connaître le mien : je suis le comte Maxime de Verdraine.

La jeune fille tressaillit dans tout son être et un éclair de joie illumina son regard.

— Décidément, pensait le jeune chasseur, cette jeune fille est divinement belle et plus je l'examine, plus je l'entends, plus je la trouve adorable.

Il ne se rendait pas bien compte des sensations qu'il éprouvait ; mais il était sous le charme que subissaient tous ceux qui approchaient la belle Paule.

N'ayant plus rien à se dire, il semblait que les deux jeunes gens dussent se séparer, et cependant ni elle ni lui ne bougeait ; évidemment ils avaient de la peine à se quitter.

Du reste, Maxime le dit franchement à Paule, et voulant prolonger l'entrevue, il parla avec une certaine expansion.

— M. de Vaucreux, dit-il, est un vieil ami de mon grand-père, le marquis de Verdraine. Ils ne s'étaient pas vus depuis une quinzaine d'années lorsque M. de Vaucreux, l'année dernière, est venu rendre visite à mon aïeul au château de Verdraine, dans le Dauphiné; il est resté près de trois semaines avec nous, et, en partant, il me fit promettre de venir le voir à la Chaumelle.

Fidèle à ma promesse, je suis venu voir M. de Vaucreux au mois de mai dernier; mais j'étais attendu à Paris et je n'ai pu rester que cinq jours.

J'avais été parfaitement reçu et je regrettais de ne pouvoir faire un plus long séjour à la Chaumelle. Pour m'engager à revenir, sachant que j'aimais beaucoup la chasse, M. de Vaucreux me parla de ses bois remplis, me dit-il, de chevreuils, de lièvres; des belles plaines de ce pays où il y a abondance de gibier à plumes. Je sais quels égards sont dus à un vieillard, qui est de plus l'ami de ma famille. Je suis revenu et je m'en félicite, je m'en félicite doublement : d'abord parce que j'ai pu déjà donner la satisfaction la plus entière à mes goûts cynégétiques; et ensuite, mademoiselle Paule, parce que je viens d'avoir le bonheur de vous rencontrer.

— Oh! monsieur! fit la jeune fille dont le cœur s'était remis à battre avec violence.

— Laissez-moi vous le dire, mademoiselle, reprit-il avec vivacité et d'un ton pénétré, je n'oublierai jamais l'heureux instant que je viens de passer près de vous, je n'oublierai jamais que vous m'avez donné à boire comme Rebecca au serviteur d'Abraham.

Ah! tenez, il me semble maintenant que ce coin de la Bourgogne où nous sommes est le plus beau pays du monde, et que je n'ai jamais vu un plus beau soleil que celui qui descend en ce moment vers l'horizon et vous enveloppe de ses rayons d'or comme d'un manteau céleste !

— Mon Dieu, monsieur, pourquoi me dites-vous cela? balbutia la jeune fille avec embarras et un grand trouble.

— Pourquoi, pourquoi? Mais parce que je ne sais quel parfum et quelle poésie se dégagent de toute votre personne !

— Vous oubliez que je suis de Saint-Amand-les-Vignes, que je ne suis qu'une paysanne.

— Hé! que m'importe, s'écria-t-il avec exaltation, si vous avez la grâce et la beauté d'une reine !

Paule ne trouva rien à répondre. Elle était toute palpitante d'émotion et aussi, disons-le, de joie.

— Mademoiselle Paule, reprit le jeune homme d'une voix plus calme, m'autorisez-vous, lorsque je passerai à Saint-Amand, à entrer dans la maison de M. Pierre Rouget, votre grand-père ?

— Oh! je ne peux pas vous défendre cela, monsieur ; ce sera un grand honneur pour mon grand'père, mes parents et moi.

— Merci, dit-il, en tendant la main à la jeune fille.

Paule hésita un instant comme confuse et honteuse, puis enfin mit sa petite main tremblante dans celle du jeune homme qui la pressa doucement en disant:

— Mademoiselle Paule, je ne vous dis pas adieu, mais à bientôt.

Sur ces mots, il la salua, puis appela :

— Faraud, Faraud !

Le chien qui, après s'être secoué, s'était étendu sur l'herbe pour se sécher au soleil, se dressa sur ses pattes, regarda fixement son maître, devina la direction qu'il fallait prendre et partit en avant-garde.

Le chasseur avait déjà disparu, non sans s'être retourné plusieurs fois, que Paule était encore à la même place, immobile, les yeux fixes, les bras ballants.

Un long soupir s'échappa de sa poitrine.

— Il se nomme Maxime de Verdraine, murmura-t-elle, il est comte et son grand-père est marquis !

A ce moment, derrière la jeune fille retentit un éclat de rire aigu, sardonique, qui produisit sur elle l'effet d'un cri sinistre sur une joyeuse assemblée.

IX

PREMIÈRE VISITE

La belle Paule eut un haut-le-corps, se retourna brusquement et se trouva en face de la petite bossue, sa féroce ennemie.

— Hé, dis donc, Fanchon la Princesse, fit l'incendiaire de sa voix traînante et avec un accent moqueur, tu donnes donc rendez-vous ici à de beaux chasseurs... Ah! ah! ah! voilà donc pourquoi tu viens si souvent remplir tes bures à la fontaine!

Ayant lancé cette méchanceté, la vilaine bossue bondit hors du chemin, traversa la haie et se perdit dans les vignes en ricanant.

Paule avait ressenti une impression d'effroi bientôt suivie d'un mouvement de colère. Mais la flamme de son regard s'éteignit subitement; elle haussa les épaules avec dédain et eut un sourire de suprême mépris.

Elle remplit d'eau sa seconde cruche et se mit en marche vers le village.

Elle ne pensait déjà plus à la bossue. Ah! elle

avait bien autre chose à faire. Toutes ses pensées maintenant étaient pour Maxime de Verdraine.

Enfin, elle l'avait revu son bel inconnu qu'elle avait tant attendu, et elle savait son nom.

— Il est comte et son père est marquis, répétait-elle avec un étrange frémissement de plaisir.

Les sages paroles, les affectueuses recommandations de la tante Françoise sur son lit de mort n'avaient plus d'écho dans son cœur, elles étaient oubliées. Et ce qu'elle avait promis ? Oublié aussi.

Pauvre Etienne Denizot !

Maxime lui avait dit :

— A bientôt !

Mais ces mots étaient-ils bien l'expression de sa pensée, du désir de la revoir ?

Si, oubliant qu'elle l'avait autorisé à se présenter chez son grand-père, il n'allait pas venir ! Si leur rencontre, due au hasard, allait être la fin du joli roman commencé !

En songeant à cela, sa poitrine se gonflait, elle se sentait serrée à la gorge et éprouvait une violente douleur au cœur.

— Oh ! comme je l'aime, mon Dieu, comme je l'aime ! se disait-elle en soupirant.

Puis après de nouvelles réflexions, elle reprenait :

— Oh ! oui, je l'aime, je le sens au trouble de mes pensées, aux palpitations de mon cœur, à l'agitation qui est en moi !

Elle rentra. Sa mère lui dit :

— Paule, tu es restée bien longtemps.

— C'est vrai, répondit-elle.

Et comme sa mère ne lui demanda point ce qui

l'avait retardée, elle garda le silence sur son aventure.

Mais le soir, après le souper, en présence de son père et de son aïeul, elle éprouva le besoin de faire ses confidences; elle ne pouvait plus garder son secret.

Elle parla d'abord du jeune et beau cavalier qu'elle avait vu, au mois de mai, passer dans la grande rue de Saint-Amand. Ensuite, elle raconta sa rencontre avec le jeune homme près de la fontaine et répéta ce qu'il lui avait dit avec une exactitude qui indiquait qu'aucune des paroles du comte de Verdraine ne lui avait échappé.

Ce récit fut suivi d'un assez long silence.

On avait écouté la jeune fille religieusement, avec une sorte d'ahurissement, les yeux grands ouverts, buvant ses paroles.

— C'est comme dans un conte de fées, dit la mère.

— C'est merveilleux, appuya Pérard.

L'ancien sergent se leva, très grave, et dit d'un ton solennel:

— La prédiction de la vieille gitana du Trocadéro va s'accomplir; Paule, tu seras comtesse.

— Elle sera comtesse! répétèrent comme un écho Pérard et sa femme.

La jeune fille se jeta en pleurant dans les bras de sa mère.

A l'heure où se passait cette scène de famille, Mélie, la bossue, avait raconté à vingt personnes qu'elle avait surpris Fanchon la Princesse, près de la fontaine, en tête à tête et en conversation mystérieuse avec un jeune et beau chasseur à qui, bien sûr, elle donnait des rendez-vous.

Une traînée de poudre ne s'enflamme pas plus vite que ne se propagea dans le village le racontar de la bossue.

La chose donna lieu à toutes sortes de commentaires, plus ou moins malveillants. Les méchants s'en donnèrent à cœur joie et déchirèrent à belles dents la jeune fille. Les jalouses et les envieuses, — elles étaient nombreuses, — n'hésitaient pas à dire que Fanchon la Princesse avait un et même plusieurs amants, que c'était une hypocrite, une rouée, qui savait on ne peut mieux cacher son jeu. Elle avait jusqu'alors réussi à tromper tout le monde ; elle avait volé sa réputation de fille honnête et sage ; mais c'était fini, on lui arracherait son masque, à cette Fanchon, une éhontée, une gourgandine, une rien du tout !

Le jour même on rapporta tous ces clabaudages à Étienne Denizot. Il écouta avec un grand calme et ne se donna même pas la peine de s'indigner.

— Voilà de grosses vilenies, dit-il tranquillement ; on reconnaît l'œuvre de la jalousie et de l'envie. Mais Paule Pérard n'a besoin ni de se défendre, ni d'être défendue ; la calomnie ne peut pas l'atteindre, elle est au-dessus de ces infamies et dédaigne ce que peuvent dire ou penser les méchants et les sots.

La nuit fut sans sommeil pour la belle Paule. Mais on n'a pas besoin de dormir pour rêver. Elle repassa dans sa mémoire tous les contes de fées qu'elle avait lus ; elle se substituait ou à Florine ou à Finette, ou à Cendrillon, ou à Peau-d'Ane, ou à la Belle au Bois dormant, et le comte de Verdraine était toujours le prince Charmant de l'histoire merveilleuse dont elle était l'héroïne.

Croyant à la prédiction de la bohémienne espagnole, son grand-père avait dit :

— Paule sera comtesse !

Mais n'était-ce pas une de ces chimères dont avait parlé tant de fois la tante Françoise ?

Et au milieu de l'éblouissement de son rêve, le doute venait tout à coup assombrir le tableau.

Alors, tournant et retournant sa tête sur l'oreiller, elle murmurait avec angoisse :

— S'il ne venait pas !

Dans la journée, vers deux heures, un homme ayant un panier à son bras, entra dans la maison de Pierre Rouget. Il salua et plaça sur la table son panier dont le contenu était recouvert d'une serviette blanche de fine toile.

— Monsieur Rouget, dit-il, s'adressant au vieillard, je suis au service de M. de Vaucreux.

— Ah ! fit l'ancien sergent, ouvrant ses deux oreilles.

— Et, continua le domestique, je vous apporte ce qu'il y a dans ce panier de la part de mon maître.

— Qu'y a-t-il donc dans ce panier ?

— Veuillez lire d'abord ce que vous écrit M. de Vaucreux, dit le messager en tendant une lettre.

Le vieillard la prit, rompit le cachet et tendit le papier à sa fille en disant :

— Lis.

Madame Pérard lut à haute voix :

« Cher monsieur Rouget,

» Vous ne chassez plus depuis bien des années et » votre gendre n'a jamais été chasseur, aussi ne » devez-vous pas manger souvent du gibier. Faites-

» moi donc l'amitié d'accepter ce que je vous envoie
» pour vous et votre famille.

» Comme vous le savez, mon cher Rouget, devenu
» impotent, je suis encore moins ingambe que vous,
» et j'ai dû lâcher le fusil comme bien d'autres
» choses.

» Mais j'ai chez moi, en ce moment, le fils d'un de
» mes amis, un jeune gentilhomme qui, nouveau
» Nemrod, pourrait se charger à lui seul de dépeu-
» pler nos bois et nos plaines.

» Hier, paraît-il, on lui a parlé de vous et c'est lui,
» je dois l'avouer franchement, qui m'a rappelé que
» vous avez été un de mes bons compagnons de
» chasse et que, parce que vous ne chassez plus,
» vous ne devez pas être absolument privé du plaisir
» de manger du gibier.

» Croyez, mon cher Rouget, à mes sentiments
» d'estime et de sympathie.

» G. DE VAUCREUX. »

La mère et la fille remarquèrent que l'ancien sergent avait les yeux étincelants et dans l'ensemble de sa physionomie comme un air de triomphe.

Enfin on découvrit le panier d'où l'on tira successivement quatre perdreaux, un lièvre et un cuissot de chevreuil.

Le présent ne laissait rien à désirer et était digne de celui ou de ceux qui le faisaient, mais il n'y avait pas à s'y tromper, c'était plus le comte de Verdraine que M. de Vaucreux qui avait eu la pensée de l'envoi.

— Mon ami, dit Pierre Rouget au domestique en lui mettant une pièce de deux francs dans la main, vous remercierez bien M. de Vaucreux en mon nom et au nom de tous les miens.

Le messager reprit son panier et se retira.

Alors le grand-père dit à la jeune fille :

— Eh bien, Paule, que penses-tu de cette lettre ?

Paule, très rouge, baissa les yeux.

Le vieillard était souriant. Comme la veille il dit :

— Paule, tu seras comtesse.

— Oh ! grand-père, prenez garde de vous tromper !

— C'est bien, c'est bien, nous verrons.

— Allons, se disait la jeune fille, dont le cœur débordait de joie, il viendra !

On l'attendit jusqu'au soir, le lendemain toute la journée et une partie du jour suivant.

Paule était triste, agitée, inquiète ; il lui prenait des envies de pleurer. Elle se retenait, renfonçait ses larmes, étouffait ses soupirs.

Trois heures venaient de sonner; soudain, les sabots d'un cheval se firent entendre sur la route.

Aussitôt le cœur de Paule se mit à battre violemment, ses yeux s'illuminèrent et son visage s'épanouit. Plus de trace de préoccupation, de tristesse, d'inquiétude. Elle s'était dit :

— C'est lui !

Elle ne se trompait pas. Le cheval s'arrêta devant la maison, le comte mit pied à terre lestement, et avant que Pierre Rouget ait eu le temps d'ouvrir la porte au visiteur, celui-ci avait attaché sa monture à un anneau de fer fixé dans la muraille, qui était tout de suite tombé sous ses yeux.

— Ma petite-fille nous a prévenus de votre visite, monsieur le comte, dit l'ancien soldat ; donnez-vous la peine d'entrer et soyez le bienvenu dans notre humble demeure.

Le jeune homme entra, salua madame Pérard avec une grâce parfaite et, remarquant que Paule était toute tremblante, il se contenta de l'envelopper d'un regard ardent qu'elle sentit pénétrer au plus profond de son âme.

Pierre Rouget fit asseoir le comte pendant que madame Pérard courait appeler son mari qui travaillait au jardin.

En attendant Pérard, qui ne voulait pas se présenter sans avoir fait un peu de toilette, on se mit à causer, et en dépit de son émotion, qu'elle ne parvenait pas à vaincre, Paule dut prendre part à la conversation.

Sa voix était douce, harmonieuse, très sympathique.

Sans être instruite, la jeune fille savait assez de choses pour ne pas paraître ignorante. Elle avait des mots heureux, la répartie vive, des réflexions inattendues et très sensées. Elle apparaissait au jeune homme sous un nouvel aspect, et plus encore que près de la fontaine; il était sous le charme.

Trouvant un plaisir extrême à l'entendre, il s'ingéniait à la faire parler et, avec une grande courtoisie, l'aidait à mettre en relief tous ses avantages. En même temps, lui-même se montrait spirituel et plein d'entrain.

Il avait facilement deviné qu'il était aimé, l'attitude de la jeune fille près de la fontaine, son trouble, son embarras, ses rougeurs, certaines paroles qui lui étaient échappées l'avaient trahie.

A son tour, maintenant, le jeune homme éprouvait le même sentiment qu'il avait fait naître chez la jeune fille, et l'amour accomplissait son œuvre avec rapidité. Il avait beau se débattre, chercher à se défendre, à résister à ses impressions, la passion l'enflammait comme une mèche allumée embrase tout d'un coup une meule de paille.

Cependant, Jacques Pérard endimanché fit enfin son entrée. Pierre Rouget présenta son gendre et, après quelques paroles échangées, on offrit au visiteur de se rafraîchir.

— Un verre de vieux Beaune, monsieur le comte, dit l'ancien sous-officier.

— Soit, monsieur, j'accepte.

Et pendant que Pérard descendait à la cave et que Paule, alerte, gracieuse et avec une simplicité charmante préparait un verre sur une assiette et des biscuits sur une autre, le jeune homme se mit à examiner la pièce où il se trouvait.

Propre et bien tenue, il y régnait, grâce au bon goût de la jeune fille, un air d'élégance relative et de bien-être qui frappa le comte.

Sur une crédence de vieux chêne étaient rangés des assiettes aux couleurs vives, des vases d'étain et de cuivre brillants comme des soleils. Au-dessus, un trophée d'armes où le sabre d'honneur décerné à Rouget tenait la première place. A droite, sous verre, dans un cadre de bois noir, le brevet de chevalier de la Légion d'honneur. A gauche, également encadré, le brevet de prévôt d'armes de l'ancien sergent.

Sur la vaste cheminée, des flambeaux de cuivre reluisants et un vase de vieille faïence contenant des fleurs. D'autres fleurs étaient placées sur la tablette d'un bahut dit Louis XV.

Au-dessus du bahut, on voyait un miroir enchâssé dans un grand cadre de chêne sculpté. Puis, en face de la crédence, une horloge ancienne était posée sur une console.

Une table carrée, autour de laquelle on s'asseyait pour prendre les repas, occupait le milieu de la salle.

C'est sur cette table que la jeune fille avait apporté les biscuits, sur une assiette le verre destiné au comte et deux autres verres pour son grand-père et son père, simplement posés sur la toile cirée.

Pérard reparut, remit la bouteille à son beau-père qui la déboucha et versa dans les verres. Cela fait, il prit son verre et dit :

— A votre santé, monsieur le comte, et merci de l'honneur que vous nous faites.

— A la vôtre, cher monsieur, et merci de votre cordial accueil.

Comme le vieillard allait porter son verre à ses lèvres, le jeune homme l'arrêta.

— Un instant, messieurs, dit-il; est-ce que l'on ne trinque plus en Bourgogne ?

— Si, vraiment, monsieur le comte, mais nous n'osions pas.

— Et pourquoi, s'il vous plaît ?

— Vous êtes noble et nous sommes des paysans.

— Que me dites-vous-là ? s'écria M. de Verdraine presque fâché; est-ce que le cœur qui bat dans la poitrine d'un paysan est un organe différent du cœur qui bat dans la poitrine d'un noble ? Ah! monsieur Rouget, ce ruban rouge attaché à votre boutonnière, ce ruban, signe de l'honneur, accordé au dévouement, aux belles actions, récompense des services rendus à la patrie, vaut quelquefois mieux, croyez-le, qu'un titre de noblesse !

Allons, messieurs, trinquons et buvons au bonheur de mademoiselle Paule.

Ces paroles furent suivies du choc des verres.

La mère et la fille étaient radieuses.

Le jeune homme resta encore quelques instants, puis se leva pour prendre congé.

— Mesdames et messieurs, dit-il avec un accent plein de séduction, je vous remercie une fois encore de votre gracieux et cordial accueil, et en vous quittant je vous demande la permission de revenir.

— Ce sera toujours avec le plus grand plaisir que nous recevrons monsieur le comte, répondit madame Pérard.

— Merci, madame.

On se serra la main. Celle de Paule et celle du jeune homme tremblèrent pendant que leurs regards se croisaient.

On reconduisit le visiteur jusque dans la rue ; il se mit en selle, salua de la main une dernière fois et partit au grand trot.

X

MAXIME DE VERDRAINE

Le comte Maxime de Verdraine était le dernier descendant d'une vieille famille de l'Isère qui avait émigré et n'était revenue en France qu'après la Restauration.

Son père et sa mère étaient morts avant qu'il eût achevé ses études et complété son éducation ; il ne lui restait que son grand-père paternel et sa grand'-mère maternelle.

Comme il arrive toujours, les deux grands-parents avaient voué à leur petit-fils une tendresse qui ressemblait à un culte. Les deux vieillards s'étaient unis pour faire au jeune comte une existence fleurie, brillante, rêvant pour lui un mariage superbe.

Le jeune homme grandit au milieu des caresses et du luxe, et rien n'était plus touchant que de voir les deux vieillards s'entendre pour écarter du chemin de leur Benjamin tous les obstacles, tous les ennuis, jusqu'aux plus petites ronces.

On les blâmait bien un peu de cette espèce de fétichisme, mais quand on voyait le jeune comte, on était tout disposé à excuser cette tendresse, si excessive qu'elle fût.

C'est qu'il était vraiment séduisant, le comte Maxime de Verdraine.

Ses défauts, — et Dieu sait s'il en avait, — étaient même, aux yeux des femmes surtout, autant d'attraits de plus.

Il était galant, entreprenant, passionné, prompt à s'enflammer, inconstant et sceptique.

Un homme ainsi doué va vite et loin dans les boudoirs.

Ajoutons que Maxime était un grand danseur et un beau joueur ; il était de plus bon musicien et très habile dans les exercices du corps. Viveur élégant, il était l'âme de toutes les réunions joyeuses.

Aussi que de bonnes fortunes, bien qu'il n'eût pas encore vingt-huit ans !

Sa fortune personnelle, en raison de ses goûts et du train qu'il menait, était médiocre ; mais les grands-parents étaient là, et c'était à qui, de la grand'mère et du grand-père, lui donnerait le plus, afin qu'il pût faire bonne figure à Paris, lorsqu'il y allait, et à Grenoble où habitaient les deux vieillards.

Nous croyons inutile de dire que Maxime usait largement et même abusait de la générosité de ses grands-parents.

— Prends garde, lui disait parfois sa grand'mère en essayant de le gronder, prends garde, je finirai par dire non !

— Vous, allons donc ! vous ne connaissez pas ce mot-là, grand'maman.

— C'est possible, mais tu me forceras à l'apprendre.

— Alors grand-papa dira deux fois oui.

— Parbleu, il te gâte à ce point, ton grand-père, que c'en est scandaleux ; il n'a pas la moindre énergie, ce pauvre marquis.

— Tandis que vous, grand'mère, vous êtes un roc pour la fermeté.

— Ah ! tu me railles, vaurien, mais ne t'y fie pas !

Le grand-père, de son côté, prenait de temps à autre ses grands airs et disait :

— Monsieur mon petit-fils, vous me ruinez !

— Moi, grand-papa ! Mais je comprends, tu dis cela pour faire plaisir à ma grand'mère.

— D'abord, monsieur, quand je suis fâché je vous défends de me tutoyer.

— Est-ce que tu veux que je t'appelle monsieur le marquis ?

— Pourquoi pas ?... Où serait le mal, si vous me respectiez un peu plus ?

— Je crois, bon papa, que tu m'aimerais un peu moins.

Et Maxime embrassait son grand-père comme il avait embrassé sa grand'mère. Et la gronderie se terminait toujours par quelque chose comme ceci :

— Allons, tiens, prends, et surtout ne le dis pas à la baronne, elle croirait que je manque d'énergie.

Il est vrai que la vieille baronne, elle aussi, avait dit :

— Tiens, prends, mauvais sujet, mais n'en parle pas au marquis, il se moquerait de moi.

Et Maxime prenait, prenait des deux mains.

Cependant les grands-parents, qui avançaient en âge, trouvaient que l'heure du mariage était venue pour l'héritier des Verdraines.

6.

— Vois-tu, mon enfant, disaient-ils, un homme de ton rang doit perpétuer son nom.

— C'est bien mon intention.

— A la bonne heure.

— Soyez tranquilles, vous aurez des arrière-petits enfants!

— Nous y comptons; mais il faut te hâter; nous sommes vieux, bien vieux, et nous n'avons plus guère le temps d'attendre.

— Bast! répondait Maxime, vous vivrez l'un et l'autre jusqu'à cent ans!

— Admettons cela, si tu veux; mais nous ne devons pas nous fier à la santé dont nous jouissons, les plus vieux arbres sont souvent ceux que la foudre frappe le plus volontiers.

Maxime souriait, embrassait les deux bons vieux, et retournait à ses plaisirs.

Cependant, à la suite d'une indisposition assez grave de la baronne, il fut convenu que l'on s'occuperait sérieusement de l'établissement du jeune comte.

Oh! il n'était pas exigeant, le séduisant gentilhomme; pourvu qu'on lui trouvât une femme jeune, riche et belle, avec beaucoup de qualités et de vertus, il passait volontiers acquittement pour le reste.

Mais ces arrangements n'avaient rien changé à la vie du jeune homme; il s'amusait de plus belle, bien que ses grands-parents lui prêchassent la sagesse.

— Tu as été heureux jusqu'à ce jour, lui disait le marquis; tu n'as encore joué que la comédie de l'amour, prends garde au drame!

— Sois tranquille, grand-père, je connais le monde et sais ce que c'est que la vie.

Le drame ne devait pas se faire attendre.

Un matin le *Courrier de l'Isère* publiait le récit suivant :

UN DRAME CONJUGAL

« Notre ville vient d'être le théâtre d'une véri-
» table tragédie, avec son prologue amoureux et
» son dénouement terrible et sanglant.

» On sait que l'hôtel Miramar est devenu depuis
» quelques années la résidence de M. de Reybole
» et de sa jeune femme, la *Belle Arlésienne*, comme
» on l'appelait dans les salons.

» M. de Reybole avait soixante-cinq ans et sa
» femme à peine trente. Malgré la disproportion
» des âges, l'union avait été heureuse.

» M. de Reybole était un grand vieillard jouissant
» d'une santé robuste, ayant toujours eu une vie
» austère. Lors de son mariage, il portait ses cin-
» quante-cinq ans avec une vigueur telle qu'il pou-
» vait facilement cacher deux lustres.

» Il avait perdu sa première femme à la suite
» d'une longue et douloureuse maladie, maladie qui
» avait duré quinze années.

» Bien qu'il n'eût pas d'enfant, M. de Reybole
» avait juré de ne pas se remarier; mais il avait
» compté sans l'amour. Son second mariage fut, en
» effet, un véritable mariage d'amour.

» Il avait rencontré mademoiselle Claire de Bra-
» chey dans le monde. Elle avait vingt ans et était
» orpheline. Elle vivait chez son tuteur, M. de Ga-
» bron, que cette tutelle embarrassait fort, car il

» n'avait que trente-deux ans, ce qui rendait la
» situation fort délicate.

» La fortune de l'orpheline était modeste, celle de
» M. de Reybole très grande ; de plus M. de Reybole
» jouissait d'une réputation exceptionnelle pour son
» savoir, sa générosité et la dignité de sa vie.

» On avait cru d'abord que mademoiselle de Bra-
» chey deviendrait madame de Gabron, et peut-être
» la jeune fille avait-elle conçu cette espérance ;
» mais on apprit un jour que le jeune tuteur avait
» porté ses vues ailleurs et qu'il n'attendait que le
» mariage de sa pupille pour se marier lui-même.

» Alors, tout en se disant qu'il commettait une
» folie, mais ne pouvant résister à la passion que
» mademoiselle de Brachey lui avait inspirée,
» M. de Reybole se présenta.

» Soit dépit, soit ambition, il fut agréé...

» Comme nous l'avons dit, les premières années
» de cette union furent heureuses. Le mari condui-
» sait sa jeune femme à toutes les fêtes dont elle
» était la reine ; lui-même ouvrit son salon, tout
» fier de faire montre de son bonheur.

» Malheureusement la maladie vint s'abattre sur
» le vieil époux qui, en quelques mois, se courba,
» perdit une partie de son intelligence et devint
» quinteux et jaloux.

« Madame de Reybole, dont la conduite avait tou-
» jours été exemplaire, remplit d'abord son rôle de
» garde-malade avec dévouement ; mais, peu à peu,
» son goût pour le plaisir se réveilla, et tout en en-
» tourant son mari d'égards, elle redevint mondaine,
» et son hôtel fut de nouveau le rendez-vous de la
» jeunesse élégante de Grenoble.

» L'été on allait s'installer à quelques lieues de
» la ville, non loin de Saint-Martin d'Uriage, dans
» une fort belle propriété.

» A une lieue du domaine de M. de Reybole, il
» existe une ferme appartenant au comte Maxime
» de Verdraine, jeune gentilhomme cité pour son
» élégance et ses succès dans le monde.

» Que se passa-t-il? Nous ne saurions le dire.
» Mais bientôt M. de Verdraine, qui n'avait été
» précédemment qu'un visiteur assez rare chez
» M. de Reybole, devint tout à coup l'hôte assidu et
» familier du château.

» Il arriva ce qui était à prévoir d'un mari jaloux :
» les assiduités du jeune homme portèrent ombrage
» à M. de Reybole et il demanda à sa femme de ne
» plus le recevoir.

» Ceci se passait il y a un mois, lors du retour
» des deux époux à Grenoble.

» Le comte, prévenu, se montra plus circonspect;
» mais il n'en fut pas de même de madame de Rey-
» bole, qui finit par se compromettre en allant
» rendre de trop fréquentes visites à son voisin de
» campagne.

» Ces visites n'étaient un secret pour personne,
» excepté pour le mari qui, cloué sur son fauteuil
» ou dans son lit, avait cru pouvoir laisser toute
» liberté à sa femme.

» Celle-ci se croyait en toute sécurité; mais elle
» avait compté sans ses bonnes amies.

» Des lettres anonymes arrivèrent au mari, les
» unes discrètes, les autres plus explicites. Tout
» d'abord, M. de Reybole cria à la calomnie; néan-

» moins il se rappela ce proverbe : « Il n'y a pas de
» fumée sans feu ! »

» Il fit épier sa femme, fouilla les tiroirs de l'im-
» prudente et acquit la certitude qu'il était trompé.

» Une explication eut-elle lieu entre les deux
» époux? Cela est possible, probable même, à en
» croire les indiscrétions des domestiques.

» Dans ces derniers temps, madame de Rey-
» bole avait pris l'habitude de s'enfermer dans sa
» chambre, se plaignant des emportements de son
» mari, qu'elle déclarait atteint d'un commence-
» ment de folie.

» Avant-hier soir, madame de Reybole rentra
» comme d'habitude à l'heure du dîner, et après le
» repas se retira dans sa chambre.

» Au dire des domestiques, le mari et la femme
» paraissaient très calmes. M. de Reybole, qui souf-
» frait moins que les jours précédents, avait pu
» marcher dans son appartement sans le secours de
» Lucien, son valet de chambre, et en s'appuyant
» sur sa canne.

» Cette canne est un fort bambou qui recèle une
» courte lame d'acier triangulaire.

» Vers dix heures du soir, M. de Reybole se fit
» déshabiller par son domestique, qui le laissa très
» tranquille.

» Or, hier matin, entrant chez son maître à
» l'heure habituelle, le valet de chambre fut tout
» étonné de trouver le lit vide, bien qu'une partie
» des vêtements fussent restés sur le siège où ils
» avaient été déposés la veille.

» Cette disparition causa un véritable effroi au

» serviteur, qui appela immédiatement les autres
» domestiques.

» Tout naturellement, on courut d'abord chez
» madame de Reybole, dont l'appartement était
» séparé de celui de son mari par le salon, le bou-
» doir et la salle à manger. La porte de la chambre
» était close, ce qui, d'abord, ne surprit point. On
» frappa plus fort et on appela. Rien. Aucun bruit
» à l'intérieur de la pièce. Pourquoi ce silence ?
» Cela devenait effrayant.

» La femme de chambre songea au cabinet de
» toilette, qui avait une issue sur un couloir de déga-
» gement. Elle y courut. La communication était
» ouverte, elle pénétra dans la chambre qui était
» dans l'obscurité, madame de Reybole faisant tou-
» jours fermer les volets et tirer les rideaux avant
» de se coucher.

» La femme de chambre appela de nouveau.
» Même silence.

» Alors elle ouvrit une fenêtre et les volets de
» cette fenêtre.

» Un spectacle horrible, épouvantable, s'offrit à
» ses yeux.

» Sur le lit, souillé de sang, la jeune femme était
» étendue, la gorge nue et ayant au cœur une bles-
» sure autour de laquelle le sang s'était figé. La
» tête était livide et le corps froid.

» Sur le tapis, M. de Reybole gisait, à demi vêtu,
» la poitrine traversée par un poignard resté dans
» la plaie.

» La femme de chambre se mit à pousser des cris
» effroyables, se précipita sur la porte de la cham-
» bre dont elle tira le verrou et qu'elle ouvrit.

» Aussitôt tous les serviteurs entrèrent et joigni-
» rent leurs lamentations et leurs cris à ceux de la
» cameriste, qui était véritablement folle de terreur
» et de douleur.

» Sur la poitrine de madame de Reybole, placée
» entre ses deux seins, il y avait une lettre. Cette
» lettre, signée Maxime, était la preuve manifeste
» des relations adultérines qui existaient entre le
» jeune homme et la jeune femme.

» Sur un siège se trouvait la canne qui servait
» de gaine au poignard.

Ce récit se terminait par la phrase consacrée :
« La justice a commencé son enquête. »

. . . .

L'enquête était toute faite, rien que par l'examen des lieux, des cadavres et des objets.

Par une force de volonté extraordinaire, le mari avait pu se traîner sans bruit jusqu'à la chambre à coucher de sa femme, en passant par le cabinet de toilette. Arrivé près du lit il avait frappé d'une main sûre la malheureuse pendant son sommeil.

Pour expliquer et justifier son crime, M. de Reybole avait percé de son poignard la lettre révélatrice, témoignage irrécusable de l'adultère, et s'était tué ensuite.

Comment madame de Reybole ne s'était-elle pas réveillée au bruit des pas de son mari et n'avait-elle pas lutté contre le meurtrier? Voilà ce que l'on ne pouvait expliquer autrement que par l'emploi d'un narcotique administré furtivement à la victime, soit dans ses aliments, soit dans la tasse de thé qu'elle prenait chaque soir.

Comme bien on pense, l'événement eut un immense retentissement.

Tout naturellement, Maxime de Verdraine fut interrogé par les magistrats. Bien qu'il fût reconnu que sa liaison avec la belle Arlésienne avait été la cause directe du terrible drame, il ne fut pas inquiété, il ne pouvait pas l'être. Mais le scandale était trop grand pour que le jeune homme bravât l'opinion publique en demeurant à Grenoble. Il ne fallait plus aussi que ses grands-parents songeassent à le marier dans le pays, au moins avant qu'un assez long temps se fût écoulé.

Le grand-père et la grand'mère étaient effrayés de tout le bruit qui se faisait autour de ce drame intime, et peut-être plus désolés encore de la conduite de leur petit-fils.

Ils décidèrent facilement le comte à s'éloigner. Il voyagerait jusqu'au moment où l'apaisement, sinon l'oubli, se serait fait sur cette tragédie.

Maxime partit, profondément affecté, sans doute, mais ne se croyant nullement responsable de la mort de sa maîtresse et de M. de Reybole.

Le drame conjugal occupa l'attention publique pendant quelque temps et le nom du comte Maxime était sur toutes les lèvres, aussi bien dans la mansarde que dans le salon. Enfin, peu à peu, le bruit se calma, et il ne fut plus question de la mort tragique des époux Reybole que de loin en loin, quand quelque femme un peu évaporée faisait trop parler d'elle.

— Qu'elle prenne garde, disait-on, tout cela pourrait bien finir comme pour la belle Arlésienne.

Quand revint la saison des soirées et des bals,

l'absence de Maxime fut regrettée par plus d'une maîtresse de maison, et l'on se demandait pourquoi il prolongeait son exil.

— Après tout, disaient les indulgents, ce n'est pas sa faute. Sans doute, c'est là un grand malheur, mais la belle Arlésienne n'avait qu'à se mieux défendre.

— Mais s'est-elle seulement défendue ?

— On peut dire que non et même que c'est elle qui a attaqué.

— Elle était si coquette !

— D'ailleurs le comte de Verdraine n'était peut-être pas le premier.

On savait que le marquis et la baronne désiraient vivement marier le mauvais sujet, et plus d'une mère n'aurait pas demandé mieux que de lui donner sa fille. N'était-il pas fait pour plaire ? Sans compter qu'il serait un jour immensément riche.

Quelques-uns hochaient la tête, en murmurant :

— Le comte de Verdraine est un beau parti, c'est vrai ; mais quels antécédents !

A cela d'autres répliquaient :

— Il s'est certainement corrigé ; d'ailleurs on sait que ces grands séducteurs font d'excellents maris... Eh ! mon Dieu, ne faut-il pas que jeunesse se passe ? Il est toujours bon qu'un homme ait vécu, connaisse la vie avant de se marier.

Comme on le voit, Maxime était assez vite rentré en grâce.

Pendant ce temps, le jeune homme parcourait l'Angleterre où, nous pouvons le dire, il ne se plaisait guère.

On ne s'amuse pas en Angleterre, le pays du spleen par excellence.

Au bout d'une année, il se hasarda à revenir au château de Verdraine, à quatre lieues de Grenoble. Son grand-père et sa grand'mère s'y trouvaient; car la vieille baronne, inséparable du marquis, passait chaque année les mois de la belle saison à Verdraine.

M. de Vaucreux était alors l'hôte du marquis, et nous savons qu'il avait invité le jeune comte à le venir voir en Bourgogne, ce que celui-ci avait promis.

Le marquis et la baronne, n'y voyant plus aucun inconvénient, auraient voulu garder Maxime près d'eux; mais le comte s'était mis en tête de faire un nouveau voyage, en Espagne, cette fois, afin de se dédommager des jours tristes et sombres passés en Angleterre.

Il se remit en route, visita l'Espagne et le Portugal, puis rentra en France après une seconde absence de huit mois. Mais il ne s'arrêta que quarante-huit heures à Grenoble, le temps d'embrasser ses grands-parents et de faire lester son portefeuille devenu léger.

Il était alors venu faire à M. de Vaucreux la visite qu'il lui avait promise et avait de nouveau promis de revenir à la Chaumelle au mois de septembre de la même année.

Maintenant, nos lecteurs connaissent le comte Maxime de Verdraine.

Voilà l'homme dont la belle Paule s'était follement éprise et à qui elle désirait ardemment unir sa destinée, en se berçant dans des rêves de grandeur et de bonheur.

XI

LA BOSSUE

Le lendemain de sa visite à la belle Paule et à sa famille, le comte de Verdraine revenait de la chasse au bois, un peu avant midi, accompagné de deux autres chasseurs, jeunes gens à peu près de son âge, que M. de Vaucreux avait invités pour tenir compagnie à son hôte.

Maxime s'étant arrêté pour écouter le rapport d'un garde au sujet d'un sanglier, vieux solitaire auquel on devait donner la chasse le lendemain, ses compagnons étaient rentrés au château les premiers avec les chiens courants.

Comme le comte s'éloignait du garde, après lui avoir donné des ordres pour la prochaine chasse, une jeune fille difforme et sordidement vêtue s'approcha de lui, tendant la main.

— Mon bon monsieur, dit-elle d'une voix humble et dolente, la charité, s'il vous plaît.

Cette mendiante était Mélie la Bossue. La méchante fille ne se bornait pas à implorer la pitié des habitants de sa commune, elle exerçait aussi son métier de mendiante et de vagabonde dans les villages voisins de Saint-Amand et même sur les routes et les chemins.

Ainsi s'expliquait sa présence aux abords du château de la Chaumelle où, chaque fois qu'elle y passait, on lui donnait une aumône.

Maxime jeta un regard de pitié sur la cagneuse, ouvrit son porte-monnaie et mit dans la main tendue vers lui une pièce de deux francs.

— Oh ! merci bien, monsieur le comte ; vous êtes compatissant, vous avez pitié des malheureux, ça vous portera bonheur.

Le jeune homme n'avait pu réprimer un mouvement de surprise.

— Vous me connaissez donc, que vous m'appelez monsieur le comte ? dit-il.

— Mais oui, monsieur le comte, je vous connais.

— Où m'avez-vous vu ?

— C'est la troisième fois, aujourd'hui, que je vois monsieur le comte de Verdraine.

— Ah !

— Je suis de Saint-Amand-les-Vignes, monsieur le comte, et j'ai vu hier monsieur le comte comme il montait à cheval en sortant de la maison du vieux père Rouget.

— Ainsi, fit le jeune homme, on sait déjà à Saint-Amand-les-Vignes, que je m'appelle le comte de Verdraine.

— Mon Dieu oui, monsieur le comte ; dans nos pays, voyez-vous, on sait tout de suite les choses.

— Il faut croire que les murs y ont des oreilles.

— Des oreilles, monsieur le comte, répondit malicieusement Mélie, il y en a quelquefois dans les buissons.

— Hein, que voulez-vous dire ?

— Il paraît, monsieur le comte, qu'on vous a vu l'autre jour près de la fontaine de Saint-Amand et qu'on vous a entendu causer avec Fanchon la Princesse.

— Qu'est-ce que c'est que ce nom-là ? fit le comte étonné.

— Mais c'est celui de la petite-fille au père Rouget.

— Je croyais que mademoiselle Pérard s'appelait Paule.

— Oui, Paule, la belle Paule, monsieur le comte, mais Fanchon aussi ; à Saint-Amand tout le monde l'appelle Fanchon, Fanchon la Princesse.

— Je comprends qu'on appelle mademoiselle Paule Fanchon ; c'est un nom familier que l'on donne au village à des jeunes filles ; mais pourquoi « la princesse ? »

— Pourquoi ? Mais à cause de son air, de ses manières.

— Ah ! Et quel air lui trouve-t-on ?

— Celui d'une grande dame, da.

— C'est vrai, pensa Maxime.

— Ces airs-là, voyez-vous, monsieur le comte, ça ne va pas à une paysanne, à une vigneronne.

— Ils vont à la grâce et à la beauté : mademoiselle Paule Pérard est jolie.

— Ça, c'est vrai... Oh ! elle le sait bien, allez.

— Parbleu ! Quelle est la jeune fille qui ne sait pas cela ?

— Oui, monsieur le comte ; mais voilà, Fanchon le sait trop.

Le jeune homme ne put s'empêcher de sourire.

La bossue, nous l'avons dit, nous l'avons vu, était mauvaise, et sa jalousie et sa haine contre Paule avaient pris des proportions extraordinaires ; elle brûlait du désir de dire du mal de la jeune fille ; mais elle sentait, devinait jusqu'à quel point le jeune homme s'intéressait déjà à mademoiselle Pérard et elle hésitait à la frapper des traits de son esprit caustique et méchant.

— Le vieux père Rouget, sa fille et son gendre ont tout l'air d'être de bien braves gens, reprit M. de Verdraine, qui ne demandait qu'à faire jaser la mendiante.

— Oh ! ça oui, monsieur le comte, répondit Mélie, ce sont de bien braves gens, le vieux surtout ; il a été soldat, il avait un grade et il a gagné la croix.

— Sont-ils riches ?

— Riches, non ; mais pour des paysans ils sont à leur aise.

— Quel âge a mademoiselle Pérard ?

— Elle est près d'entrer dans sa dix-huitième année.

— A ce que j'ai pu voir, elle est bonne et elle a du cœur.

— Peut-être bien... Mais elle est vaniteuse et coquette.

— Voyez-vous ça !

— Elle a su enjôler tous les garçons.

— En vérité !

— Tous, monsieur le comte ; au bal, il n'y en a que pour elle, c'est une accapareuse.

Le comte se mit à rire.

— Mais, reprit-il, on n'a rien à dire sur sa conduite ; elle est honnête, sage ?

— Ça, je ne sais pas.

— Comment, vous ne savez pas ?

— Ma fi, monsieur, quand une jeunesse faute, elle ne le crie pas sur les toits.

— Non ; mais au village, tout le monde finit bientôt par le savoir.

— Des fois !

— Voyons, est-ce que vous supposez que mademoiselle Pérard a *fauté*, comme vous dites ?

— Je ne suppose rien, je dis seulement qu'on ne sait pas toujours les choses.

Le jeune homme commençait à s'apercevoir que la petite bossue n'était pas la bienveillance même.

— Mademoiselle Paule, dit-il, étant une grande enjôleuse à qui tous les garçons font la cour, elle a dû être déjà demandée en mariage plusieurs fois.

— Plus de dix fois, et par les plus riches encore.

— Eh bien ?

— Eh bien, Fanchon la Princesse ne veut pas d'un paysan, elle est trop fière.

Le comte ébaucha un nouveau sourire.

— Ainsi, fit-il, elle n'a eu jusqu'à présent de préférence pour aucun jeune homme !

— Oh ! si ! oh ! si !

— Ah ! ah ! j'en étais sûr... Allons, racontez-moi cela.

— Il n'y a rien à raconter ; mais tout de même on a bien cru à Saint-Amand qu'elle se marierait avec Etienne Denizot.

— Qu'est-ce qu'il est, cet Etienne Denizot ?

— Un paysan, monsieur le comte, un cultivateur ; mais il est le plus beau garçon du village et aussi le meilleur... Il est honnête et rangé et fort et travailleur.

La bossue avait prononcé l'éloge du jeune paysan avec une chaleur, une animation, qui frappa Maxime. Il était fixé. La pauvresse aimait Etienne et était jalouse de Paule.

C'était vrai.

Mélie, être difforme, fille laide, méchante, vicieuse, aimait Etienne Denizot. Elle l'aimait avec rage, avec désespoir, et c'était cet amour qui avait donné naissance à sa haine farouche, implacable, contre la belle Paule que le jeune paysan adorait.

— M. Etienne Denizot a-t-il demandé mademoiselle Pérard en mariage ? interrogea le comte.

— S'il l'a demandée ? Je le crois bien !... Tout le monde aurait voulu ce mariage, surtout la tante Françoise.

— Qui est-ce, cette tante Françoise ?

— Elle est morte; c'était la grand'tante et la marraine de Fanchon.

— Et elle voulait ce mariage ?

— Je crois bien !

— Pourquoi ?

— Dame, je ne sais pas bien.

— Est-ce que M. Etienne Denizot est riche ?

— C'est un des plus riches de Saint-Amand.

— Voilà la raison.

— Peut-être, mais il y a autre chose : Etienne avait sauvé la vie à la vieille Françoise.

— Comment cela ?

— Dans un incendie.

— Ah! dans cet incendie qui a détruit la maison des parents de mademoiselle Paule?

— Oui.

— Mais c'est donc un brave que M. Etienne?

— Oh! oui, allez, monsieur le comte, c'est un brave, aussi tout le monde l'aime.

— Même mademoiselle Paule Pérard.

— Oh! elle, pas tant que ça!

— Ah!

— Si elle l'aimait comme il mérite de l'être, elle ne l'aurait pas refusé.

— Ainsi M. Etienne Denizot a été refusé?

— Tout net.

— Elle est donc bien difficile, mademoiselle Paule?

— Fanchon la Princesse est une mijaurée, une orgueilleuse; ça se croit cent fois plus que ça n'est. Ça ne veut pas être la femme d'un paysan!

— Vraiment!

— Mon Dieu oui; tenez, c'est un homme comme vous qu'elle voudrait; un homme riche, noble, un comte... Oh! l'orgueilleuse, comme elle serait fière de s'appeler comtesse!

— Mais déjà on l'appelle princesse.

— Oui, mais en se moquant. Il faut vous dire qu'il y a une prédiction.

— Une prédiction!

— Oui, monsieur, il paraît que dans le temps une sorcière espagnole a prédit au père Rouget que sa petite-fille deviendrait une grande dame.

— Voilà qui est étrange! murmura le jeune homme.

Il reprit à haute voix:

— Je vous remercie des renseignements que vous

avez bien voulu me donner; je m'intéresse beaucoup à M. Etienne Denizot, qui est un brave et charmant garçon, et comme vous je regrette que mademoiselle Paule ne veuille pas de lui pour mari.

— Mais je ne regrette pas ça, monsieur, répliqua vivement Mélie.

— Prenez garde, dit le comte en souriant, vous allez me faire croire que vous aimez M. Etienne, le meilleur et le plus beau garçon de Saint-Amand.

La pauvre disgraciée rougit jusqu'aux oreilles.

— Oh! moi, fit-elle avec une profonde amertume, je n'ai pas le droit d'aimer et encore moins de me marier.

— Tout le monde a le droit d'aimer.

— Vous croyez cela parce que vous êtes beau; mais si vous étiez laid, affreux comme moi, vous verriez.

Il y avait tant d'âpreté douloureuse dans ces paroles que M. de Verdraine n'osa pas y répondre.

Il donna encore quelques pièces de menue monnaie à la mendiante et la quitta.

La cloche du château sonnait le dîner.

Mélie s'assit au bord de la route pour compter son argent.

Le comte lui avait donné quatre francs et douze sous. Jamais elle n'avait possédé une pareille somme.

— Il est riche et généreux, murmura-t-elle; bien sûr il pense à Fanchon, elle est si belle!... Ça serait drôle tout de même s'il l'épousait!... Comtesse, elle serait comtesse!... Non, ajouta-t-elle d'une voix sourde, je ne veux pas!...

Une pensée la fit tressaillir et elle reprit:

— Pourtant, si elle épousait un comte, elle s'en irait de Saint-Amand et ça serait fini, Etienne ne penserait plus à elle.

Dans un accès de colère elle montra le poing au ciel, puis se mit à sangloter en murmurant :

— Laide, bossue, horrible, je ne peux inspirer que la répulsion et le dégoût !

Cette douleur était navrante et bien digne d'un sentiment de commisération pour la créature qu'elle torturait, si perverse qu'elle fût.

Oui, elle était perverse, Mélie la Bossue, elle était perverse par nature, cette malheureuse déshéritée ; mais nous devons dire que ses instincts mauvais avaient été entretenus, développés et poussés à l'extrême par ceux-là même contre qui elle les exerçait.

Née d'un amour de passage d'une fille perdue et d'un vaurien, elle avait été abandonnée à la charité publique, à cause de sa laideur.

Elle avait grandi n'entendant autour d'elle que des sarcasmes ; on l'avait constamment accablée d'outrages. Sa première enfance, cet âge qui devait être sacré pour les plus cruels et les plus éhontés, n'avait même pas été respectée.

Pour elle, jamais une caresse, jamais un mot de pitié ; elle avait subi tous les mauvais traitements qu'on inflige à un chien galeux.

Elle avait enduré la faim et la soif ; le froid l'avait engourdie sur les grands chemins ; souvent elle avait dû chercher sur des tas d'ordures de quoi apaiser sa faim.

Quand, par hasard, une âme charitable lui donnait sur du pain un morceau de viande ou de lard, il se trouvait toujours ou un mendiant plus fort qu'elle ou un enfant pour le lui arracher.

Les garnements du pays s'étaient plu à souiller son âme. Vierge, elle n'ignorait rien du vice. A elle on avait enseigné la haine du bien et du beau comme aux autres enfants on enseigne la haine du mal et du laid.

Quand, privée de toutes choses, elle avait ressenti le besoin d'aimer, quand la femme s'était révélée en elle et qu'elle s'était vue un objet d'horreur pour tous, elle avait été prise d'un désespoir furieux.

Bien des fois, cachée dans quelque coin, elle avait assisté à des rendez-vous d'amour. Bien des fois elle avait entendu des discours amoureux et lorsqu'elle voyait des lèvres se toucher dans un baiser, elle se disait amèrement :

— Moi, je ne saurai jamais ce que c'est qu'un baiser ! Jamais une parole d'amour ne sera chuchotée à mon oreille !

Oh ! dans ces moments-là, elle aurait voulu, comme Polyphème assistant aux amours d'Acis et de Galathée, écraser ceux qui, sans s'en douter, lui donnaient le spectacle de leur bonheur.

On parle des tortures de l'enfer ; nous ignorons ce qu'elles peuvent être ; mais celle qu'endurait alors la pauvre bossue, était certainement plus horrible.

Un seul être humain lui avait témoigné de l'intéret, de la pitié.

C'était Étienne Denizot.

Un soir d'hiver, — elle avait alors quinze ans, — des misérables à demi ivres s'étaient acharnés après elle, la huant, la poursuivant de leurs paroles ordurières. Et comme elle avait voulu répondre aux injures par des injures, aux mauvais traitements par une révolte, lançant une pierre aux lâches qui la brutalisaient, ils s'étaient rués sur elle, l'avaient dépouillée de ses haillons et se mettaient en devoir de la fouetter.

Mais, tout à coup, Etienne Denizot était arrivé sur le lieu de la scène, avait pris la défense de la malheureuse et mis en fuite ses agresseurs. Puis il l'avait aidée à se revêtir, l'avait emmenée chez sa mère, l'avait fait manger, l'avait consolée de son mieux.

A partir de ce jour, Etienne était devenu pour la bossue un dieu, et peu à peu un amour immense, farouche, tant il était exclusif, avait envahi tout son être.

Mais Etienne aimait la belle Paule, cette Fanchon la Princesse qui faisait tourner toutes les têtes, et Mélie avait senti la jalousie la mordre cruellement au cœur.

Quelle dérision!

L'affreuse bossue, la pauvre mendiante jalouse de la belle Paule!

C'était de son amour insensé pour Etienne qu'était sortie sa haine implacable pour la belle jeune fille.

Alors, s'abandonnant complètement à tous ses mauvais penchants, elle n'avait plus eu que des pensées mauvaises et criminelles.

Elle avait maudit les hommes, blasphémé Dieu et constamment roulé dans sa tête de sinistres projets.

XII

LA SAGESSE D'UN FOU

Le comte Maxime de Verdraine était charmé, subjugué et n'avait plus à se défendre contre ses impressions; il aimait Paule Pérard, et cet amour qui s'était si brusquement emparé de son cœur et de son âme, justifié par la beauté radieuse de la jeune fille et tant de grâces charmantes, se faisait déjà sentir avec toutes les ardeurs d'une violente passion.

— Elle n'est que la fille d'un paysan, se disait-il, mais elle est si belle !... Et puis elle m'aime, j'en suis sûr. Mon existence jusqu'à ce jour a été agitée, fortement troublée; il faut faire une fin, comme on dit, et je sens que près de cette adorable jeune fille je trouverai la tranquillité, le bonheur.

Il pensait ainsi, le comte de Verdraine. Or, quand un homme en est là, on peut dire qu'il est vaincu.

Déjà Maxime était saisi par le désir de posséder la ravissante paysanne.

Toutefois, à la louange du jeune homme, nous

devons dire que la pensée d'une mauvaise action ne lui vint même pas.

Il y avait tant de candeur et à la fois tant de dignité dans toute la personne de la belle jeune fille, que l'idée d'une séduction n'était pas admissible. Et puis, bien que le jeune comte n'eût pas montré jusqu'à ce jour de grands scrupules dans ses aventures d'amour, il n'avait pu s'empêcher de concevoir un profond respect pour Pierre Rouget et les époux Pérard. Porter le déshonneur et la douleur dans cette famille honnête lui eût paru un crime cent fois plus grand que celui de séduire une autre madame de Reybole.

— Tout bien examiné, se dit-il, si je ne puis en faire ma femme j'y renoncerai et partirai immédiatement. Mais puisque M. de Vaucreux connaît cette famille, interrogeons-le; sur ses réponses, je règlerai ma conduite.

Maxime n'était pas l'homme des atermoiements : il marchait toujours vite et allait droit au but.

Dans l'après-midi, se trouvant seul avec le vieux châtelain, il lui parla de la visite qu'il avait faite la veille et, en termes chaleureux, enthousiastes, de mademoiselle Pérard.

— Mon jeune ami, dit M. de Vaucreux en souriant, je comprends votre admiration; mademoiselle Pérard, la belle Paule, comme on l'appelle, n'est pas seulement la plus charmante jeune fille de Saint-Amand-les-Vignes, elle est la perle de la contrée tout entière.

— J'ai remarqué qu'elle est idolâtrée des siens.

— Idolâtrée est le mot; le père, la mère et surtout le grand-père l'adorent; ils l'ont placée sur un piédestal, en ont fait leur fétiche, et pour un peu et s'ils en avaient les moyens ils lui bâtiraient un temple.

L'excès en tout est un défaut, dit le proverbe ; même dans l'affection, certaines exagérations sont mauvaises. L'éducation de mademoiselle Pérard est faite à l'envers.

— Comment cela ?

— Parce qu'on a fait naître en elle des idées singulières et qu'elle a des pensées qu'elle ne devrait pas avoir. Ses parents voulant la voir très au-dessus de ce qu'elle est réellement, elle s'est trop facilement imaginée qu'elle est d'une nature supérieure et privilégiée. Il y a là un danger, un grand danger, et j'ai bien peur que, plus tard, la trop charmante jeune fille ait beaucoup à souffrir.

J'ai plusieurs fois parlé de tout cela à Pierre Rouget et je me suis même permis de le blâmer, mais il n'y a rien à dire aux gens qui ne veulent pas entendre.

— Néanmoins cette famille est honnête ?

— Parfaitement honnête et je la tiens en très haute estime ; j'ajoute que je considère comme un ami Pierre Rouget qui, comme je vous l'ai dit, mon cher comte, a été pendant plus de vingt ans mon fidèle compagnon de chasse.

C'est en raison de mon amitié pour le grand-père que je m'intéresse à la petite-fille pour qui l'on rêve, — ce que je déplore, — une haute et brillante destinée.

— Mais si elle a le droit d'y prétendre ?

— Oui, par sa beauté, sa conduite irréprochable

et l'honorabilité de ses parents ; mais ce n'est pas assez.

— Il me semble pourtant que c'est déjà beaucoup, et je ne vois pas pourquoi une jeune fille belle, distinguée et sage comme mademoiselle Paule Pérard ne sortirait pas de la classe où elle est née.

— Mon cher ami, il manque à cette jeune fille l'instruction et l'éducation que réclame le monde.

— Oh! le monde!... Il est ridicule, le monde. Fût-elle née tout au bas de l'échelle sociale, une femme, pour peu qu'elle soit bien douée, et c'est ici le cas, sait vite acquérir nos manières, nos usages.

— En principe, d'accord, mon cher comte, mais dans la pratique c'est autre chose.

— Je suis d'un avis contraire.

— Je sais bien que je ne vous ferai pas changer d'opinion, répliqua M. de Vaucreux avec un fin sourire ; du moment qu'une femme est belle, vous voudriez la voir monter sur un trône.

— C'est vrai, pourvu cependant qu'elle soit pure, gracieuse, et que l'honneur de sa famille soit intact.

— Comte, je vous trouve bien romanesque.

— J'ai toujours été ainsi, parce que j'ai toujours été dans le vrai.

— Dites plutôt parce que vous avez toujours été amoureux.

— Eh bien! si vous voulez, mon cher hôte. Oui, à mes yeux, l'amour est tout! Tout vient de l'amour et tout y retourne!

— Je puis être de votre avis, comte, mais à la condition que l'amour sera bien placé.

— Ce qui veut dire?

— Que l'amour qui déroge n'est pas de l'amour.

— Par exemple, s'écria le jeune homme, voilà une étrange définition de ce sentiment qu'on appelle l'amour! Je n'avais jamais pensé que, dans certains cas, l'amour cessait d'être l'amour... Mais qu'est-ce que vous appelez déroger? Voyons, monsieur, en seriez-vous encore aux préjugés sur la naissance?

— Non. J'entends que l'amour déroge quand il s'adresse à un être indigne.

— Soit; mais mademoiselle Paule Pérard n'est plus en cause, je suppose; vous venez de me dire qu'elle méritait tous les respects et que sa famille était des plus honorables.

— J'ai dit cela et je le répète; mais ces honnêtes gens sont des paysans ignorants; la jeune fille est distinguée, gracieuse par nature, mais sans instruction sérieuse.

— L'instruction, cela s'acquiert comme le reste, et d'ailleurs...

M. de Vaucreux se mit à rire.

— Oh! oh! fit-il, que signifie ce « et d'ailleurs » ? Est-ce que vous pensez comme le bonhomme Chrysale? Ce personnage ne connaît certainement pas la belle Paule; mais je vous vois prêt à dire avec lui :

Il n'est pas bien honnête et pour beaucoup de causes,
Qu'une femme étudie et sache tant de choses;
Former aux bonnes mœurs l'esprit de ses enfants;
Faire aller son ménage, avoir l'œil sur ses gens
Et régler la dépense avec économie,
Doit être son étude et sa philosophie.
Nos pères sur ce point étaient gens bien sensés,

Qui disaient qu'une femme en sait toujours assez
Quand la capacité de son esprit se hausse
A connaître un pourpoint d'avec un haut-de-chausse.

— Eh! non, fit le jeune homme avec un accent de mauvaise humeur qui frappa le vieillard; mais entre l'ignorance absolue et la science il y a un abîme, et je trouve que vous êtes bien sévère pour mademoiselle Pérard.

Commencé sur un ton calme, presque indifférent, l'entretien avait gagné peu à peu en animation, en chaleur, surtout du côté de Maxime.

— Là, là, mon cher comte, dit M. de Vaucreux d'un air moitié enjoué, moitié sérieux, comme vous prenez feu!... On croirait vraiment que vous êtes tombé amoureux de la belle Paule.

— Moi, amoureux! fit le jeune homme en affectant un air dégagé.

M. de Vaucreux regarda fixement le comte.

— Mon jeune ami, répliqua-t-il en souriant, comme vos paroles, vos regards et votre attitude sont d'un amoureux.

— Vous ne le pensez pas, mon cher hôte.

— Je plaisante... Dans tous les cas, et afin de vous mettre en garde contre vous-même, je vous préviens que mademoiselle Pérard a un fiancé.

— Un fiancé! exclama le jeune homme sous le coup d'une émotion visible; mais non, c'est impossible.

— Hum, hum, fit M. de Vaucreux en hochant la tête.

Il reprit:

— Pourquoi la chose serait-elle impossible. Est-ce que mademoiselle Pérard n'est pas d'âge à être mariée?

— Sans doute.
— Elle est charmante.
— Vous pouvez dire adorable.
— Eh bien, alors, pourquoi quelqu'un ne l'aimerait-il pas et pourquoi ce quelqu'un ne serait-il pas aimé ?
— Assurément elle mérite d'être aimée et elle a le droit d'aimer.
— Très bien. Il n'est donc pas impossible qu'elle ait un fiancé.

Ces questions et ces répliques avaient été échangées rapidement et avec plus de sérieux que ne comportait le sujet, en apparence.

— Seulement, répondit Maxime, le fiancé n'existe pas.
— En êtes-vous bien sûr ?
— Oui.
— Alors, mon jeune ami, en ce qui concerne mademoiselle Pérard, vous êtes mieux instruit que moi.
— Je sais qu'elle est aimée d'un jeune homme de Saint-Amand, que ce jeune homme l'a demandée en mariage et qu'il n'a pas été agréé.
— Malgré cela je croyais...
— Mademoiselle Paule n'aime pas ce jeune homme, interrompit M. de Verdraine avec une certaine vivacité ; du reste, elle ne veut pas épouser un paysan.
— Hé, mon cher comte, voilà où est le mal, le danger dont je parlais tout à l'heure... et tenez, je redoute maintenant un autre danger...
— Lequel ?

M. de Vaucreux regarda le jeune homme avec tristesse.

— Ah! mon jeune ami, j'ai bien peur que les beaux yeux de mademoiselle Pérard ne vous fassent commettre quelque grosse sottise.

— Monsieur, que voulez-vous dire ?

— Je veux dire, monsieur de Verdraine, que je vous vois tout prêt à aimer la belle Paule, si ce malheur n'est pas déjà arrivé.

Le jeune homme devint très rouge.

C'était une révélation.

— Un malheur, balbutia-t-il, pourquoi donc ?

— Comte, expliquons-nous franchement.

— Je pense que M. de Vaucreux ne doute pas de ma franchise.

— Non, certes, mais je me défie de votre tête. Comte, oui ou non, êtes-vous amoureux de la belle Paule ?

— Je ne peux encore répondre ni oui ni non ; mais je n'hésite pas à avouer que cette adorable jeune fille a fait sur moi une très vive impresssion.

— J'avais donc raison, le malheur existe.

— Mais, monsieur...

— Malheur pour vous, comte, et malheur pour elle.

— Mais je ne vois pas...

— Comte, ce que vous qualifiez de vive impression, n'osant pas vous l'avouer à vous-même, n'est pas autre chose que de l'amour.

— Soit, mon cher hôte, c'est de l'amour, je suis amoureux de mademoiselle Paule Pérard ; eh bien, où est le mal ? où est le malheur pour elle et pour moi ?

— Décidément, mon jeune ami, vous m'effrayez.

— Mais pourquoi, pourquoi ?

— Voyons, examinons la situation.
— Examinons, mon cher hôte.
— Vous êtes amoureux de la belle Paule...
— C'est connu.
— Elle partagera cet amour ou ne le partagera, pas.
— Le dilemme est parfait, dit ironiquement le jeune homme.
— Dans le premier cas elle sera malheureuse puisque cet amour ne saurait la mener à rien.
— Je ne réponds pas, continuez, je vous prie.
— Dans le second cas, c'est vous, comte, qui souffririez.
— Bast! je me guérirais.
— Il faut administrer le remède au mal à son début et ne pas attendre qu'il soit incurable.
— Vous connaissez le remède?
— Oui.
— Quel est-il?
— Quitter le pays, mon jeune ami.
— Alors, vous me congédiez?
— Non. Mais je veux que le comte de Verdraine, le petit-fils de mon meilleur ami, se conduise en honnête homme.
— Je vous comprends, monsieur, mais la situation n'est pas complètement examinée. Si mademoiselle Paule Pérard m'aime?
— Je vous ai dit : Si elle vous aime, elle sera malheureuse.
— Permettez, cher monsieur, cela n'est pas prouvé.
— Comment, cela n'est pas prouvé? Vous ne songez pas, je suppose, à faire de cette jeune fille votre maîtresse?

— Oh ! fit Maxime, avec un geste énergique de protestation.

— D'ailleurs, continua gravement le vieillard, je me déclare son défenseur.

— Mademoiselle Pérard n'a pas besoin d'être défendue...

— Qui sait ?... Enfin, c'est quelque chose que vous ne songiez pas à séduire cette enfant. Mais je n'en reviens pas moins à dire que si elle vous aimait elle serait malheureuse, puisque vous ne pouvez pas en faire votre femme.

— Je ne peux pas !... Pourtant, mon cher hôte, c'est bel et bien mon intention.

— Hein ? Mais vous êtes fou !

— Voyez, cher monsieur, répliqua le jeune homme en souriant, comme on est mal encouragé parfois à être raisonnable : je veux être un sage et à vos yeux je suis un fou !

— Votre raison ressemble tant à la folie !... Mais voyons, comte, parlez-vous sérieusement ?

— On ne peut plus sérieusement.

— J'en doute encore, malgré votre affirmation.

— Monsieur de Vaucreux veut-il me faire l'honneur et l'amitié de m'écouter ?

— Parlez.

— Le marquis de Verdraine et la baronne de Bressac, mes grands-parents, sont vieux, très vieux ; ils peuvent s'en aller d'un moment à l'autre. Vous savez, — ils ont parlé de ces choses devant vous, — combien est grand leur désir de me voir marié. On dirait qu'ils n'attendent que cela pour s'endormir l'un et l'autre du dernier sommeil.

Je suis décidé à leur donner cette suprême satisfaction qu'ils attendent de moi, non pour qu'ils meurent contents, car je souhaite ardemment, au contraire, qu'ils vivent encore de longues années et qu'ils voient grandir les enfants de leur petit-fils.

A la ville, dans les salons, et à la campagne, dans les châteaux, ils m'ont cherché une femme qu'ils n'ont pas trouvée, parce que aucune de celles qu'ils m'ont offertes ne m'a convenu. Peut-être ai-je été difficile ; mais c'est moins ma faute, je crois, que celle des jeunes filles à marier qui m'ont été successivement proposées.

Eh bien ! mon cher hôte, cette femme, que ma grand'mère et mon grand-père n'ont pu trouver dans les salons et les châteaux, je la trouve aujourd'hui, moi, sans l'avoir cherchée, à Saint-Amand-les-Vignes, dans un village, dans une chaumière... Je n'ai plus à m'en cacher, j'aime mademoiselle Paule Pérard comme jamais je n'ai aimé, et j'ai pris la ferme résolution de l'épouser. Ce que me demandent mes grands-parents, ce n'est pas de prendre telle ou telle femme de leur choix, ils désirent que je me marie, voilà tout ; ils auront cette satisfaction, cette joie si impatiemment attendue.

Ces paroles furent suivies d'un assez long silence.

M. de Vaucreux paraissait agité, inquiet, et sa noble physionomie exprimait une tristesse profonde.

— Ah ! comte, comte, dit-il avec amertume, vous me faites vivement regretter l'insistance que j'ai mise à vous prier de venir me voir. Comme j'avais raison tout à l'heure en disant que je me défiais de votre tête !... Où allez-vous, mon Dieu ? Sur quelle pente êtes-vous engagé ? Ah ! prenez garde, mon jeune ami, prenez garde ! Ne vous laissez pas entraîner ; réfléchissez.

— J'ai employé la nuit dernière tout entière à réfléchir.

— Eh bien ! le résultat de vos réflexions est déplorable. Mon Dieu, que vont dire le marquis et la baronne ? Que vont-ils penser de moi ?

— Mon grand-père et ma grand'mère vous remercieront, monsieur.

Le vieillard secoua la tête, resta un moment pensif et reprit :

— Comte, si vous étiez réellement raisonnable, si vous vouliez m'écouter et agir en homme sérieux et en gentilhomme...

— Eh bien ?

— Vous ne penseriez plus à cette jeune fille, qui, après tout, n'a que sa beauté, et vous lui laisseriez épouser Étienne Denizot qui l'aime ardemment et qui la rendrait heureuse.

— Eh parbleu ! mon cher hôte, répliqua Maxime avec un peu d'aigreur, je vois que ce n'est pas de mademoiselle Pérard, mais bien de M. Étienne Denizot que vous vous constituez le défenseur.

— Je m'intéresse également au bonheur de l'un et de l'autre. J'ai pour Étienne Denizot, je ne vous le cacherai pas, une affection toute particulière ; je l'ai vu naître, je le connais, je sais ce qu'il vaut et je réponds absolument de lui. Pendant plus de vingt ans son père a été l'un de mes fermiers ; par leur travail, l'ordre qui régna dans leur maison, leurs économies, les époux Denizot ont petit à petit amassé du bien et de serviteurs sont devenus maîtres.

Le fils, excellent sujet, suit la voie tracée par son

père ; il travaille, il est ordonné et constamment il augmente le bien-être de sa mère et le sien. C'est bien, j'applaudis.

Etienne aime Paule, il l'aime à ce point que si elle ne devient pas sa femme il n'en épousera pas une autre ; aussi ai-je déjà essayé de faire comprendre à Pierre Rouget, et au père et à la mère de la jeune fille, que s'ils veulent le bonheur de leur enfant, il est dans son mariage avec Etienne.

Croyez-le, mon cher comte, en me faisant devant vous le défenseur de ce jeune homme, c'est vous aussi que je défends contre vous-même.

— Je vous remercie de votre sollicitude, mon cher hôte. Je suis convaincu que M. Etienne Denizot est un très charmant jeune homme, ayant toutes sortes de précieuses qualités, et si j'eusse appris qu'il fût aimé de mademoiselle Pérard, je n'aurais certes pas songé à lui disputer sa conquête ; mais je sais qu'il n'est pas aimé, je sais plus encore, cher monsieur, je sais que celui qui a le bonheur d'être aimé de la belle Paule c'est moi !

— Oh ! fit M. de Vaucreux ayant l'air consterné.

— Vous comprenez, mon cher hôte, que, dans ces conditions, épris moi-même de cette délicieuse jeune fille, je ne puisse m'effacer devant votre protégé.

— Ainsi, elle vous aime déjà ?

— Oui.

— Elle vous l'a dit?

— Oh ! nous n'en sommes pas encore là tout à fait ; mais l'expression de son visage et de ses regards a été suffisamment éloquente pour me faire comprendre que mon amour était partagé.

— C'est la fatalité, murmura tristement le vieillard.

Et dans sa pensée, il ajouta :
— Pauvre Etienne ! Pauvre Paule !

XIII

PAYSAN ET GENTILHOMME

Il y eut le lendemain grande chasse au sanglier.

Le solitaire signalé la veille fut jeté hors de sa bauge, poursuivi à outrance, criblé de balles et finalement mis à mort ainsi qu'une laie et deux forts marcassins.

Il n'était pas plus de dix heures et demie ; cependant l'on ne continua pas la chasse, les chasseurs se trouvant tous satisfaits de leurs exploits. En effet, c'était une bonne journée.

On rentra donc de bonne heure au château et l'on déjeuna joyeusement. On se sépara ensuite en se disant :

— A demain.

A deux heures, ayant changé de costume, le comte de Verdraine monta à cheval pour se rendre à Saint-Amand. Il avait hâte de revoir la belle Paule ; il trouvait que rester deux jours sans voir la jeune fille c'était long, très long.

Comme tous les amoureux au début de leur passion, il éprouvait le besoin de s'enivrer des regards et des sourires de l'être aimé.

Paule ne manquait ni de finesse, ni de pénétration; aussi l'impression qu'elle avait produite sur le comte ne lui avait pas échappé. La veille, toute la journée, elle l'avait attendu, puis la nuit arrivant elle s'était dit :

— Il viendra demain.

Est-ce qu'il pouvait ne pas avoir le désir d'être auprès d'elle, comme elle avait, elle, le désir d'être auprès de lui?

Paule était coquette, coquette par instinct et par ambition; mais, disons-le, elle n'écoutait que les inspirations de son cœur et ne se livrait à aucune manœuvre de coquetterie. Peut-être n'en était-elle que plus séduisante et dangereuse. Son amour déjà ancien avait été l'explosion d'une passion latente plutôt que la naissance d'un sentiment spontané.

La première fois qu'elle avait vu le comte de Verdraine, il lui avait semblé que ce jeune homme n'était pas un inconnu pour elle; évidemment parce que Maxime était la personnification de son rêve, de son idéal. Naturellement, dans son rêve, elle s'était plu à revêtir celui qu'elle aimerait de toutes les qualités, de tous les avantages que peuvent imaginer une âme impressionnable, un esprit porté au beau.

Paule ne croyait peut-être guère à la fameuse prédiction faite à son grand-père, mais elle croyait à l'amour.

Bien certaine que le comte ne laisserait pas passer quarante-huit heures sans la voir et qu'il allait venir, elle s'était habillée et coiffée à son intention. Elle était vraiment adorable; le bonheur qu'elle éprouvait d'aimer et l'espoir qu'elle avait d'être aimée la rendaient plus ravissante encore.

Comme elle attendait, tout en travaillant à un ouvrage au crochet, elle eut une visite qui lui causa une émotion pénible, la visite d'Étienne Denizot.

Le jeune paysan venait pour causer avec le père Rouget d'une affaire concernant la commune et qui leur était confiée par le conseil municipal dont tous deux faisaient partie.

Le vieillard et le jeune homme s'étant entendus au sujet de l'affaire, ce dernier échangea avec Paule quelques paroles insignifiantes, banales, comme quand on parle de la pluie et du beau temps.

Oh! ce n'était pas qu'Étienne ne trouvât rien à dire à celle qu'il adorait; des paroles, contenant l'expression ardente de son amour respectueux et dévoué, montaient de son cœur à ses lèvres ; mais elles s'arrêtaient là ; le pauvre timide n'osait pas les faire entendre.

— Paule, dit-il au moment de se retirer, nous aurons sans doute le plaisir de vous voir dimanche soir au bal?

— Je ne sais pas encore si j'irai au bal dimanche, répondit-elle, cela dépendra de ma mère.

— Oh ! elle ne refusera pas de vous y conduire.

— Nous verrons.

— Vous savez que sans vous la joie ne serait pas complète.

— Les danseuses ne manquent point.

— Notre fête promet d'être très belle cette année.

— Oui, on le dit.

— Nous aurons toutes sortes de réjouissances:

chevaux de bois, loteries, jeux nombreux, mât de cocagne, courses en sac, tirs, revue des pompiers, le bal sous une tente comme l'année dernière et pour la première fois, cette année, un feu d'artifice.

— Ce sera parfait. Recevez mes compliments, Etienne, car, comme l'année dernière, c'est vous qui êtes l'organisateur de la fête.

Le jeune homme devint très rouge.

— Je fais partie de la commission de la fête, répondit-il très ému, nous sommes trois et toute la charge est pour moi.

— Vos camarades ont pleine confiance en vous et ils ont raison.

— Paule, reprit le jeune homme d'une voix hésitante, je voudrais vous demander...

— Dites Etienne.

— Si vous venez au bal, — mais vous y viendrez, vous ne pouvez faire autrement, — je vous demande de m'accorder la faveur d'une danse.

— Je ne promets rien d'avance, répondit-elle d'un ton peut-être un peu trop sec : d'ailleurs, il n'est pas encore certain que j'aille au bal et je ne sais pas si je danserai.

Etienne sentit toute la dureté de cette réponse ; mais il eut assez de force pour dissimuler la peine qu'il en éprouvait.

Il prit congé de la jeune fille et du vieillard.

Juste au moment où il sortait de la maison, le comte de Verdraine sautait lestement à terre.

Les deux jeunes gens se rencontraient pour la première fois ; mais en voyant ce grand garçon fort, robuste, bien découplé, à la figure sympathique, au regard franc, loyal, le comte devina que c'était Etienne Denizot. Celui-ci n'eut pas de peine à comprendre qu'il se trouvait en présence de ce comte de Verdraine dont tout le monde parlait dans le village et que, déjà, on lui donnait pour rival.

Les deux hommes s'étaient toisés; Maxime n'avait pu se défendre d'un mouvement de curiosité et Etienne avait tressailli et pâli.

Le paysan salua le premier et le comte lui rendit son salut, ayant le bon goût de ne pas se montrer dédaigneux.

Pas un mot ne fut prononcé, d'ailleurs ils n'avaient rien à se dire.

Etienne s'éloigna et le comte entra dans la maison où il fut reçu avec empressement par le père Rouget et la belle Paule devenue toute rouge de plaisir.

Après les compliments d'usage échangés, on s'assit.

— Eh bien, monsieur le comte, dit l'ancien sergent pour entamer la conversation, comment trouvez-vous notre pays?

— Mais fort bien, cher monsieur; Saint-Amand et ses environs sont particulièrement admirables.

— Nous possédons plusieurs endroits très pittoresques, dit Paule, lesquels, assurent les peintres, méritent d'être visités.

— Je suis assez amateur de beaux sites, mademoiselle, et je me promets de faire quelques excursions dans la contrée.

— Ma foi, monsieur le comte, vous ferez bien, dit Rouget, et je vous indiquerai deux ou trois points de vue dont vous serez enchanté.

8.

— En m'accompagnant, cher monsieur, vous mettrez le comble à votre obligeance.

— Oh! un vieux comme moi n'offre pas une compagnie bien réjouissante.

— Oh! monsieur Rouget, que dites-vous !

— M. le comte a raison de te gronder, grand-père.

— Mais M. le comte sait bien que je me mets entièrement à sa disposition.

— Merci, cher monsieur, nous prendrons donc un jour de la semaine prochaine.

— Eh bien, oui, c'est cela, après la fête.

— Monsieur le comte, dit Paule, ne sait peut-être pas que dimanche prochain est le lendemain lundi nous célébrons notre fête paroissiale, qui est la Nativité de la Vierge?

— Mais oui, on a parlé devant moi, de cette fête qui est la plus belle du canton, paraît-il, et attire à Saint-Amand toute la jeunesse des villages voisins :

— La jeunesse se réunit et s'amuse pour se préparer aux vendanges, dit Pierre Rouget.

— Et la jeunesse a parfaitement raison, répondit le comte.

Cependant, et bien qu'il n'en eût point l'air, le jeune homme était préoccupé et encore sous l'impression désagréable qu'il avait éprouvée en voyant Etienne Denizot sortir de la maison. Tout en se disant qu'il ne pouvait avoir à redouter la rivalité du jeune paysan, ce qu'il ressentait n'était pas exempt d'un sentiment de jalousie.

— Si j'en juge d'après ce que j'en ai pu voir, reprit-il, il y a à Saint-Amand-les-Vignes une belle jeunesse.

— Ça, c'est vrai, approuva l'ancien sous-officier.

— Je n'avais vu que mademoiselle, continua le comte en saluant la jeune fille, et certes j'avais pu constater que, du côté des jeunes filles, votre village n'avait rien à envier aux pays les plus renommés pour la beauté des femmes.

Paule était au septième ciel.

— Mais, poursuivit Maxime, j'ai vu tout à l'heure un jeune homme qui m'a prouvé que les beaux garçons ne devaient pas être rares non plus à Saint-Amand.

— Monsieur le comte veut sans doute parler d'Etienne Denizot, qui est venu m'entretenir d'une affaire qui regarde la commune et qui nous quittait comme vous arriviez, monsieur le comte.

— En effet, c'est de ce jeune homme que je parlais.

Ah! c'est là M. Etienne Denizot?

— Est-ce que l'on vous avait parlé de lui ?

— Oui, beaucoup.

— Ah!

La jeune fille avait pâli.

— M. de Vaucreux, continua le comte, s'intéresse fort à M. Etienne Denizot et m'en a fait un éloge chaleureux.

Si maître de lui qu'il fût, Maxime avait prononcé ces paroles avec une certaine émotion qui n'échappa point à Paule.

— Etienne, répliqua-t-elle d'un ton très sérieux, est en effet un brave et loyal garçon; il est bon fils, il sera un bon mari.

— Son éloge fait par vous, mademoiselle, ne peut laisser aucun doute sur ses mérites, dit le comte piqué et inquiet.

— Dans l'incendie dont nous avons été victimes, c'est Etienne qui, au péril de ses jours, a sauvé du milieu des flammes ma marraine, la sœur de mon grand-père.

— Oui, le brave garçon, dit le vieillard avec émotion.

— Aussi, monsieur le comte, reprit Paule, très émue elle aussi, j'ai pour Etienne une reconnaissance sans bornes et une profonde estime.

— Il a l'estime de tout le monde et notre reconnaissance pour la vie, ajouta Pierre Rouget.

— La reconnaissance est un devoir, dit M. de Verdraine, c'est une dette contractée par le cœur.

Après un silence, il reprit :

— M. de Vaucreux, en me parlant de M. Etienne Denizot, ne m'a point laissé ignorer qu'il était question de son mariage avec mademoiselle Paule Pérard; la demande en mariage aurait même été faite.

La jeune fille était redevenue très rouge.

— C'est exact, répondit Pierre Rouget, et si la chose n'eût dépendu que de ma sœur, notre chère défunte, Paule serait mariée maintenant.

— Seulement, monsieur le comte, dit madame Pérard qui venait d'entrer dans la salle et avait entendu, on ne marie pas une jeune fille sans la consulter; malgré nos obligations envers Etienne et la bonne et franche amitié que Paule a pour lui, nous avons dû repousser la demande qui nous a été faite, notre fille nous ayant déclaré que ce mariage ne lui convenait point, attendu qu'elle n'aimait point M. Etienne Denizot comme elle voulait aimer celui qu'elle prendrait pour mari, c'est-à-dire d'amour.

Le comte interrogea du regard la jeune fille, qui baissa les yeux et murmura :

— Je n'aime pas d'amour Etienne Denizot.

Maxime eut dans le regard un rayonnement que Paule saisit au passage.

— Oh! maintenant, j'en suis sûre, pensa-t-elle, il m'aime!

La conversation changea de sujet.

Le jeune homme raconta avec beaucoup de verve la chasse du matin, n'oubliant aucune des péripéties émouvantes qui avaient précédé la mise à mort des sangliers.

La visite durait depuis plus d'une heure lorsque le comte pensa enfin à partir.

— Je m'oublie près de vous, dit-il en se levant et en souriant; mais la nuit ne tardera pas à venir et malgré mes regrets il faut que je vous quitte. Je n'ai pas eu le plaisir de voir M. Pérard; j'espère être plus heureux à ma prochaine visite.

— Monsieur le comte ne viendra-t-il pas à notre fête? demanda l'ancien sergent.

— Mais si, vraiment, monsieur.

Et se tournant vers la jeune fille qu'il enveloppa de son regard brûlant :

— A ce sujet, mademoiselle, reprit-il, j'ai une grâce à vous demander; veuillez m'accorder votre première valse et votre premier quadrille.

La jeune fille ne chercha pas à dissimuler la joie qui l'envahissait. D'une voix frémissante de plaisir, elle répondit :

— Ce sera un bien grand honneur pour moi, monsieur le comte.

— L'honneur sera pour moi tout entier, mademoiselle.

— Je ferai bien des envieuses.

— Et moi bien des jaloux.

. . . .

Le vieux Pierre Rouget n'en pouvait plus douter, le comte de Verdraine était amoureux de sa petite-fille.

En se frottant les mains, il se disait :

— La vieille Espagnole était une femme de grande science. Paule sera comtesse !

XIV

AVANT LA FÊTE

A la façon dont allaient les choses et d'après ce que nous savons des intentions du comte de Verdraine, le dénouement de cet amour au village était facile à prévoir.

La belle Paule allait voir ses rêves réalisés. Son ambition était satisfaite ; mais comme nous l'avons déjà dit, elle était plus amoureuse encore qu'ambitieuse. Dans tous les cas, elle avait le droit d'être fière de l'amour qu'elle avait inspiré au comte de Verdraine. Don Juan s'était laissé désarmer ; une Célimène de village avait charmé le charmeur.

Les commentaires allaient leur train à Saint-Amand-les-Vignes, et Dieu sait si l'on en disait. Etienne entendait tout ; mais il ne pouvait empêcher les bavardages, imposer silence aux mauvaises langues, et il souffrait cruellement.

Un matin, sa mère lui dit :

— Les visites de ce comte chez le père Rouget deviennent un scandale.

— Je n'en vois pas la raison, répondit-il ; Pierre

Rouget a le droit de recevoir chez lui qui bon lui semble et les gens ont tort de s'occuper de ce qui ne les regarde point.

— L'as-tu vu, ce M. de Verdraine ?

— Oui, je l'ai vu et je le trouve très bien.

— On prétend qu'il est amoureux fou de la belle Paule.

— Qu'y a-t-il d'étonnant à cela ? Je l'aime bien, moi.

— On dit aussi qu'il a l'intention de l'épouser.

— C'est possible...

— Comme tu dis cela tranquillement.

— A quoi me servirait de me répandre en récriminations ?

— Alors tu laisserais faire ce mariage ?

— Oui, puisqu'il n'est pas en mon pouvoir de l'empêcher. On ne défend pas à l'eau des sources d'aller à la rivière.

— Tes paroles me rassurent ; je vois que tu n'aimes plus Paule comme avant, à en mourir.

Le jeune homme saisit les mains de sa mère et les serrant fiévreusement :

— Tu te trompes, dit-il d'une voix sourde, j'aime toujours Paule comme jamais jeune fille n'a été aimée, et si elle devient la femme d'un autre, je ne sais pas ce qui arrivera.

— Mais s'il en est ainsi, Etienne, défends donc ton bien, ne te la laisse pas prendre !

— J'ai fait tout ce que je pouvais, ma mère, je ne peux plus rien. Oui, j'ai fait tout ce qui dépendait de moi pour me faire aimer et je n'ai pas réussi. Ah ! je n'en veux pas à mademoiselle Pérard de ne pas m'aimer ! L'amour ne se commande point.

— Etienne, crois-tu qu'elle aime ce M. de Verdraine ?

— Oui, ma mère, je le crois.

— Ah ! la sotte, murmura madame Denizot en regardant tendrement son fils, elle ne sait pas ce qu'elle perd ; elle le comprendra un jour, mais il sera trop tard !

Etienne affectait de faire, selon l'expression populaire, contre mauvaise fortune bon cœur. Son calme n'était qu'apparent, car le démon de la jalousie l'avait mordu au cœur et la plaie était saignante. Cependant, comme le malheureux qui se noie et qui parvient à saisir une branche, il s'accrochait à un vague espoir. Il se disait :

— Rien ne prouve encore que le comte de Verdraine ait réellement l'intention d'épouser Paule, une paysanne ; et puis, qui sait si Paule ne sera pas plus sage qu'on ne le croit ?

Sa confiance en l'honnêteté de la jeune fille était si grande qu'il ne pensait même pas qu'elle pût être victime d'une séduction.

*
* *

Le vendredi avant la fête, le comte de Verdraine fit une nouvelle visite à la famille Pérard. Il revint à Saint-Amand le lendemain dans l'après-midi. Il était accompagné, cette fois, de la mère d'un de ses nouveaux amis et compagnons de chasse, madame Le Clerc, qui demeurait à Moutier, commune voisine de Saint-Amand.

Ils se rendirent chez le maire qui, bien que très surpris de cette visite à laquelle il ne s'attendait pas, les reçut avec un empressement et une amabilité qui indiquaient combien il était flatté de l'honneur qui lui était fait.

Le comte savait un peu ce qui se disait dans le village; il avait compris que la bella Paule allait exciter l'envie et faire naître bien des jalousies, tout aussi bien chez les femmes que chez les hommes, et il s'était dit qu'il serait habile à lui de conquérir tout d'un coup les sympathies des uns et des autres.

Pour cela, que devait-il faire ? Il avait cherché et trouvé. De là sa visite au maire de Saint-Amand, accompagné de madame Le Clerc, qu'il avait priée de le présenter.

— Monsieur le maire, dit-il au magistrat municipal, je prends la liberté de venir vous consulter.

— Me consulter, moi, monsieur le comte ?

— Oui, monsieur le maire, et vous parler d'une pensée qui m'est venue, d'un désir que j'ai... Avec votre assentiment, bien entendu, je voudrais faire don à la commune d'une somme de cinq ou six cents francs, à l'occasion de votre fête de demain, qui s'annonce comme devant être très brillante ; nous examinerions ensemble l'emploi qui pourrait être fait de cette somme ; mais il faut, avant tout, que vous acceptiez.

— Si j'accepte, monsieur le comte, mais avec une vive reconnaissance, et la somme sera strictement employée selon les intentions du généreux donateur.

— Voyons donc ce que nous pouvons faire. Vous aurez demain un mât de cocagne ?

— Oui, certes, nous aurons un mât de cocagne.

— Eh bien ! monsieur le maire, au mât de cocagne vous ajouterez deux prix à ceux qui existent déjà.

Le maire prit une feuille de papier et écrivit : « Deux prix au mât de cocagne. »

— De quelle valeur, s'il vous plaît, monsieur le comte ?

— Selon votre idée, monsieur le maire.

— Soit.

— Les courses en sac et le jeu des ciseaux sont un prétexte à distributions de linge, de bas, de bonnets, de souliers et autres objets divers aux enfants nécessiteux de la commune.

— C'est vrai, monsieur le comte.

— Sur la somme que je vais avoir l'honneur de vous remettre, quatre cents francs pourraient être affectés à des achats d'effets d'habillement.

— Ah ! mais c'est parfait, monsieur le comte, c'est admirable !

— Ne pouvons-nous pas augmenter aussi le nombre des prix du tir à la cible ?

— Mais si vraiment.

— Alors quatre prix en plus pour le tir.

« Quatre prix pour le tir, écrivit le maire après avoir écrit : « Quatre cents francs pour les jeux des enfants. »

— Enfin, monsieur le maire, continua le comte, vous vous entendriez avec le directeur du théâtre des *Merveilles* pour qu'il donnât une représentation gratuite aux enfants de vos écoles.

— Ah ! monsieur le comte, s'écria le maire, mais c'est magnifique ce que vous faites.

— Je suis enchanté de vous être agréable, monsieur le maire. Maintenant voici :

Et Maxime aligna sur la table dix billets de banque de cent francs.

— J'ai réfléchi, monsieur le maire, dit-il ; avec 600 francs vous ne pourriez pas faire les choses aussi convenablement que je le désire, je vous remets 1000 francs ; il ne faut pas que vous puissiez être gêné en rien.

Le maire était ébloui, émerveillé. Il reconduisit les visiteurs jusqu'à leur voiture, en ne ménageant ni les saluts ni les remerciements.

Rentré chez lui, il rédigea une annonce pompeuse et fit appeler aussitôt le tambour de ville, surnommé le père Vingt-Deux. Celui-ci se hâta d'aller prendre sa caisse et de tambouriner dans toutes les rues la grande nouvelle qui fut accueillie par les cris de joie des gamins et des gamines qui sortaient des écoles.

Ils criaient à tue-tête :

« Vive monsieur le comte ! »

Pendant ce temps le maire établissait ses comptes, ce qui n'était nullement difficile. Il se trouva que tout en faisant superbement les choses, selon le désir du donateur, il lui restait cent vingt-cinq francs.

Il envoya cent francs au curé pour ses pauvres et remit au père Vingt-Deux une gratification de vingt-cinq francs.

Le vieux tapin, saisi d'enthousiasme, n'hésitait pas à comparer Maxime à Napoléon-le-Grand.

Quant au lieutenant des pompiers, directeur du tir à la cible, il déclarait à qui voulait l'entendre que le comte de Verdraine était un homme de *conséquence*.

Bref, c'était un délire, et le soir même Maxime aurait pu se faire proclamer roi de Saint-Amand-les-Vignes et même se faire élire conseiller municipal.

Voilà les populations : toutes faciles aux entraînements !

*
* *

Enfin nous sommes au dimanche soir. Dans la journée tout s'est bien passé. On vient de tirer le feu d'artifice, qui a eu sa part d'applaudissements.

C'est l'heure du bal ; déjà l'on entend les flonsflons de l'orchestre, composé de six musiciens venus de Beaume.

La tente, louée à Dijon, aussi belle, aussi spacieuse que celle du bal des Willis, qui figure dans les fêtes foraines des environs de Paris, se dressait sur la grande place entre la mairie et l'église, ce qui ne scandalisait nullement le curé, un bonhomme de curé qui était là depuis plus de trente ans, vivotant au milieu de ses ouailles comme un bon père au milieu de ses enfants, et qui ayant vu naître plusieurs générations, tutoyait volontiers jeunes filles et jeunes garçons.

— J'espère que tu vas te faire belle et brave, avait dit le père Rouget à sa petite fille, prête à se parer pour le bal.

— Belle, je tâcherai de l'être le plus possible, répondit-elle.

— Au fait, tu l'es toujours.

— Peut-être. Mais on n'est pas toujours belle de la même façon.

— Je ne te comprends pas.

— Maman me comprend, n'est-ce pas, maman, qu'une femme n'est pas toujours belle de la même façon ?

— Sans doute, la beauté de la femme gaie, heureuse, n'est pas la beauté de la femme triste, malheureuse.

— Alors, fillette, demanda l'ancien sergent en souriant, comment seras-tu belle ce soir?

— Comme une femme heureuse, grand-père.

— Il me semble que ta toilette est bien simple.

— Je l'ai voulue ainsi.

— Soit, mais je crois que ta robe de soie...

— Une robe de soie ce soir ?... Ah ! non ! Toutes mes bonnes amies vont s'attiffer à qui mieux mieux; on en va voir des chaînes d'or, des colliers, des dentelles, des rubans.

— Tu as tout cela.

— Oui, mais je ne mettrai que ma petite croix d'or attachée à un velours noir.

La mère opina du bonnet.

— Allons, c'est bien, fillette, dit le grand-père, je m'en rapporte à toi.

— Et tu fais bien, va, répondit Paule avec un petit air fin qui disait bien des choses.

Elle allait mettre une robe de mousseline semée de pois noirs, concession faite au deuil récent de la famille. A cause de ce deuil également, il avait d'abord été décidé que la jeune fille n'irait pas au bal; puis, en raison des circonstances, on avait changé d'avis, en se promettant, toutefois, de ne pas rester plus d'une heure.

On n'est pas d'une rigidité absolue sur certaines choses à Saint-Amand-les-Vignes.

A neuf heures, le bal battait son plein.

La belle Paule n'était pas encore arrivée et son absence commençait à être fort remarquée.

— Laissez donc, disait une de ses rivales, il y a là un de ces manèges dont Fanchon la Princesse a l'habitude; elle veut arriver la dernière afin que son entrée dans le bal fasse sensation.

— Elle attend probablement M. le comte de Verdraine, dit une autre, et M. le comte est en retard.

— Mais est-il bien sûr qu'il viendra?

— Oui, oui, il viendra, fit une voix acerbe.

— Ah! c'est toi, la Mélie; quoi, tu viens au bal?

— Vous voyez bien.

— Mais pourquoi faire?

— Pour voir les autres s'amuser, répondit sourdement la bossue.

Et elle s'éloigna pour aller dévorer son chagrin dans un coin, chagrin fait d'envie et de jalousie, mais qui n'en était que plus cruel.

A ce moment Etienne passa près des causeuses.

— Voyez donc comme il est triste!

— Ça se comprend elle n'est pas là!

— Elle a de la chance tout de même d'être aimée ainsi!

— Il l'aime tant qu'il en devient bête.

— Vous verrez qu'il ne fera danser aucune de nous, tant qu'il n'aura pas dansé avec elle.

— Quant à ça, dit une belle grande fille qui écoutait souriante, Etienne a raison et je l'approuve; si mon promis dansait avec une autre avant de danser avec moi, ce serait fini entre nous.

Un certain mouvement se produisit alors dans la salle. C'était le comte qui venait d'arriver. Il était seul. Il y eut de la surprise, car on s'attendait à le voir paraître ayant la belle Paule à son bras. On s'aperçut que ses regards cherchaient de tous les côtés à travers les groupes.

Mais il ne fallut pas longtemps à Maxime pour s'assurer que Paule n'était pas dans la salle.

— Elle a voulu ne pas arriver avant moi, pensa-t-il.

Il se promena un instant dans le bal, puis se rapprocha de l'entrée et attendit.

Toutes les jeunes filles se demandaient :

— M. le comte dansera-t-il ?

Et toutes, sans exception, souhaitaient d'être invitées par le beau jeune homme.

Enfin, Paule arriva accompagnée de sa mère.

L'apparition de la jeune fille fut suivie d'un long murmure d'admiration.

C'est que, vraiment, elle n'avait jamais été aussi merveilleusement belle.

Entre elle et les autres jeunes filles quel contraste ! Toutes les danseuses s'étaient surchargées de parures et d'ornements. Ce n'était que bonnets enrubannés de rouge, de jaune, de bleu, de vert ; que longues et larges ceintures flottantes ; que jupes tirant l'œil, que fichus de dentelle, colliers et chaînes d'or au cou !

Paule, dans sa robe de mousseline à pois noirs, avec un simple fichu de gaze noué à la Marie-Antoinette, était rayonnante de jeunesse, de grâce, de candeur.

Ah ! elle s'était bien gardée de s'écraser sous un bonnet : une espèce de Fanchon en fausse valenciennes retenait ses magnifiques cheveux, disposés avec assez d'habileté pour qu'on pût croire qu'ils s'étaient en partie dénoués sous leur propre poids.

Elle avait attaché à son corsage une superbe rose blanche.

Les élégantes de Saint-Amand-le-Vignes avaient mis des gants de Suède, Paule portait des mitaines de soie noire dont les mailles laissaient voir la blancheur de sa peau, tandis que ses doigts aux ongles roses émergeaient du fin tissu.

Oui, elle était divinement belle !

Oui, elle était adorablement jolie !

Elle n'avait pas fait dix pas dans la salle que Maxime et Etienne se précipitaient vers elle. Ce fut le comte qui arriva premier, et quand Etienne s'arrêta devant la jeune fille, elle avait déjà pris le bras de Maxime.

Les deux hommes se regardèrent, non pas comme la première fois qu'ils s'étaient rencontrés, poussés par un sentiment de curiosité, mais avec une froideur hautaine, voisine de l'hostilité. Etienne était presque arrogant. Maxime déjà railleur.

9.

XV

AU BAL

Le prélude d'une polka se fit entendre et presque aussitôt les couples enlacés s'élancèrent dans un pêle-mêle indescriptible.

Maxime et Paule s'avancèrent dans la salle à la recherche d'une place pour s'asseoir, laissant Etienne avec son chapeau à la main, pâle comme un mort et comme pétrifié.

La scène n'avait pas échappé aux personnes qui s'étaient groupées sur le passage de la belle Paule, et toutes avaient senti qu'Etienne venait de subir un affront.

— Cela finira par tourner mal, dit une femme à l'oreille de sa voisine.

— Oui, car ce pauvre Etienne est blême de colère.

— En vérité, on ne reconnaît plus Fanchon la Princesse... La malheureuse ne comprend pas qu'elle perd sa réputation.

— A moins qu'il ne l'épouse.

— Heu! heu!

— Mais il en est bien capable, l'amour fait faire tant de sottises!

Un peu plus loin, cet autre bout de conversation :

— Avez-vous vu avec quel empressement il s'est élancé vers elle !

— Oui. Mais regardez Etienne, quelle mine piteuse !

— C'est vrai ; pauvre garçon!

— Il est vraiment à plaindre.

— Je me mets à sa place ; si, à son âge, on m'avait pris celle que j'aimais...

— Qu'aurais-tu fait?

— J'aurais tué mon rival !

— Heureusement, Etienne n'est pas un garçon sanguinaire.

— On ne sait pas.

— Il faut convenir tout de même que ce M. de Verdaine et la fille aux Pérard font un beau couple.

— Comme on les regarde.

— Dame, on les admire.

On les admirait, en effet, et avec raison, car ils étaient charmants. Ils étaient heureux, ravis de se trouver ensemble, de se serrer l'un contre l'autre, de comprendre et de sentir qu'ils s'aimaient.

Maxime lui parlait à mi-voix ; il avait commencé par des madrigaux et continuait par des aveux. Elle l'écoutait toute palpitante d'émotion et de plaisir, enivrée de ses paroles. Elle ne répondait que par des monosyllabes; mais ce laconisme était corrigé par les sourires et les regards.

Etienne, sombre, farouche, ne les quittait pas des yeux. Jamais il n'avait senti aussi rudement les morsures de la jalousie. Jamais il ne s'était aussi bien rendu compte de la force de son amour, et il y avait au fond de son cœur des rugissements de rage contre cet homme qui n'avait eu qu'à paraître pour se faire aimer !

Peu à peu, ne voulant pas donner à ses amis le spectacle de ses tourments, il avait pu retrouver un calme apparent et s'était rapproché de l'endroit où Paule s'était assise, entre le comte et sa mère, afin de se trouver tout prêt pour solliciter une danse que la belle dédaigneuse ne pourrait certainement pas lui refuser.

Selon l'usage établi maintenant dans les bals publics, une pancarte indiquant la nature de la danse se suspend sur le devant de l'orchestre.

La polka terminée, l'écriteau indicateur qui fut suspendu portait ce mot :

VALSE

Une valse! c'est-à-dire la danse par excellence des amoureux, la danse vraiment française; car, disons-le en passant pour l'instruction des danseuses, la valse est d'origine française et non d'origine allemande, comme on le croit généralement.

— Nous valsons ensemble, murmura Maxime à l'oreille de Paule.

— Oui, répondit-elle avec un accent de douceur ineffable.

Ils se levèrent.

Etienne était devant eux.

— Paule, dit-il d'une voix tremblante et en la regardant avec tendresse, voulez-vous m'accorder la faveur de cette valse?

— Je ne peux pas, répondit-elle, M. le comte vient de me la demander.

Etienne se sentit rougir jusqu'aux oreilles; mais s'armant de courage et d'une voix plus émue encore :

— Alors, dit-il, soyez assez bonne pour me promettre le prochain quadrille.

— C'est également impossible, monsieur Etienne, j'ai promis le quadrille à M. de Verdraine.

Cette fois, le jeune paysan pâlit affreusement. Il ne se rebuta point et reprit :

— Dans ce cas, mademoiselle, faites-moi la grâce de m'accorder la danse qui suivra le quadrille.

— Je suis désolée de ne pouvoir vous être agréable, monsieur Etienne ; après le quadrille, je ne danserai plus, et même nous quitterons le bal, ma mère et moi, car nous ne devons pas y rester plus d'une heure.

Etienne était tout décontenacé; le malheureux avait la mort dans l'âme. Il comprenait que c'était un parti pris, que Paule ne voulait pas danser avec lui et que, probablement, elle en avait fait la promesse à M. de Verdraine.

— Je comprends votre chagrin, monsieur Denizot, dit le comte d'un ton si respectueux qu'il en devenait impertinent, mais j'ai l'honneur de vous offrir une compensation.

— Que voulez-vous dire, monsieur? fit Etienne avec aigreur.

— Que vous soyez assez aimable pour nous faire vis-à-vis au quadrille.

— Mais oui, c'est cela, dit Paule, M. le comte a raison; de cette façon ce sera comme si nous avions dansé ensemble.

— En effet, répondit Etienne, qui venait d'avoir une idée subite.

Il ajouta, en s'inclinant :

— J'aurai l'honneur de vous faire vis-à-vis, monsieur le comte.

— Très bien, à tout à l'heure.

La valse commençait.

Maxime et Paule s'enlacèrent et furent bientôt entraînés dans le tourbillon vertigineux de la danse, confondant leur haleine, cœur contre cœur pour ainsi dire, les yeux dans les yeux, elle penchée, langoureuse, lui ardent et fier.

Rapidement ils échangeaient à mi-voix quelques mots coupés par des soupirs éloquents.

Le tournoiement faisait voltiger les cheveux de la jeune fille et quelques frisons soyeux de l'opulente chevelure effleuraient tantôt le front, tantôt les lèvres du jeune homme.

Il y avait tant de vie, de grâce, de souplesse dans leurs mouvements que la plupart des valseurs et des valseuses s'arrêtèrent pour les admirer. Des bravos éclataient.

Etienne, adossé à l'estrade des musiciens, regardait, lui aussi. Ah ! il n'admirait pas !... Dans son cerveau en feu toutes les fureurs grondaient sourdement.

Vers la fin de la valse, en passant devant l'orchestre, Maxime jeta aux musiciens ces deux mots :

— Plus vite !

Etienne fut sur le point d'ordonner aux musiciens de s'arrêter net ; il avait ce droit en sa qualité de premier commissaire de la fête ; mais il eut peur de provoquer un scandale.

Ainsi les hommes de l'orchestre obéissaient à M. de Verdraine, quand c'était à Etienne seul de commander!

En effet, le chef des musiciens avait pressé le mouvement de la valse, sans s'inquiéter de savoir si les autres danseurs pourraient le suivre.

Ce fut alors, pendant près de deux minutes, une rotation effrayante. Pour ne pas perdre l'équilibre, Paule se cramponnait aux bras de son valseur. Maxime pressait la jeune fille contre lui avec une passion si communicative qu'elle rendait étreinte pour étreinte.

Enfin la valse finit. Il était temps. Paule haletante éperdue, perdant la respiration, allait se pâmer dans les bras du comte.

Comme elle s'appuyait fortement sur lui pour marcher, la rose qu'elle avait à son corsage tomba sur le parquet. Par un mouvement rapide Maxime se baissa, ramassa la fleur, et sans même en solliciter l'autorisation du regard, la passa triomphalement à sa boutonnière.

— Mademoiselle votre fille valse dans la perfection, chère madame, dit le beau cavalier à la mère de Paule, elle ferait sensation dans nos salons.

Après cette valse, ce qu'il se fit de commentaires en quelques minutes ne saurait se dire. Toutes les envies, toutes les jalousies étaient déchaînées, et la belle Paule fut déchirée à belles dents par ses bonnes camarades.

— Est-elle assez effrontée ! disait l'une.

— A un moment j'ai cru vraiment qu'elle allait l'embrasser, disait une autre.

— C'est honteux !

— C'est scandaleux !

— Ce n'est pas moi qui voudrais d'un valseur comme celui-là !

— Oh ! ni moi !

— Ni moi, ni moi !

Et les hypocrites se disaient *in petto* :

— En a-t-elle de la chance, cette Fanchon.

Mais il ne faut pas trop en vouloir aux paysannes de Saint-Amand-les-Vignes ; les choses se passent ainsi un peu partout. Telle grande dame ou telle bourgeoise qui fait de la pruderie à propos du triomphe d'une rivale, regrette le plus souvent, au fond du cœur, que ce triomphe ne soit pas le sien.

Paule comprenait bien ce qui se passait autour d'elle ; elle lisait dans les regards tout ce qu'on disait, tout ce qu'on pensait, mais elle était trop heureuse pour en avoir souci. Elle répondait par un regard calme et froid aux coups d'œil de blâme qui lui étaient lancés, et par un sourire dédaigneux aux sourires ironiques qui avaient l'air de la complimenter.

Il y avait dans la salle plusieurs personnes appartenant à la riche bourgeoisie du canton. Ces personnes ne se gênaient point pour blâmer la belle Paule et juger sévèrement la conduite de M. de Verdraine, qu'elles savaient être l'hôte du vieux châtelain de la Chaumelle.

— Décidément, disait madame Martineau à son mari, un ancien avoué de Dijon, cette petite Pérard est une coquette de la pire espèce.

— De la pire espèce, non, mais d'une espèce mauvaise.

— Jamais fille n'a jeté avec une pareille audace

son bonnet par-dessus les moulins... Et sa mère la laisse aller! Elle joue ici un rôle singulier, cette mère.

— Madame Pérard adore sa fille et je t'assure que, en ce moment, elle n'y voit pas plus loin que le bout de son nez. Quant à la coquette, elle ne songe pas plus au mal qu'elle se fait qu'au chagrin qu'elle cause à ce pauvre Étienne Denizot.

— Oh! la petite vaniteuse!... Tiens, je crois que je verrais avec plaisir qu'elle portât la peine de ses fautes.

— Là, là, madame Martineau, répliqua le mari en riant, ayons, s'il vous plaît, un peu moins de colère et beaucoup plus de charité.

— C'est que vraiment je suis outrée!... Comment, voilà une fille qui a la chance d'avoir inspiré une affection profonde à un brave et loyal garçon, relativement riche et beau par-dessus le marché, ce qui ne gâte rien en ménage, — j'en sais quelque chose, — et la péronelle s'avise de vouloir faire tourner la tête à ce M. de Verdraine!... Assurément le jeune gentilhomme s'amuse et ne songe pas à épouser la coquette. Eh bien, oui, je ne m'en dédis pas, si elle était victime de son manège, ce serait bien fait.

— J'admets avec toi, ma chère amie, que le comte de Verdraine s'amuse aux dépens de mademoiselle Pérard; mais il sait ce qu'il doit à M. de Vaucreux, dont il est l'hôte, et à lui-même; d'ailleurs un gentilhomme ne peut pas se conduire en malhonnête homme.

— La petite est appétissante, mon ami, et un gentilhomme n'est pas plus qu'un autre exempt de faiblesse.

. . . .
. . . .

Aussitôt après la scène de la rose ramassée, Étienne avait disparu.

Profondément ulcéré, humilié par certaines paroles railleuses dont il se sentait l'objet, il aurait voulu se venger sur tout le monde, sur le comte comme sur Paule, sur ses amis comme sur madame Pérard.

Il aurait bien voulu provoquer M. de Verdraine. Mais de quel droit? Faire une scène à la jeune fille. blâmer hautement et publiquement sa conduite? Il ne réussirait qu'à se rendre ridicule. Non, il devait s'en tenir à l'idée qui lui était venue quand le comte lui avait demandé de lui faire vis-à-vis pour le quadrille.

Là était sa vengeance, la seule qu'il pût exercer pour le moment.

On l'avait humilié, à son tour il allait humilier.

— En place pour le quadrille, mesdames et messieurs, en place, en place ! cria la voix du maître de cérémonie.

Alors un grand mouvement se produisit vers un point de la salle, en même temps que des éclats de rire couvraient le prélude du quadrille.

— En place, en place pour la contredanse !

— Eh bien, où est donc notre vis-à-vis? demanda Maxime, en se plaçant devant l'orchestre avec sa danseuse.

M. Étienne se fait attendre, dit Paule.

— Me voilà, fit tout à coup le jeune paysan devant qui les rangs des spectateurs et des danseurs s'ouvraient avec empressement, me voilà !

Il arrivait, en effet, tenant sa danseuse par la main, et se plaçait en face du comte et de la belle Paule.

Les deux jeunes gens restèrent stupéfaits.

Certes, il y avait de quoi.

XVI

LE QUADRILLE

La danseuse d'Étienne, c'était Mélie la bossue...
Oui, Mélie la cagneuse, Mélie la vagabonde, Mélie la mendiante !
Ce fut un véritable coup de théâtre.
Et il y avait cela de fatal dans cet incident prémédité, qu'il était impossible à Paule et à Maxime de se soustraire à ses conséquences par la fuite ou une retraite honorable...
En effet, tous les quadrilles étaient formés, pressés les uns contre les autres, enchevêtrés comme les maillons d'une chaîne. De plus, les rangs des spectateurs étaient si compacts qu'ils formaient autour des danseurs comme une muraille vivante, infranchissable.
Pour la seconde fois, le prélude de la contredanse retentissait joyeux et sonore.
Paule avait pâli, et tout en lançant à Étienne un regard de colère, elle avait pressé convulsivement le bras du comte.
Maxime, plus maître de lui que sa compagne,

s'était contenté de sourire ironiquement, et à la pression de la jeune fille, il avait répondu tout bas :

— Je suis là, soyez tranquille, l'affront ne vous atteindra pas.

La bossue paraissait tout ahurie.

Jamais elle n'avait osé se mêler aux réjouissances publiques.

Les huées et les mauvais traitements la chassaient de partout.

Ce jour-là elle s'était introduite furtivement sous la tente du bal; elle se tenait près de l'entrée, dévorant des yeux les danseurs, portant envie aux danseuses et sentant plus que jamais s'aigrir en elle tous les levains mauvais.

En se hissant sur le bout d'un banc et en se haussant, elle avait pu assister au triomphe de Fanchon la Princesse; elle avait vu la sombre tristesse d'Étienne, deviné ses douleurs, et elle en était à se demander si quelque catastrophe ne viendrait pas frapper ce comte et cette Fanchon, qui étaient si heureux, quand, soudain, elle vit Étienne s'avancer de son côté.

Certes, elle ne se doutait guère qu'il venait à elle.

Et quand le jeune homme s'arrêta et qu'il lui tendit la main, elle se sentit remuer jusqu'au fond des entrailles. Puis ce fut bien autre chose quand Étienne lui dit :

— Mélie, viens danser avec moi !

Elle faillit tomber à la renverse, tellement l'émotion l'avait violemment saisie.

Étienne l'invitait à danser ! Était-ce possible ! N'était-ce pas une cruelle mystification? N'était-ce pas une sanglante moquerie ?

Mais non, c'était bien vrai... Étienne tenait sa main, il l'entraînait.

Elle se laissa conduire, ne comprenant pas bien encore, mais frémissante, heureuse, éperdue, grisée.

Ce ne fut que lorsqu'elle se trouva devant le comte et Paule qu'elle comprit qu'Étienne se vengeait et l'associait à sa vengeance.

Elle n'était qu'un instrument.

Après tout, que lui importait? Elle sentait sa main dans celle d'Étienne et elle humiliait la belle Paule! Que pouvait-elle demander de plus!

Cependant le quadrille commença.

En avant deux!

D'un bout à l'autre de la salle danseurs et danseuses partirent en cadence, les rubans des bonnets fouettant l'air comme des oriflammes de toutes les couleurs.

La pauvre grotesque, toute dépenaillée, les cheveux ébouriffés, les vêtements effiloqués, allait, venait, se balançait, se trémoussait, marquant de son mieux le rythme, et non sans jeter à droite et à gauche des regards triomphants.

— Bravo, la Mélie!
— Très bien, la Mélie!

Et la galerie poussait de grands éclats de rire.

— Attention, Mélie! Chaîne des dames.
— A toi, la boscotte!
— Bravo, bravo!
— Maintenant, balancez!

Et l'on applaudissait à tout rompre.

Et l'on montait sur les bancs pour mieux voir.

C'était un scandale.

Pierre Rouget, qui venait d'arriver, était pâle et tremblant de colère.

Madame Pérard avait dans les yeux des larmes de fureur.

Et le quadrille continuait, et les figures se succédaient. Et l'on applaudissait, on riait, on criait. Le vacarme devenait indescriptible.

Dans le groupe des bourgeois, on disait :

— La leçon est cruelle, mais elle est méritée.

Dans l'assistance, d'ailleurs, personne ne plaignait la belle Paule; au contraire, les applaudissements prodigués à la bossue étaient autant d'épigrammes qui venaient cingler la jeune fille en plein visage et en plein cœur.

Paule était au supplice: mais elle se disait, non sans raison, que l'incident allait certainement hâter le dénouement de son roman. Le comte n'était-il pas publiquement engagé?

Enfin et heureusement le quadrille finit..

Étienne offrit son bras à Mélie comme Maxime offrit le sien à Paule.

Celle-ci ne s'était pas trompée, le comte de Verdraine avait trop le sentiment des convenances et était trop épris pour ne pas faire comprendre très nettement ses intentions.

Au lieu de reconduire directement la jeune fille à sa place, à côté de sa mère, il lui murmura à l'oreille :

— Appuyez-vous sur moi avec confiance!

Elle comprit et mit dans sa pose et sa démarche un abandon plein de grâce.

Maxime, de son côté, affecta des allures quelque peu hautaines et tous deux se mirent à faire lentement le tour de la salle.

Cette promenade *coram populo* avait tout le caractère d'une prise de possession.

Étienne, ayant la bossue à son bras, marchait derrière Maxime et Paule.

Mais, soudain, le maire, croyant de son devoir de faire cesser ce qu'il regardait comme un scandale, arrêta Étienne au passage.

— Mon cher Étienne, lui dit-il, en voilà assez ! Et toi, Mélie, tu vas me faire le plaisir de t'en aller d'ici.

— Pourquoi donc, monsieur le maire ? fit froidement le jeune homme.

— Mais, parce que sa place n'est pas ici.

— Pardon, monsieur le maire, est-ce que vous ne voyez pas que j'ai offert mon bras à mademoiselle Mélie ?

— Mais, Étienne... balbutia le magistrat municipal.

— Mademoiselle Mélie vient de danser avec moi, reprit le jeune homme, est-ce qu'elle s'est mal comportée en dansant ?

— Non, mais tu comprends...

— Non, je ne comprends pas !

— Alors, tant pis pour toi... Mais je te le répète, en voilà assez.

— Assez de quoi ?

Le maire interloqué resta bayant.

Au fait, qu'avait-il à reprocher à la bossue ? Rien.

Étienne et Mélie continuèrent tranquillement leur promenade.

La pauvre déshéritée était peut-être confuse, honteuse de ce qui lui arrivait, à elle, depuis si longtemps habituée à être bafouée et chassée de partout comme une galeuse; mais dans le quart d'heure qui venait de s'écouler, elle avait été plus heureuse que la plus fortunée des femmes dans toute une vie de félicité !

Arrivés à la porte de la salle, Étienne dit à Mélie, qui voulait le quitter :

— Non, reste à mon bras et sortons du bal, j'ai à te parler sans témoins.

Tous deux se glissèrent hors de la tente.

Pendant ce temps, Maxime ramenait Paule auprès de sa mère et de son grand-père.

— Monsieur Rouget, madame Pérard, dit-il à haute voix et en s'inclinant, avec la permission que mademoiselle Paule m'a donnée, j'aurai l'honneur d'aller vous voir demain.

— Monsieur le comte, répondit l'ancien sous-officier, nous aurons l'honneur d'attendre votre visite.

Maxime tendit sa main au vieillard, salua la mère et la fille et se retira aussitôt.

Quelques instants après, Paule dit à sa mère et à son grand-père :

— Si vous le voulez bien, nous nous en irons.

— Tout de suite, répondit la mère en se levant,

La jeune fille sortit de la salle au bras de son aïeul, la tête haute, le regard fier, mais elle sentait dans son cœur la douleur cuisante de l'humiliation qu'Étienne lui avait fait subir.

On avait ri à ses dépens; pendant ce maudit quadrille elle avait horriblement souffert; Étienne l'avait flagellée, et cependant il n'y avait en elle aucun mouvement de colère contre le jeune paysan; elle

10

comprenait le sentiment qui l'avait fait agir, auquel il avait obéi.

Mais elle n'en avait pas moins été accablée de honte, et cette honte elle la dévorait en silence.

En rentrant dans sa chambre, elle croyait entendre encore les quolibets grossiers, les rires ironiques, les sottes plaisanteries qui avaient accompagné le quadrille.

— Tu souffres, mignonne ! lui dit sa mère qui la mettait au lit en la dorlottant comme au temps où elle était petite fille.

— Oui, répondit-elle ; mais cela se passera.

— Je n'aurais pas cru Étienne capable d'une pareille méchanceté.

— Il n'a pas voulu être méchant, maman ; mais il n'aurait pas dû faire cela.

— Non, certes, il n'aurait pas dû le faire... Mais c'est bien, c'est bien, tu te vengeras de tous ces envieux, de toutes ces vilaines jalouses.

— Comment, chère mère ? demanda Paule en souriant.

— En devenant comtesse.

La mère et la fille s'embrassèrent.

— Maintenant, ma chérie, dit madame Pérard, dors, dors tranquillement, et ne pense plus aux imbéciles.

*
* *

Étienne et Mélie s'étaient éloignés de la place de la fête.

La bossue avait quitté le bras du jeune homme, et tout en marchant à côté de lui dans une rue déserte, elle se demandait :

— Que va-t-il donc me dire ?

Devant sa demeure, Étienne s'arrêta. La grande salle de la maison était éclairée par la lumière d'une lampe, ce qui indiquait que madame Denizot veillait, attendant son fils.

— Mélie, dit le jeune homme d'une voix grave, j'ai d'abord une question à t'adresser : Voyons, est-ce que tu n'es pas lasse de cette vie de vagabonde, de mendiante, de misère que tu mènes depuis si longtemps ?

— Oh! si, allez! monsieur Étienne.

— Je te crois, car tu vas avoir dix-sept ans, et comme toutes les autres jeunes filles tu as une âme et un cœur. Oh! comme tu dois trouver ton existence amère et pénible!... Tu ne sais ni lire, ni écrire, tu ne sais ni coudre, ni tricoter, tu ne sais rien faire, enfin.

— C'est vrai, monsieur Étienne, mais on ne m'a jamais rien appris.

— Dis plutôt, pour ne pas mentir, que tu n'as rien voulu apprendre. Tu as déserté l'école.

— On m'y martyrisait comme un chien galeux.

— Parce que tu étais méchante. Est-ce que M. le curé te faisait du mal, lui ?

— Non, monsieur Étienne ; mais il me disait sans cesse que je devais rendre le bien pour le mal et prier pour ceux qui me faisaient souffrir.

— Était-ce donc un mauvais conseil ?

— Oh! je ne dis pas ça.

— Eh bien ?

— Eh bien ! c'était plus fort que moi, je ne pouvais pas.

— Tu vois bien que tu es mauvaise !

La bossue baissa la tête.

— Et qu'est-ce que cela t'a rapporté d'être haineuse et méchante? reprit le jeune homme : des injures, la misère, la faim, des coups, toutes les souffrances du corps!... On s'éloignait de toi comme d'une pestiférée, on te repoussait comme une bête malfaisante ; on te craignait et au lieu d'inspirer de la compassion, c'est l'horreur et le dégoût que tu inspirais.

— Hélas ! soupira-t-elle.

— Écoute, Mélie, tu peux, si tu le veux, — il en est temps encore, — mériter l'estime de ceux qui, aujourd'hui, te méprisent, et gagner l'amitié de ceux dont tu t'es fait détester.

— Je le voudrais, mais comment ? fit-elle d'un ton farouche.

— Il faut changer de vie.

— Changer de vie? répéta-t-elle d'un air surpris.

— Tu ne dois pas continuer de vivre comme par le passé.

— Mais que voulez-vous que je fasse ?

— Entre en service.

— Où ? Personne ne voudra de moi, vous le savez bien. D'ailleurs, je ne sais rien faire.

— On te donnera le goût du travail et tu apprendras à travailler.

Elle secoua la tête et répéta :

— Personne ne voudra de moi !

— Tu te trompes, Mélie, je connais une femme qui consentira à te prendre.

— Hein ? vous connaissez une femme qui...

— Qui te prendra chez elle, oui.

— Il n'y en a qu'une à Saint-Amand et dans les

autres villages, répondit la bossue d'une voix étranglée par l'émotion.

— Alors, si tu n'en vois qu'une, c'est celle-là.

— C'est que, celle-là, je l'ai gravement offensée.

— Oui, tu as rendu le mal pour le bien qu'on voulait te faire.

— Je m'en repens, je m'en repens! murmura-t-elle.

— C'est bien; on accorde le pardon au repentir.

— Monsieur Étienne, vous ne m'avez pas dit le nom de la dame... dit la bossue d'une voix tremblante.

— Puisque tu la connais, nomme-la toi-même.

— Eh bien, monsieur Étienne, c'est...

— Achève !

— C'est madame Denizot, votre mère.

— Oui, Mélie, c'est ma mère, mon excellente mère; elle est prête à te recevoir si tu veux entrer dans la maison comme servante. Elle est bien vieille et bien fatiguée, la chère femme, et elle a grand besoin d'être soulagée... Dame, tu ne gagneras pas gros, mais tu seras bien nourrie, bien couchée, bien vêtue et pas battue !

La malheureuse ne trouva pas un mot à répondre. Des sanglots lui montaient à la gorge et n'en pouvaient sortir. Elle saisit une des mains du jeune homme et la serra convulsivement dans les siennes; puis soudain, tombant à genoux, elle porta à ses lèvres la main de celui qui était l'objet de son culte.

— Mon Dieu, mon Dieu ! murmura-t-elle.

Et elle fondit en larmes.

— Allons, allons, dit Étienne, plus ému qu'il ne

10.

le voulait paraître, relève-toi et sèche tes larmes ; il n'y a pas là de quoi pleurer.

Il aida la pauvre fille à se remettre sur ses jambes.

— Maintenant, viens, reprit-il ; j'ai promis à ma mère de rentrer à dix heures ; elle m'attend et le souper est prêt, viens !

A ce moment, dix heures sonnèrent à l'horloge de l'église.

— Ah bien ! fit le jeune paysan, je ne suis pas en retard.

On peut se demander à quel sentiment spontané avait obéi Étienne en proposant à la bossue de devenir la servante de sa mère.

Évidemment à un sentiment d'intérêt et de pitié ; mais à côté de la charité véritable, peut-être y avait-il, au fond de son cœur, quelque chose qui ressemblait à de l'égoïsme.

Profondément blessé dans son amour, il avait senti tout à coup le besoin de faire une diversion à son chagrin par quelque action méritoire qui lui valût l'approbation générale.

— On s'est moqué de moi, s'était-il dit, nous verrons demain ce que diront et penseront les rieurs.

Et puis, plus d'une fois, madame Denizot avait exprimé la peine qu'elle éprouvait de voir la jeune vagabonde complètement abandonnée à elle-même et s'enfonçant de plus en plus dans la fange de tous les vices.

Quelques jours auparavant la mère avait dit à son fils :

— C'est vraiment un grand malheur que cette Mélie soit si farouche, si mauvaise.

— Pourquoi me dis-tu cela, chère mère?
— Je voudrais qu'on lui fît la vie moins dure.
— Sans doute, mais elle est méchante.
— Elle est surtout malheureuse !
— Elle ne veut rien faire.
— Si je l'avais ici, près de moi, je suis sûre que je lui donnerais le goût du travail.
— Ainsi, tu la prendrais chez nous ?
— Oui.
— On pourra voir, avait répondu Étienne.

Et il s'était souvenu des paroles de sa mère.

Quand il ouvrit la porte et fit entrer Mélie la première, la pauvre bossue se mit à sangloter.

— Mère, dit le jeune homme, je t'amène Mélie, qui ne veut plus de la vie qu'elle a menée jusqu'à ce jour ; elle a compris qu'elle devait se rendre utile, qu'elle devait s'estimer elle-même d'abord, afin d'avoir droit à l'estime des autres ; enfin, chère mère, Mélie consent à rester près de toi pour que tu lui apprennes à travailler et aussi et surtout à être bonne.

La pauvre bossue, n'osant avancer, se tenait près de la porte, la tête basse et le visage caché dans ses mains.

Madame Denizot alla vers elle et d'un ton plein de douceur et de bonté :

— Viens, ma pauvre enfant, lui dit-elle, viens et ne tremble pas ainsi ; puisque tu consens à rester près de moi, je remplacerai ta mère qui t'a abandonnée... Mais il se fait tard et il nous va falloir mettre des draps à ton lit.

— Il faut la faire manger, dit tout bas Etienne à l'oreille de sa mère.

— Avant que tu ailles te coucher, ma fille, dit madame Denizot, tu vas souper.

— Oh! madame Denizot, madame Denizot! prononça la pauvre fille entre deux gros soupirs et en s'avançant au milieu de la salle.

— Allons, c'est bon... Tiens, voilà le buffet, vois ce qu'il y a et mange.

Et comme la bossue ne bougeait pas, la mère Denizot reprit :

— Allons, je vois que ce soir c'est moi qui dois te servir.

— Oh! non, madame Denizot, oh! non... Mais voyez-vous, je n'ai pas faim.

— Tu as soupé?

— Oui, madame.

— Où et de quoi ?

— Ici, de bonheur!

— Ah!... C'est bien répondu, ma fille, je ferai quelque chose de toi.

Un instant après Étienne se retira dans sa chambre, mais non pas sans que sa mère eût remarqué son air profondément découragé.

— Ah! murmura-t-elle, il y a encore là-dessous quelque chose de Fanchon la Princesse.

— Oui, madame, dit Mélie, si vous voulez que je vous raconte...

— Non, Étienne me dira cela demain.

En deux tours de main le lit de la nouvelle servante fut fait. Les draps en grosse toile de chanvre exhalaient cette bonne et saine odeur de lessive de ménage.

Mélie la mendiante, la vagabonde, n'avait jamais couché que sur une litière de paille ou sur un tas de feuilles sèches, et pas tous les jours encore. Maintenant, dans une petite chambre bien propre, une chambre qui allait devenir la sienne, elle avait un lit, un vrai lit avec matelas, couvertures et draps blancs.

Il y avait dans la chambrette une image de la Vierge que la bossue regardait d'une façon singulière.

— Allons, ma fille, dit la mère d'Étienne, mettons-nous à genoux devant la sainte mère et faisons notre prière.

Toutes deux s'agenouillèrent et Mélie chercha, sans la trouver, une prière oubliée ou plutôt qu'elle n'avait jamais sue. Cependant, au bout d'un instant, elle murmura :

— Mon Dieu, conservez la santé à M. Étienne et à sa bonne mère !

Madame Denizot regarda sa servante avec un étonnement mêlé de gratitude.

— Je ne sais que ça, madame, dit la bossue.

La vieille paysanne trouva que c'était suffisant.

Le lendemain, Mélie, qui avait dormi la grasse matinée, à sa grande honte, trouva à son chevet des hardes propres pour remplacer ses haillons. Pour exprimer sa reconnaissance, elle ne sut prononcer que ces seuls mots :

— Ah ! bien, alors !... Ah ! bien, alors !...

— Allons, ma fille, lui dit sa maîtresse, tu vas mettre le couvert avec moi pour t'apprendre, trois couverts, tu entends ?

Mélie pensa qu'on attendait un convive.

Le couvert mis, la mère appela son fils.

Étienne s'assit à table à sa place habituelle.

— Mélie, dit madame Denizot, voici ta place, assieds-toi !

— Moi, fit-elle, que je me mette là, à côté de vous et de M. Etienne ? Ça, jamais, par exemple.

Elle prit son assiette remplie de soupe et se dirigea vers la cuisine, en répétant :

— Ah ! non, ça, jamais !

XVII

LA DEMANDE EN MARIAGE

A neuf heures du matin, Maxime de Verdraine se fit annoncer chez M. de Vaucreux.

Le vieux châtelain l'accueillit par ces mots :

— Eh bien, mauvais sujet, à quelle heure de la nuit êtes-vous rentré ?

— Pas à une heure indue, comme vous avez l'air de le supposer, mon cher hôte.

— Ah ! vraiment !

— A onze heures vingt minutes j'étais dans mon lit prêt à m'endormir.

— Voilà de la sagesse, de la bonne conduite ; je vous félicite, mon cher comte.

— Merci.

— Vous êtes allé au bal ?

— Cela ne se demande pas.

— Etait-il à peu près convenable, ce bal ?

— Très convenable, monsieur ; beaucoup d'entrain et de gaieté.

— Vous avez dû voir là toute la belle jeunesse du pays ?

— Beaucoup de jeunes filles charmantes.

— J'espère que vous n'avez pas fait quelque sottise ?

— Je crois n'avoir mérité aucun blâme ; je savais ce que je devais à monsieur de Vaucreux, dont je suis l'hôte, et à moi-même.

— Fort bien, mon jeune ami.

— Maintenant, cher monsieur, j'ai une prière à vous adresser.

— Hein, une prière à moi ?

— C'est pour cela que je me suis permis de me présenter chez vous de si bonne heure.

— Parlez donc, de quoi s'agit-il ?

— Dois-je entrer d'abord dans quelques explications ?

— Si vous le croyez nécessaire ; mais vous pouvez aller droit au but.

— Au fait, c'est le moyen d'arriver vite.

— Comte, je vous écoute.

— Monsieur de Vaucreux, je vous prie de vouloir bien m'accompagner aujourd'hui dans l'après-midi à Saint-Amand afin de demander pour moi, à ses parents, la main de mademoiselle Paule Pérard.

Le vieillard fit un bond sur son siège.

— Comment, s'écria-t-il, vous persistez dans votre idée insensée ?

— Vous le voyez, monsieur.

— Comte, comme l'autre jour, je vous dis aujourd'hui : vous êtes fou, archi-fou !

— C'est vrai, mon cher hôte, je suis fou, fou d'amour.

— Ainsi vous voulez faire de cette jeune fille votre femme ?

— Oui.

— Mais, encore une fois, c'est impossible !

— Monsieur de Vaucreux préférerait-il que j'en fisse ma maîtresse ?

— Oh !

— Monsieur de Vaucreux m'accompagnera-t-il ?

— C'est donc tout à fait sérieux ?

— On ne plaisante pas sur un pareil sujet.

— Enfin c'est arrêté là, dans votre tête ?

— Ma résolution est inébranlable, je vous le jure sur mon honneur.

— Comte, je suis profondément convaincu que cette union fera votre malheur à tous deux.

— Monsieur de Vaucreux, je suis convaincu du contraire.

— Mais aurez-vous le consentement de vos grands-parents ? Le marquis et même la baronne sont sévères sur le chapitre des mésalliances.

— La chose n'ira probablement pas toute seule.

— J'en suis certain.

— Mais le marquis et la baronne m'aiment trop pour mettre obstacle à mon bonheur ; ils consentiront.

— Pourtant, s'ils refusent leur consentement ?

— C'est impossible.

— Comte, je crois, moi, que vous n'aurez pas le consentement de vos grands-parents.

— S'ils ne me le donnent pas, je m'en passerai !

— Alors, ils vous déshériteront !

— Eux ?... Mais ils en seraient plus malheureux que moi ! Non, non, je suis absolument tranquille sur ce point... Ils verront Paule, et aussitôt ils seront charmés, subjugués !... Monsieur de Vaucreux me fera-t-il l'amitié de venir avec moi à Saint-Amand ?

— Aujourd'hui ?

— Oui, j'ai annoncé ma visite.

— Comte, vous vous pressez trop !

— On n'est jamais heureux trop tôt ! Viendrez-vous ?

— Puisqu'il le faut, puisque vous le voulez, j'irai.

— Merci, merci !

— Oui, mais j'écrirai au marquis de Verdraine que vous m'avez fait violence.

— C'est entendu, répondit Maxime en riant.

A deux heures, M. de Vaucreux et le comte de Verdraine montèrent en voiture et se rendirent à Saint-Amand-les-Vignes. Quand le coupé s'arrêta devant la maison de l'ancien sous-officier, la famille était réunie dans la grande salle que nous connaissons.

On vit M. de Vaucreux descendre de voiture, M. de Vaucreux accompagnant le comte de Verdraine, cela disait tout.

La belle Paule tremblante d'émotion, ivre de bonheur, se retira précipitamment dans sa chambre.

Les visiteurs entrèrent.

Le père, la mère et le grand-père vinrent à leur rencontre avec empressement. Madame Pérard avança des sièges. Mais avant de s'asseoir, M. de Vaucreux prit la parole.

— Madame et messieurs, dit-il gravement, M. le comte Maxime de Verdraine m'a prié de l'accompagner ; je suis un vieil ami de sa famille et je me suis rendu à son désir. M. le comte de Verdraine a vingt-huit ans, vingt mille livres de rentes et il est l'unique héritier de son grand-père paternel, le marquis de Verdraine, et de sa grand'mère maternelle la baronne de Bressac. M. le comte Maxime de Verdraine aime mademoiselle Paule Pérard; en son nom, madame et monsieur, j'ai l'honneur de vous demander la main de mademoiselle votre fille.

Bien qu'ils s'attendissent à la demande, nos trois personnages demeurèrent stupéfaits.

Un pareil bonheur pour leur fille ! Ils en étaient comme écrasés. Leurs vœux, leurs espérances si subitement réalisés justifiaient leur contenance embarrassée, qui était presque de l'effarement.

— Eh bien ! vous ne répondez pas ? fit M. de Vaucreux.

— Oh ! pardon, monsieur, bégaya le père de Paule; mais la surprise... nous nous attendions si peu... vous comprenez... un si grand honneur pour ma fille, pour nous.

— Oui, ajouta madame Pérard, notre surprise est grande et je suis toute bouleversée, et je cherche vainement des paroles pour exprimer ce que je voudrais dire. Voyez-vous, messieurs, nous laissons notre fille entièrement libre de se marier à son gré, c'est-à-dire selon son cœur. C'est à elle de répondre; elle est dans sa chambre, je vais l'appeler.

Madame Pérard ouvrit une porte et dit :

— Paule, Paule, viens vite !

Presque aussitôt la jeune fille parut. Elle avait le front rayonnant, la joie étincelait dans ses yeux.

— Ma fille, lui dit sa mère, tu es l'objet d'une demande qui nous fait à tous le plus grand honneur :

M. de Vaucreux nous demande ta main pour M. le comte de Verdraine.

Paule, très rouge et très émue, leva sur le comte ses beaux yeux pleins de clarté.

— Mademoiselle, dit le jeune homme, vos parents pensent que vous-même devez répondre à la demande qui vient de leur être faite.

— Oui, ma fille, oui, c'est à toi de répondre, appuya madame Pérard.

— Mademoiselle Paule, ajouta Maxime, d'un mot vous pouvez me briser le cœur ou faire de moi le plus heureux des hommes.

La jeune fille regarda tour à tour son père, sa mère et son aïeul; puis, ayant sur les lèvres un délicieux sourire, elle tendit sa main au comte, disant avec un accent intraduisible :

— Monsieur le comte, ma réponse est dans ces seuls mots : Je vous aime !

— Ah ! vous serez adorée ! s'écria Maxime avec ransport.

Et il porta amoureusement à ses lèvres la main de la belle Paule.

A ce contact brûlant, la jeune fille tressaillit de la tête aux pieds, tressaillement d'amour et d'orgueil... Son visage s'irradia, ses yeux flamboyèrent comme deux étoiles, et le comte, en présence des manifestations de cette volupté morale, fut à la fois ébloui et enivré.

. . . .
. . . .

Le lendemain, à Saint-Amand-les-Vignes, tout le monde était instruit de l'incroyable événement. On savait que M. de Vaucreux, du château de la Chaumelle, avait accompagné le comte de Verdraine chez le père Rouget et que, là, M. de Vaucreux avait fait la demande en mariage.

Aurait-on jamais cru cela!

C'était de la stupéfaction.

Et il y en eut des oh! et des ah!

Les envieux et les jaloux ne savaient plus que dire.

Plus de cancans, plus de commérages : il fallait en prendre son parti, Paule Pérard allait être comtesse et déjà on n'osait plus l'appeler Fanchon la Princesse!

— Maintenant, se dit Étienne Denizot, c'est fini, bien fini, plus d'espoir... Je dois dire adieu à tous mes beaux rêves... rêves d'avenir, rêves de bonheur! Ah! si je pouvais ne plus l'aimer, si je pouvais l'arracher de mon cœur, cet amour maudit, qui me torture, qui me tue!... Mais non, c'est impossible; même la femme d'un autre, de ce comte, je ne pourrai pas l'oublier... Ah! je le sens bien, je l'aimerai toujours comme je l'aime maintenant.

Et loin des regards curieux et indiscrets, le pauvre garçon poussait des plaintes, des gémissements et versait des larmes brûlantes.

Cependant, si tout était fini pour Étienne, tout n'était pas fini pour le comte de Verdraine.

Se faire aimer de la fille d'un paysan avait été pour lui chose facile; la demander en mariage à ses parents et se la faire accorder avait été également une entreprise aisée; mais il y avait maintenant à obtenir le consentement du marquis et de la baronne.

Sans doute il pouvait, comme il l'avait dit, se

passer de ce consentement ; mais on ne se brouille pas volontiers avec des parents riches dont on est l'héritier. Le plus sage était de négocier.

Ce fut une rude campagne pour Maxime.

Il écrivit deux premières lettres très respectueuses, très pathétiques, l'une au marquis, l'autre à la baronne, dans lesquelles il leur déclarait qu'il était tombé amoureux d'une merveille de beauté, jeune fille de dix-sept ans, vraiment digne d'être adorée. Elle n'était pas seulement délicieusement jolie et divinement bonne, elle était d'une distinction rare ; elle avait la douceur, la modestie, la candeur ; tout en elle était charme et poésie, elle avait toutes les perfections et toutes les vertus.

Sans attendre la réponse des grands parents, le comte écrivit deux nouvelles lettres où il répétait ce qu'il avait déjà dit.

Après s'être consulté avec la baronne, le marquis répondit :

« Puisque tu l'aimes, puisqu'elle a toutes les qualités réunies, sans aucun défaut, épouse ta merveille ; tu sais bien que notre plus grande joie sera de te voir marié. »

« Mon intention est bien de l'épouser, répondit le comte, mais je dois vous apprendre qu'elle est pauvre.

La réponse du grand-père fut celle que le jeune homme attendait.

« Dans notre famille, on ne se marie pas pour de l'argent ; on prend une femme pour ses qualités et non pour sa fortune. Est-ce que Maxime de Verdraine n'aura pas un jour mon bien et celui de madame de Bressac? Donc, mon ami, tu as parfaitement le droit d'épouser une jeune fille pauvre.

C'était parler en véritable gentilhomme, et jusque là tout marchait on ne peut mieux. Mais il fallait tout dire, il fallait que le comte déclarât que cette jeune fille, cette merveille dont il était épris, n'était pas de famille noble, qu'elle se nommait Paule Pérard et que son père et sa mère étaient de simples paysans.

La lettre qu'il écrivit à ce sujet était un chef-d'œuvre d'habileté. Malgré cela les grands-parents se fâchèrent, cette fois; ils ne comprenaient plus, ils ne voulaient plus rien entendre. Une fille de paysans! Leur petit fils se moquait d'eux!

Cette colère était prévue et le comte s'était préparé à en avoir raison. Sans être effrayé, il répliqua en parlant longuement de l'honorabilité de cette famille de paysans, de la vaillante carrière militaire de l'aïeul, qui avait conquis l'étoile de l'honneur sur le champ de bataille.

Cette fois, on ne lui répondit point.

Il ne se découragea pas et écrivit deux nouvelles lettres, qui restèrent également sans réponse.

Les choses semblaient vouloir prendre tout à fait une tournure fâcheuse.

Paule était au courant de la situation et ne se faisait aucune illusion sur les difficultés que son amoureux avait à vaincre. Aussi n'était-elle pas sans crainte sur le dénouement de la lutte. Elle disait à Maxime :

— Renoncez à moi, oubliez-moi!

Mais elle savait bien que plutôt que de renoncer

à elle, il préférerait entrer en pleine révolte contre ses grands-parents.

— Renoncer à vous, ma bien-aimée, répondait-il, jamais, jamais! J'aimerais mieux mourir!

— Pourtant, voyez ce qui arrive. Je ne veux pas être une cause de désordre, de brouille entre vous et votre famille.

Elle ajoutait en versant des larmes :

— Non, vous ne pouvez pas m'épouser contre le gré de vos parents.

— Oh! il faudra bien qu'ils consentent à notre bonheur! Laissez-moi faire et rassurez-vous.

— Hélas! nous avons fait, moi surtout, un beau rêve! le réveil est venu, plus rien!

— De grâce, ma chère adorée, ne parlez pas ainsi; à mon bras vous entrerez dans la demeure du marquis de Verdraine, et le marquis et la baronne ouvriront leurs bras à la comtesse de Verdraine!

Paule n'ayant plus rien à dire se contentait de soupirer.

Cependant le marquis, poussé par la baronne, écrivit à M. de Vaucreux afin de savoir exactement ce qui se passait.

M. de Vaucreux répondit à son vieil ami en lui confirmant tous les renseignements donnés par Maxime sur la belle Paule et sa famille.

« Le comte, ajoutait-il, est très sincèrement épris
» de cette jeune fille; j'ai fait tout ce qu'il m'était
» possible de faire pour le détourner de son projet;
» mais toutes mes paroles, toutes mes représenta-
» tions ont été inutiles; je me suis heurté à une
« volonté inébranlable. L'amour est une force qui

» résiste à tout. Enfin, il faut bien avouer ma fai-
» blesse, cédant aux instances du comte, je l'ai ac-
» compagné chez les parents de la jeune fille et c'est
» moi qui ai fait la demande en mariage. »

En même temps que la lettre de M. de Vaucreux,
le marquis en reçut une de son petit-fils.
Maxime écrivait :

« Vous, cher bon papa, et bonne maman de Bres-
» sac, vous m'avez maintes fois sermonné au sujet
» de ce que vous appelez, avec une indulgente bonté,
» mes extravagances; sans cesse vous me parliez
» des devoirs que tout homme a à remplir envers
» la société, envers ses parents, envers lui-même,
» et en m'exhortant à me marier, vous me traciez
» un séduisant tableau des joies ineffables de la
» famille.
» Je vous répondais : Ne me pressez pas, laissez-
» moi trouver la femme qui me donnera toutes les
» garanties de bonheur.
» Eh bien, cette femme, près de laquelle je dois
» connaître ces joies, cette félicité dont vous m'avez
» si souvent et si éloquemment parlé, je l'ai trouvée,
» je suis prêt à vous donner satisfaction en me ma-
» riant, et c'est vous qui ne voulez plus ! Vous ne
» voulez faire aucune concession aux idées nouvel-
» les, vous gardez vos préjugés de caste, vous en
» restez les esclaves. Vous n'acceptez pas celle que
» j'aime parce qu'elle n'appartient pas à la noblesse
» de race, parce qu'elle est la fille d'un paysan ;
» voyons, est-ce vous aujourd'hui qui êtes raison-
» nables ?

« Préférez-vous donc que je ne pense plus au mariage, que je me laisse aller à de nouveaux entraînements, que je retombe dans les écarts d'autrefois, dans cette vie fiévreuse, dissipée, désordonnée et de folles aventures dont vous avez gémi ?

» Je vous le répète encore, j'aime mademoiselle Paule Pérard et jamais, jamais une autre femme ne portera mon nom ! »

Le marquis de Verdraine et la baronne de Bressac tinrent conseil. Ils reconnurent qu'ils ne pouvaient rien empêcher et s'avouèrent vaincus.

— Que d'ennuis et de contrariétés Maxime nous cause, dit le marquis, qui n'était pas du tout content.

— C'est vrai, répondit la baronne ; mais si cette petite paysanne est réellement, comme il le dit, une merveille ?

Le marquis hocha la tête en signe de doute.

— Nous verrons, fit-il.

— Enfin, reprit la vieille dame, mieux vaut encore qu'il se marie que de recommencer sa vie d'autrefois et de commettre de nouvelles sottises.

— C'en est une qu'il va faire et Dieu veuille que ce soit la dernière.

Le marquis et la baronne se rendirent chez le notaire qui rédigea l'acte de consentement, lequel, signé par l'officier ministériel, les grands-parents et les témoins exigés par la loi, fut mis dans une lettre et immédiatement expédié au comte Maxime de Verdraine.

Il remportait une magnifique victoire !

La belle Paule triomphait.

XVIII

JOIE DES UNS, DOULEUR DES AUTRES

Nous ne dirons pas avec quelle joie, quels transports Maxime, ayant en mains le consentement de ses grands-parents, fut accueilli dans la maison de Pierre Rouget ; le lecteur le devine.

On se pressait les mains, on s'embrassait, on pleurait : c'était du délire.

On lut la lettre du vieux marquis, au bas de laquelle la vieille baronne avait mis son nom, et où il était dit :

« Aussitôt après ton mariage tu nous amèneras
» ta jeune femme à Verdraine où nous vous atten-
« drons. Nous sommes convaincus que la jeune fille
» à qui tu vas donner ton nom a l'esprit droit, le
» cœur élevé et qu'elle se montrera digne de nous ;
» il ne dépendra que d'elle de se faire aimer de deux
» vieillards. »

Il n'était point parlé dans la lettre du père et de la mère de Paule.

— Assurément, dit madame Pérard, nous ne saurions avoir la prétention de suivre notre fille ; d'ailleurs nous ne pouvons pas quitter Saint-Amand. Ah ! la séparation sera bien cruelle ; mais le bonheur de notre chère enfant doit passer avant tout, Seulement, monsieur le comte, vous lui permettrez de venir nous voir, au moins deux fois chaque année.

— Je vous le promets, répondit Maxime.

Les choses furent menées rapidement.

Le samedi suivant la publication du mariage fut affichée à la porte de la mairie et le lendemain, au prône, le curé, de son côté, annonça qu'il y avait promesse de mariage entre le comte Maxime-Hector de Verdraine et Paule-Françoise Pérard.

Cependant la joie de la belle fiancée se transformait peu à peu en une gravité recueillie.

On eût dit que, maintenant, sa brillante destinée lui faisait peur.

Après avoir ardemment désiré l'accomplissement de la prédiction faite à son grand-père et à elle-même par la jeune Mercédès, prédiction qui avait paru folle à tout le monde, elle s'effrayait presque de la voir se réaliser si complètement.

Comment, c'était elle, c'était bien elle, la fille du vigneron Jacques Pérard, qui allait épouser un riche gentilhomme, le comte Maxime de Verdraine !

Paule Pérard allait être comtesse !

Elle aurait château, domestiques, chevaux, voitures !

Elle serait l'égale des plus grandes dames et les salons du grand monde lui seraient ouverts !

Elle aurait des jours de réception, elle donnerait des fêtes comme la marquise de Caramont dont elle avait tant de fois entendu parler.

Elle serait mise comme les plus élégantes et porterait des diamants comme les plus riches !

Elle aurait sa place marquée au premier rang dans toutes les cérémonies, à toutes les fêtes !

De plus, elle serait adorée de son mari.

Quel rêve !

Certes, ce rêve, tout prêt à devenir une réalité, était bien fait pour donner le vertige à la jeune paysanne, si grande que pût être son ambition.

Donc, elle avait beau s'en défendre, il y avait des moments où elle se demandait avec un certain effroi si ce bonheur était bien réel et si, l'étant, elle n'était pas exposée à le perdre un jour ou l'autre.

Elle faisait part à Maxime de ses impressions, de ses inquiétudes, de ses craintes.

— Oui, lui disait-elle, mon bonheur est si grand, si complet, qu'il me fait peur !

Il la raillait doucement, et, l'enveloppant de son regard tendre, passionné :

— Voyons, ma chère Paule, répondait-il, je vous aime, je vous adore ; qu'avez-vous à craindre ?

— Eh bien, que vous cessiez de m'aimer un jour.

— Que je cesse de vous aimer ! Est-ce que c'est possible, et pouvez-vous avoir cette pensée ?

— C'est que je vous aime tant, moi !... Ah ! si vous saviez... Tenez, il me semble que si je perdais votre amour, je n'aurais plus qu'à mourir !

— Allons, ma bien-aimée, chassez loin de vous et pour toujours ces lugubres pensées. Et pourquoi donc cesserais-je de vous aimer ? Est-ce que nous ne serons pas unis l'un à l'autre ? Est-ce que vous ne serez pas toujours la plus belle, la plus charmante, la meilleure et la plus aimable des femmes ?

— Je serai, dans tous les cas, la femme la plus dévouée, et, entre toutes, la plus heureuse, si vous le voulez.

Paule était sincère; ses paroles exprimaient les sentiments de son cœur. Si elle était ambitieuse et fière, elle était en même temps loyale et aimante ; elle sentait toute la force de son amour pour l'homme qui ouvrait des horizons lumineux à ses aspirations, à qui elle confiait sa vie en se donnant à lui tout entière.

Son amour se doublait de gratitude.

Quant au père et à la mère, ils ne cachaient pas leur joie; ils s'en paraient comme d'un vêtement d'apparat, sans s'apercevoir qu'elle les rendait quelque peu grotesques. Mais elle était si sincère, cette joie, née d'un amour sans borne pour leur fille, qu'on la leur pardonnait volontiers.

Au fond du cœur, étaient-ils réellement contents, heureux? Non. Ils se sentaient saisis d'une invincible tristesse qui, insensiblement, enveloppait leur âme. C'était comme l'enlisement de l'imprudent qui s'est hasardé sur le sable de la mer ou la vase du marais, et qui, quoi qu'il fasse, ne peut échapper au danger.

Si Jacques Pérard et sa femme étaient fiers, glorieux de l'honneur qui était fait à leur fille et qui rejaillissait sur eux, s'ils jouissaient par anticipation du magnifique avenir réservé à la future comtesse, ils sentaient bien que la vie était terminée pour eux, que le long voile blanc de la mariée s'étendrait sur leur front, dès qu'elle serait partie, en se transformant en un voile funèbre.

Et ce qui augmentait leur peine secrète, c'est qu'ils avaient le droit de se demander si leur fille bien-aimée ne les oublierait pas, et si même elle ne rougirait pas de son père et de sa mère qui n'avaient vécu que pour elle.

Voilà le châtiment fatal de ces ambitions démesurées, de ces adorations fanatiques pour la jeune fille qui s'est habituée à se considérer comme supérieure à ceux qui lui ont donné le jour et se sont sacrifiés pour elle.

Les premiers frappés, il est vrai, ce sont les parents; mais il est bien rare que celle-là, qui a toujours été encensée et qui se trouve transportée tout à coup dans des régions sociales qui semblaient lui être interdites, n'apprenne pas un jour à ses dépens que s'il n'est pas défendu de chercher à s'élever, il est toujours dangereux de vouloir monter trop haut.

En somme, les époux Pérard paraissaient beaucoup plus heureux qu'ils ne l'étaient réellement.

La belle Paule voyait tous ses désirs comblés, toutes ses aspirations réalisées, et n'était pas, cependant, délivrée de ses inquiétudes sur l'avenir.

Il n'y avait dans la famille que le vieux Pierre Rouget dont la joie était sans mélange.

*
* *

Etienne Denizot n'avait pas eu le courage d'aller lire à la porte de la mairie l'affiche annonçant le mariage de Paule Pérard et du comte Maxime de Verdraine; mais le jour même de l'affichage on était venu lui dire :

— Savez-vous la grande nouvelle? La chose est certaine maintenant, le comte de Verdraine épouse la belle Paule ; ils sont affichés de ce matin.

Si maître qu'il fût de lui et bien qu'il eût perdu tout espoir, Etienne avait tressailli et pâli, et s'était contenté de répondre :

— Cela devait être ; c'est bien.

Depuis, il ne sortait plus de chez lui que pour se rendre à son travail, dans les champs, et il n'avait plus de goût à ce travail qu'il avait tant aimé autrefois. Travailler, remuer la terre, pourquoi, pour qui? Sa vie était brisée, il n'avait plus d'avenir ; autour de lui il voyait tout fermé, comme s'il eût été entre quatre murs infranchissables.

Il n'y avait plus rien de beau sur la terre, tout y était laid ; il avait comme horreur de la lumière et aurait voulu s'enfoncer dans une nuit sans fin.

Il ne pouvait entendre un cri joyeux, un chant, un éclat de rire ; la joie, la gaieté des autres lui faisaient mal.

On le voyait passer, sombre, taciturne, courbant la tête, ayant l'air de chercher en lui une pensée disparue.

Il semblait ne se plaire que dans la solitude et l'isolement ; il n'était plus d'aucune réunion ; il évitait ses meilleurs amis et ceux qui s'intéressaient le plus à lui. Il sentait qu'on le plaignait, et cela augmentait sa sauvagerie, le rendait farouche.

Il ne voulait recevoir personne ; sa mère était obligée de répondre pour lui. Il se cachait afin de dérober aux regards sa tristesse, son désespoir, dont peut-être il avait honte.

Un immense découragement s'était emparé de lui,

et c'était une douleur profonde, incurable, qu'il avait dans l'âme. Toutes sortes de pensées noires, sinistres, hantaient son cerveau. Il maigrissait, perdait ses forces; son corps et ses membres n'avaient plus ni la même vigueur, ni la même souplesse; on aurait dit que tous les ressorts de la machine étaient brisés.

Constamment absorbé en lui-même, il ne parlait plus; c'était à peine s'il répondait à sa mère par un oui ou par un non qu'il prononçait péniblement; et même il lui arrivait souvent de ne pas entendre que sa mère lui adressait la parole.

La pauvre femme, qui observait continuellement son fils et le surveillait comme autrefois, quand il était petit, s'inquiétait et s'effrayait.

— Il est capable d'en perdre la raison, pensait-elle.

Mais, hélas! que pouvait-elle contre une douleur si aiguë, un désespoir si grand? Elle sentait bien son impuissance. Essayer de consoler son malheureux fils? Mais ce serait lui faire sentir plus cruellement encore sa douleur, ce serait comme si elle enfonçait un fer rouge dans une plaie saignante! Elle devait tout attendre du temps et de l'éloignement de Paule. Et quand elle contemplait le visage pâli et amaigri de son cher enfant, elle devinait qu'il avait pleuré; elle voyait son œil atone, son regard sans clarté, et le pli amer que gardaient ses lèvres d'où le sourire s'était envolé, et elle souhaitait ardemment que la future comtesse fût déjà à mille lieues de Saint-Amand-les-Vignes.

La nuit, la mère ne s'endormait pas avant d'être certaine que son fils dormait lui-même. Mais on ne dormait plus guère dans la maison.

Madame Denizot, tendant l'oreille, entendait les soupirs et les gémissements d'Etienne ; alors elle sentait son cœur se déchirer et murmurait :

— Il ne dort pas ; encore une mauvaise nuit pour lui... Mon Dieu, comme il souffre !

Mélie la bossue n'avait pas été sans remarquer le changement qui s'était opéré chez Etienne, et elle comprenait toute l'étendue de son désespoir ; sa douleur à elle n'était-elle pas un peu pareille à celle du jeune homme ?

Pas plus que la mère et le fils, elle ne dormait la nuit, et, elle aussi, entendait les soupirs et les gémissements de celui qui était l'objet de son culte et d'un amour sublime, caché au plus profond de son cœur, et qu'elle voulait garder toujours, dans toute sa pureté, comme le plus précieux des trésors.

— Je suis laide, mal bâtie, affreuse, se disait-elle avec une amertume profonde et une sorte de rage ; je ne suis pas une fille comme les autres, je ne suis rien, et pourtant je l'aime... Oh ! je l'aime tant que je me tuerais sous ses yeux s'il me le demandait !... Je l'aime comme un chien, je lècherais ses mains et ses pieds, et je ne peux rien faire pour qu'il soit heureux !

» Il m'a dit que j'avais un cœur et une âme comme les autres... Oui, j'ai cela, je le sens bien... Mais puisque Dieu a voulu que je fusse une chose horrible à voir, puisqu'il a fait de moi un monstre, pourquoi donc m'a-t-il donné un cœur et une âme ! »

Et la bossue pleurait et mordait son oreiller pour étouffer ses sanglots.

Devant sa maîtresse et Etienne, la servante ne

disait jamais rien, son rôle était de se taire; mais elle voyait et entendait tout, et gardait pour elle ses pensées.

Comme si elle eût pressenti que le jeune homme, prenant la vie en dégoût, fût capable de se livrer à un acte de désespoir, elle veillait sur lui avec une sollicitude de tous les instants. De sorte que, à son insu, le désespéré était pour ainsi dire gardé à vue par les deux êtres qui l'aimaient uniquement et dont la vie était attachée à la sienne.

Quelques mois auparavant, Etienne, se trouvant à Dijon, avait été conduit dans un café-concert où il y avait d'excellents chanteurs et où il avait passé la soirée.

Alors, il avait déjà déclaré à Paule Pérard qu'il l'aimait, qu'il serait le plus heureux des hommes si elle voulait être sa femme, et déjà il savait que son amour n'était pas partagé par la belle dédaigneuse.

Or, un artiste de la troupe lyrique chanta cette dramatique composition musicale du compositeur et chanteur Darcier, ayant pour titre : *Mad'leine*, laquelle, interprétée aussi par la grande et belle voix de Renard, de l'Opéra, dont le nom n'est pas oublié, eut en son temps un immense succès.

Le sujet est simple, et cependant c'est tout un drame! Un pauvre garçon se meurt d'amour pour une jeune fille qui ne l'aime pas, et en quatre couplets, avec des larmes et des sanglots, s'adressant à la cruelle qui le repousse, il lui crie sa douleur et son désespoir.

Cette chanson avait produit sur Etienne une très vive impression. Amoureux de la belle Paule, qui ne l'aimait pas, il avait trouvé sa situation identique à celle de l'amoureux de Mad'leine, avec cette différence, toutefois, que celui-ci mourait de son amour le jour du mariage de Mad'leine, et que lui n'avait pas encore perdu tout espoir d'être aimé !

Hélas ! cet espoir auquel il s'était accroché jusqu'à la dernière heure comme à une branche de salut, cet espoir n'existait plus. Celle qu'il adorait serait bientôt la femme d'un autre ! Ah ! maintenant, il était bien exactement dans la même situation que l'amoureux de Mad'leine.

Allait-il, comme lui, mourir le jour du mariage de Paule ?

Il retrouva dans sa mémoire le refrain de la chanson :

> Sans ton amour, vois-tu, Mad'leine,
> Je n'pourrai pas viv' bon longtemps ;
> Non, j'n'y tiens plus, j'meurs à la peine,
> Faut qu'ça m'emporte avant l'printemps !
> Crois-moi, Mad'leine,
> Crois-moi, Mad'leine !

Il eut beau chercher à se souvenir, il ne parvint pas à se rappeler autre chose de la chanson que le refrain.

XIX

LA CHANSON DES LARMES

> Sans ton amour, vois-tu, Mad'leine,
> Je n'pourrai pas viv' ben longtemps...

Ce refrain était comme incrusté dans la pensée d'Etienne et constamment il résonnait à ses oreilles avec une persistance opiniâtre, fatigante.

C'était une obsession continuelle, énervante, qui avait quelque chose d'infernal.

Ce refrain, il l'entendait retentir dans le son de la cloche sonnant l'*Angelus;* il l'entendait dans le bêlement des moutons, le beuglement des bêtes de l'étable, l'aboiement des chiens, le chant du coq de la basse-cour.

En secouant les feuilles des arbres, le vent le soupirait.

Il était partout et dans tout : dans le clapotage de l'eau de la rivière, dans le murmure du ruisseau, dans le susurrement des insectes tapis dans l'herbe, dans ces rumeurs vagues, lointaines, insaisissables qui sont dans l'air sans qu'on puisse savoir d'où elles viennent.

Sans cesse et partout, toujours, toujours:

> Sans ton amour, vois-tu, Mad'leine
> Je n'pourrai pas viv' ben longtemps.

Ce refrain, qui était passé à l'état de suggestion, troublait le profond silence des longues nuits d'insomnie du jeune homme, car comme ce n'était pas assez pour lui de l'entendre dans tant de bruits divers et naturels, des voix étranges, fantastiques, des voix de noirs démons venaient encore le hurler à ses oreilles.

Lui-même l'avait constamment sur les lèvres.

Il ne le chantait pas, il le pleurait.

Un matin, en se levant, après une nuit sans sommeil, il murmura:

— Puisque à tous les instants du jour et de la nuit j'ai ce refrain dans la pensée et dans les oreilles, je veux aussi savoir la chanson.

Il s'habilla comme s'il allait se rendre à une foire.

A sa mère étonnée, qui le regardait avec inquiétude, il dit :

— Je vais aller à Beaune.

— A Beaune, pourquoi faire?

— Une idée de promenade, cela me distraira.

— S'il en est ainsi, c'est bien ; mais tu reviendras de bonne heure, n'est-ce pas ?

— Oui, mère.

Il partit.

Il eut la satisfaction de trouver la fameuse chanson chez un libraire marchand de musique.

En revenant à Saint-Amand, il la lut, la relut

plusieurs fois, et quand il rentra chez lui il la savait par cœur.

Les couplets de la chanson eurent pour effet, ou à peu près, de le délivrer de l'obsession du refrain, qui avait été pour lui comme un cauchemar incessant.

Il ne connaissait pas la musique et ne se rappelait point l'air adapté aux paroles ; mais que lui importait cet air ? Ce n'était pas pour la chanter qu'il avait acheté la chanson ; il pleurerait les couplets comme il avait pleuré le refrain.

Si celui-ci était moins dans sa pensée, il y était remplacé par les autres paroles. Et souvent, Etienne, le regard dans l'espace, droit, immobile, les bras ballants, pareil à un tronc d'arbre laissé debout au milieu des champs, déclamait en lui-même ou à voix basse, avec une émotion croissante qu'il ne pouvait maîtriser, la poignante élégie.

> Un jour que j'm'en allais rêveur,
> J'te rencontrai toute fleurie,
> Il faisait d'l'amour plein mon cœur
> Et du soleil plein la prairie,
> Les p'tits oiseaux chantaient gaîment,
>   Tout sur la terre
>   Voulait te plaire
> Et j'te déplus, moi, qui t'aim' tant !

Ses yeux s'étaient remplis de larmes, il s'arrêtait pour pleurer ; puis au bout d'un instant il continuait :

> Faut-y te l'dir, j'pleur' comme un fou
> Des nuits entièr's sous tes fenêtres ;
> Quand j'nai plus d'larm's, sans savoir où,
> J'vais droit d'vant moi sous les grands hêtres :

> Des p'tits enfants j'suis la frayeur,
> D'moi chacun s'sauve
> Comme d'un' bêt' fauve...
> Les aimer tant et leur fair' peur!

Après ce deuxième couplet ses larmes redoublaient et il éclatait en sanglots. Mais il voulait boire le calice amer jusqu'à la dernière goutte et il reprenait :

> Hier on publiait les bancs,
> Quand l'curé dit: Mam'sell' Mad'leine,
> J'ai senti comme un coup là d'dans,
> Puis j'suis tombé, froid sans haleine.
> Vit' un méd'cin, on l'guérira,
> Q'j'entendais dire ;
> Ça m'faisait rire !...
> Bonn's gens qui croy'ent qu'on guérit d'ça !

Alors c'était une explosion complète et terrible de la douleur du malheureux ; il s'abattait comme un peuplier déraciné par la tempête. S'il était dans les champs, il se roulait sur la terre comme un possédé et des plaintes, des gémissements sourds que nul ne pouvait entendre s'échappaient de sa poitrine oppressée, haletante.

S'il était chez lui, dans sa chambre, il se tordait dans d'horribles convulsions, s'arrachait les cheveux, se meurtrissait la poitrine ; mais il étouffait ses plaintes, ses soupirs, ses sanglots pour ne pas épouvanter sa mère, qui n'était jamais bien loin et qui pouvait entendre.

Mais il ne s'abandonnait pas à son immense chagrin aussi secrètement qu'il le pensait, et il ne se doutait guère que ses terribles accès de désespoir étaient connus. Ce que sa mère ne voyait ni n'entendait n'échappait pas aux yeux et aux oreilles de la servante ; et quand il avait eu une de ces affreuses crises nerveuses dont il sortait brisé, anéanti, hébété, la pauvre petite bossue n'était pas dans un état moins pitoyable que le sien.

— Mon Dieu, se disait-elle en pleurant, mon Dieu, mais je ne pourrai donc rien faire pour mon maître? Oh! le voir pleurer, l'entendre gémir!... Je ne peux pas, non, non, je ne peux pas le voir souffrir ainsi, lui si bon, lui qui a eu pitié de moi, lui que j'aime!

Une idée vint à Mélie, une idée qu'elle seule pouvait avoir, et elle se dit:

— Qui sait? Faut voir!

On était aux jours de la vendange. On avait préparé les pressoirs. On coupait les beaux raisins bien mûrs dont toutes les cuves allaient être remplies. Tout le monde était aux vignes.

Jacques Pérard et sa femme étaient partis le matin, de bonne heure ; puis vers neuf heures, l'ancien sergent, moins matineux que son gendre et sa fille, était allé les rejoindre.

Paule était restée seule à la maison. Assise près d'une table chargée de linge, elle passait en revue ses menus objets de toilette, ses colifichets, ses chiffons, et tout en se livrant à cette occupation chère à toutes les femmes, elle interrogeait l'avenir et essayait d'en sonder les profondeurs comme si elle eût voulu pénétrer ses secrets; elle pensait à Maxime, au marquis de Verdraine, à la baronne de Bressac, qu'elle allait bientôt connaître, à l'inconnu qui l'attendait dans sa nouvelle existence, aux contrastes des destinées, aux étrangetés, aux bizarreries, à l'imprévu de la vie et à bien d'autres choses encore.

Tout à coup la porte s'ouvrit et Paule ne put réprimer un mouvement d'effroi en voyant entrer Mélie, la bossue.

Celle-ci s'aperçut de l'effet qu'elle venait de produire ; elle sourit tristement et, en s'avançant :

— Oh ! rassurez-vous, mademoiselle Paule, dit-elle, je ne viens pas vous voir dans l'intention de vous faire du mal.

Chez la future comtesse, la surprise, une surprise bien naturelle, avait succédé à l'effroi. Cette surprise augmenta encore quand Mélie tomba à genoux devant elle et lui dit en joignant les mains :

— Mademoiselle Paule, pardonnez-moi mes méchancetés, pardonnez-moi tout le mal que je vous ai fait et que j'ai voulu vous faire.

— De grand cœur, ma pauvre Mélie, répondit Paule ; le mal que vous m'avez fait, je ne veux pas m'en souvenir, je l'ai oublié.

— Vous me pardonnez, merci... Mais si vous oubliez ainsi mes torts envers vous, c'est que vous n'avez jamais été méchante et que vous avez le mépris des injures.

— Quand, même sans le vouloir, répliqua Paule, je fais de la peine à quelqu'un, j'en ai le regret et j'en souffre ; je pense que les autres sont comme moi, et voilà pourquoi toujours je pardonne et oublie.

En achevant de parler, elle tendit sa main à la bossue.

Mélie la prit, cette main qui lui était si gracieusement tendue, la pressa doucement et, les yeux fixés sur le ravissant visage de son ancienne ennemie, elle se disait :

— Je comprends qu'il veuille mourir de son amour pour elle !

— Allons, Mélie, reprit Paule, vous n'allez pas rester à genoux, je pense, relevez-vous et asseyez-vous là, près de moi, sur cette chaise.

La servante fit ce qui lui était demandé.

Paule continua :

— J'ai été heureuse en apprenant que madame Denizot vous avait prise chez elle, car bien souvent, Mélie, je vous ai plainte de votre cruel abandon et je souffrais en pensant que par tous les temps, même la nuit, vous étiez errante sur les chemins.

— Je m'étais habituée à ma misère et j'étais faite à ma vie vagabonde. Alors, j'ignorais ce que c'était que la véritable charité et je ne savais pas qu'il y eût des cœurs compatissants !

— Enfin, maintenant, vous êtes contente ?

Mélie resta un moment pensive, puis repondit :

— Si je ne pensais qu'à moi, oui, je serais contente, heureuse... mais il y a les autres !... Mademoiselle Paule, c'est en ayant pitié de moi et de ma misère qu'on m'a enseigné la pitié. Je ne suis plus une mendiante, ma vie est changée et moi aussi, allez, mademoiselle, je suis bien changée... Je ne suis plus du tout la même, c'est comme une transformation qui s'est faite en moi, tout d'un coup. et si ce n'était ma laideur et ma difformité, je croirais que je suis une autre.

Quand j'étais grossière envers vous, quand je vous insultais, quand je me plaisais à jeter de la boue sur votre robe, la première fois que vous la mettiez, quand je vous lançais une pierre à la tête, j'étais méchante ; oui, M. Etienne me l'a dit, j'étais mauvaise... Aujourd'hui, j'ai honte de ce que je disais, de ce que je faisais, je le regrette, j'en ai le repentir, et je n'oserais plus faire du mal même à un chien, même à une mouche ; vous voyez, mademoiselle, que je ne suis plus la même.

C'était l'autre soir, après le quadrille, — j'étais encore mauvaise ce jour-là, — M. Etienne me conduisit chez sa mère à qui il dit :

— « Je t'amène Mélie pour t'aider dans la maison, pour que tu lui apprennes à travailler et surtout à être bonne.

Alors la mère me dit :

— « Viens, ma fille, viens !... Pauvre enfant, tu as été abandonnée tout de suite après ta naissance et jusqu'ici personne ne t'a aimée ; viens, je remplacerai ta mère, moi, et je t'aimerai !

Aussitôt, je sentis que tout se retournait en moi ; j'avais là, dans ma tête, et j'éprouvais là, dans mes entrailles, des choses que je ne connaissais pas. Eh bien, voilà ce que c'était : Je cessais d'être méchante, et je commençais à être bonne !

M. Etienne m'avait dit :

— « Mélie, comme les autres créatures humaines, qui sont toutes les créatures du bon Dieu, tu as une âme et un cœur. »

Bien sûr, ce qui s'agitait et parlait en moi, c'était mon cœur et mon âme.

Ainsi, j'ai comme une autre un cœur, une âme ; et si M. Etienne ne me l'avait pas dit, peut-être que je ne le sentirais pas, que je ne le croirais point.

Enfin, je ne suis plus méchante parce que l'on

s'est montré doux et bon pour moi, et depuis que j'ai goûté aux bienfaits de la bonté, il me semble que je ne pourrai jamais être assez bonne.

Oh! c'est à M. Etienne, oui, à lui, bien plus qu'à sa mère, que je dois ma transformation. Avec quelques paroles, il a détruit tout ce qu'il y avait de mauvais en moi. J'étais épouvantablement haineuse ; eh bien, comme on souffle une bougie, il a soufflé sur mes haines et, subitement, toutes se sont éteintes.

Après ces paroles, prononcées sans emphase, d'un ton simple et naturel, il y eut un assez long silence.

Paule, qui avait écouté, non sans se sentir troublée intérieurement, était devenue songeuse.

— Mademoiselle, reprit Mélie, vous ne m'avez pas demandé pourquoi je suis venue vous voir ce matin.

La jeune fille eut un léger tressaillement et répondit :

— C'est vrai, Mélie, je ne vous ai pas fait cette question. Et pourquoi êtes-vous venue me voir ce matin ?

— Pour vous dire que vous ne devez pas épouser M. de Verdraine.

— Ah !... Et pourquoi ne dois-je pas épouser M. de Verdraine ?

— Parce qu'il n'est pas le mari qui vous convient.

— Oh ! oh !

— Je ne dis pas que M. le comte ne vous aime pas ; mais, voyez vous, il ne vous aimera jamais comme M. Etienne vous aime, jamais, c'est impossible ! Ah ! si vous voyiez ce que je vois, si vous entendiez ce que j'entends !... Si vous étiez la femme de M. Etienne, vous seriez adorée, idolâtrée, et il n'y en aurait pas une plus heureuse que vous au monde.

12.

— Mélie, répondit Paule avec une certaine oppression, je sais bien que M. Etienne m'aime beaucoup ; j'en éprouve de la peine, j'en souffre... Je connais toutes ses belles qualités et je sais ce qu'il vaut; mon amitié pour lui est toujours la même et je la garderai dans mon cœur, vous pourrez le lui dire ; — mais je ne l'aime point comme il voudrait être aimé, comme il mérite de l'être.

— N'importe, mademoiselle Paule, n'épousez pas M. de Verdraine, soyez la femme de M. Etienne, je vous en prie, je vous en supplie ! M. Etienne est plus jeune que M. de Verdraine, et sans vouloir faire tort à M. le comte, M. Etienne, quoique paysan, est au moins aussi bien que lui.

— Je le reconnais, Mélie.

— Ne vous mariez pas avec M. de Verdraine, soyez la femme de M. Etienne.

— Je ne peux pas, je ne peux pas !

— Quand vous serez sa femme, vous l'aimerez d'amour, vous verrez.

— Je ne peux pas, répéta Paule ; et d'ailleurs il est trop tard. Ma pauvre Mélie, chacun sur la terre a sa destinée, bonne ou mauvaise, il faut que la mienne s'accomplisse !

La bossue pleurait à chaudes larmes.

— Ah ! vous ne comprenez pas, vous ne voulez pas comprendre ! s'écria-t-elle ; eh bien ! sachez-le, mademoiselle Paule, si M. Etienne ne meurt pas de ce grand amour qu'il a pour vous, il se tuera j'en suis sûre, moi, il se tuera !

La future comtesse baissa la tête. Elle était très pâle.

— Ecoutez-moi, continua Mélie, il y a peu de

temps encore, j'étais votre ennemie acharnée, j'avais pour vous une haine terrible, une haine sauvage... Pour vous empêcher d'épouser Etienne, je vous aurais défigurée, je vous aurais arraché les yeux, avec rage, je vous aurais tuée !...

Et pourquoi avais-je contre vous cette haine terrible, implacable, ces fureurs féroces ? Vous ne le savez pas, vous ne pouvez pas le savoir, puisque c'est un secret que je garde enfermé en moi; mais ce secret je vais vous le faire connaître : je vous haïssais mortellement parce que j'aimais Etienne; oui, moi, la laide, la bossue, l'avorton, j'aimais Etienne autant qu'il vous aime, lui.

Je l'aimais à faire tout pour lui, à lui donner mon sang, ma vie, à commettre des crimes, oui, des crimes... et j'ose vous le dire sans hésiter, c'est moi, mademoiselle Paule, c'est moi qui ai mis le feu à votre maison.

Oh ! fit la jeune fille en frissonnant.

— Oui, j'ai fait cela par amour pour lui et par haine contre vous. Mais n'allez pas croire que j'aie cessé de l'aimer ; non, je l'aime toujours, plus encore peut-être qu'il y a quinze jours, plus encore qu'hier! Malgré cela, la haine que j'avais pour vous dans mon cœur s'est changée en affection, et loin de vouloir encore vous empêcher d'être à lui, je donnerais ma vie avec joie pour que vous soyez sa femme.

Si vous me demandiez pourquoi je suis ainsi maintenant, je ne saurais pas vous répondre. Mais, voyez-vous, je voudrais tant qu'il soit heureux !

Paule, très émue, ne put retenir ses larmes.

Toutes deux pleuraient.

Au bout d'un instant, Mélie poursuivit :

— Ah! mademoiselle Paule, si vous étiez la femme de M. Etienne, comme il y aurait du bonheur dans la maison! Je ne serais pas seulement votre servante à tous deux, je serais votre esclave, un chien de garde fidèle et dévoué ; pour vous rien ne me coûterait!... Oh! je ne serais pas jalouse, parce que la jalousie est un sentiment mauvais et qu'il n'y a plus rien de mauvais en moi, et que je veux et dois être bonne.

— Eh bien, mademoiselle Paule, voulez-vous ?

— Mais, ma pauvre Mélie, vous savez bien que c'est impossible.

La bossue laissa échapper un profond soupir et hocha tristement la tête.

— Je ne connais pas l'avenir qui m'est réservé, reprit Paule; peut-être ai-je eu trop d'ambition et aurai-je à m'en repentir; mais je ne peux rien changer à ce qui est et doit être, et je vous le répète, Mélie, il faut que ma destinée s'accomplisse !

Dans quelques jours je serai loin d'ici; Mélie, — Mélie, embrassons-nous !

La pauvre laide se jeta en sanglotant dans les bras de la belle Paule.

Toutes deux s'embrassèrent.

— Ecoute, Mélie, dit Paule, tutoyant la bossue, tu es maintenant une brave et bonne fille, aime Etienne, aime-le toujours; reste près de lui, ne le quitte jamais ; ne sois pas seulement pour lui une servante, mais une bonne petite sœur.

La pauvre bossue se retira en se disant :

— Paule sera comtesse et Etienne mourra de chagrin.

XX

LE MARIAGE

Enfin on arriva au jour du mariage.

Les grands-parents ne s'en étaient pas tenus à leur consentement donné; ils avaient fait ensuite les choses grandement.

La belle Paule avait reçu une magnifique corbeille dans laquelle la baronne avait mis les diamants de sa fille et une partie des siens. Le tout était accompagné d'une lettre charmante adressée à la future comtesse.

Les toilettes de la mariée avaient été expédiées de Paris; une couturière de Beaune, la meilleure faiseuse, fut chargée de quelques retouches jugées nécessaires, et elle vint à Saint-Amand pour habiller elle-même la mariée.

Le matin, avant neuf heures, arrivèrent également de Beaune des voitures pour les mariés, la famille et les invités.

Il avait été convenu qu'après la célébration du mariage religieux on déjeunerait frugalement chez Pierre Rouget et que l'on se rendrait ensuite chez

M. de Vaucreux, où aurait lieu le repas de noces.

Les mariés devaient passer la nuit à la Chaumelle, revenir le lendemain faire leurs adieux, et, tout de suite après se mettre en route pour le Dauphiné.

Après s'en être assez défendu, M. de Vaucreux avait consenti à être l'un des témoins du comte; l'autre était M. Le Clerc, un des nouveaux amis de Maxime.

Le garçon d'honneur était aussi un nouvel ami du comte, un jeune sous-lieutenant de chasseurs en garnison à Auxonne.

Paule avait pour témoins deux riches propriétaires du village, amis de sa famille, et la fille de l'un d'eux, une jeune gamine de douze ans, était sa demoiselle d'honneur.

Maxime, qui était très généreux, on le sait, avait fait de grandes largesses; aucun pauvre, aucun nécessiteux n'avait été oublié; aussi dès le matin du grand jour la majeure partie de la population était-elle en fête.

De la maison de l'ancien sergent à la mairie, les mariés eurent un cortège joyeux.

De tous les côtés les coups de fusils retentissaient; plus de cinquante jeunes garçons faisaient partir des pétards, des fusées, des chandelles romaines, des bombes; dans les landaus on jetait des fleurs, des bouquets.

Quand, au sortir de la mairie, la jeune comtesse se dirigea vers le portail de l'église resplendissante de lumière, toute parfumée de fleurs et trop petite pour contenir la foule, elle fut saluée par d'unanimes acclamations. Jamais elle n'avait excité à un si haut point l'admiration. C'est que, vraiment, elle était divinement belle dans sa robe de satin blanc, sous son long voile de gaze et toute couronnée de fleurs d'oranger.

Elle monta les marches de pierre et pénétra dans l'église pendant que les trois cloches sonnaient à grande volée.

*
* *

Dès qu'il avait entendu les premiers coups de fusil, Etienne Denizot s'était retiré dans sa chambre et s'y était enfermé, en poussant le verrou de la porte.

Entre l'éclat de deux bombes, au milieu des coups de fusil incessants et dominant le bruit des pétards, les acclamations et les cris joyeux de la foule arrivaient jusqu'à lui.

— Je ne fais point partie de votre cortège, madame la comtesse, prononça-t-il d'une voix sourde, mais je veux cependant, moi aussi, saluer votre beau mariage en brûlant de la poudre.

Il passa sa main sur son front en même temps qu'un sourire forcé, un sourire douloureux glissait sur ses lèvres.

Il ouvrit un tiroir où il prit un revolver qu'il posa sur la table.

Ce revolver, il l'avait acheté à Beaune, avec ses six cartouches, le même jour qu'il avait acheté la chanson.

Il était d'une pâleur de cire ; mais, calme en apparence, rien n'annonçait qu'il eût un projet sinistre. Son agitation était intérieure.

Il s'assit un instant, se remit sur ses jambes, fit deux fois le tour de la chambre, regarda par la fenêtre, puis revint au tiroir entr'ouvert où il prit la chanson qu'il fixa à la muraille au moyen d'un clou.

Debout, au milieu de la chambre, le front plissé, les yeux fixés sur la fenêtre, il se mit à dire lentement, avec un accent de douleur que rien ne saurait rendre, les vers du quatrième couplet de la chanson :

> L'hiver à peine s'enfuyait,
> Les grands prés verdoyaient à peine,
> Que le pauvre garçon mourait,
> Le jour des noc's à Madeleine,
> Mais quand la belle au bras d' l'époux,
>   Sous l' porche arrive ;
>   Une voix plaintive,
> Qui sort des buissons et des hous :
> Sans ton amour, tu vois, Mad'leine,
> Je n'ai pas pu viv' ben longtemps ;
> J' t'aimais tant ! j' suis mort à la peine.
> Adieu la vie ! Adieu l' printemps !

Et changeant les deux derniers vers du refrain, il ajouta :

> Adieu Paule !
> Adieu ma mère !

Soudain, tendant l'oreille, il tressaillit violemment.

C'étaient les trois cloches qui sonnaient à grande volée.

Et cette sonnerie des cloches disait à Etienne que les deux oui solennels avaient été prononcés devant le maire, que Paule Pérard était la femme du comte de Verdraine et que les deux époux faisaient leur entrée à l'église pour y recevoir la bénédiction nuptiale...

Ses yeux se fermèrent et il étreignit fiévreusement sa poitrine. C'était comme une défaillance.

Mais il se remit aussitôt, se redressa brusquement, et, un éclair dans le regard, il saisit le revolver.

— Ma pauvre mère! murmura-t-il.

A ce moment, deux petites mains, longues et maigres, mais singulièrement vigoureuses, se cramponnèrent au bras du jeune homme stupéfié.

C'était Mélie, qui était, depuis une heure, cachée dans la chambre.

Blottie dans un coin, derrière un fauteuil, elle n'avait pas fait un mouvement et avait retenu sa respiration afin que son maître ne soupçonnât point sa présence.

— Monsieur Etienne, lui dit-elle avec autorité, vous ne vous tuerez pas! Je ne veux pas que vous mouriez, je veux que vous viviez!

— Vivre! Pourquoi vivre? répondit-il avec amertume; on ne peut plus vivre quand on n'a plus d'avenir, quand tout est sombre, que la douleur est partout et dans tout, et que l'on n'a plus rien à espérer! Allons, Mélie, laisse-moi!

— Non, non! répliqua-t-elle d'un ton énergique, monsieur Etienne, vous ne vous tuerez pas! D'ailleurs, cela ne vous est pas possible de vous tuer... ce revolver que vous tenez est en ce moment une arme inoffensive...

Et comme il la regardait avec surprise, ne comprenant pas, elle continua ;

— J'avais deviné votre intention, en voyant entre

vos mains ce revolver, que vous avez acheté, l'autre jour, à Beaune. Alors, un matin, profitant de votre absence, je me suis introduite ici, j'ai ouvert ce tiroir, j'ai pris le revolver, j'ai enlevé les cartouches et je les ai jetées dans une cuvette pleine d'eau. Et quand j'ai pensé qu'elles étaient suffisamment noyées, je les ai retirées du bain, et, après les avoir un peu essuyées, je les ai remises chacune à sa place.

— Tu as fait cela, Mélie, tu as fait cela !

— Mon Dieu, oui, monsieur Etienne, j'ai fait cela !

Et comme il avait l'air de douter, elle s'empara du revolver, leva le chien, tourna le tambour avec ses doigts et fit tomber l'une après l'autre les six cartouches sur la table.

— Voyez, regardez, dit-elle.

Il était facile de voir, en effet, que les cartouches avaient été plongées dans l'eau; celle-ci avait traversé les douilles qui, devenues molles, n'avaient plus aucune résistance.

Etienne regardait tour à tour les cartouches et la servante avec ahurissement.

— Monsieur Etienne, reprit Mélie après un moment de silence, tout à l'heure vous avez dit : « Pourquoi vivre ?... » Ah ! pourquoi vivre ! Mais pour faire vivre votre mère ! Vous savez bien que si vous mouriez, elle mourrait aussi... Oh ! non, elle ne vous survivrait pas, votre bonne mère !

» Monsieur Etienne, vous devez vivre pour votre mère, pour ceux qui vous aiment, pour tous ceux à qui vous pourrez encore faire du bien ! »

Le jeune homme eut un sourire navrant.

— Vous devez vivre, poursuivit la servante avec plus de force, vous devez vivre parce que vous êtes bon et qu'il faut de bonnes gens sur la terre pour défendre contre les méchants les malheureux comme je l'étais, moi, il y a peu de jours encore.

— Prends garde, Mélie, je peux devenir méchant!

— Vous, méchant, c'est impossible!... Ah! monsieur Etienne, vous ne voulez pas me comprendre... Moi, je vous comprends bien, allez, car je devine tout ce que vous pensez. Mais vous n'aurez pas toujours votre grand chagrin. Monsieur Etienne, écoutez-moi, vous devez vivre aussi pour celle que vous aimez!

Le malheureux tressaillit et ses traits se contractèrent affreusement.

— Oui, pour elle aussi, reprit Mélie; il y a quelque chose en moi qui me dit que la belle Paule regrettera son mariage et qu'un jour, peut-être bientôt, la comtesse de Verdraine aura besoin de vous!

— Tais-toi, Mélie, tais-toi! prononça Etienne d'une voix rauque.

— Je veux bien me taire, monsieur Etienne, mais il faut me promettre que vous ne penserez plus à vous tuer.

— Je ne peux pas promettre cela.

— Ah! s'écria la pauvre fille, se remettant à pleurer, vous disiez vrai tout à l'heure, vous devenez méchant!

— C'est bien, assez, dit-il brusquement et d'un ton farouche; laisse-moi, va-t'en!

La servante, les yeux brillants, resta un instant immobile, dardant sur son maître un regard qui exprimait en même temps la crainte, la pitié et une tendresse infinie.

Puis, baissant la tête, elle se dirigea lentement vers la porte qu'elle ouvrit.

— Ah! fit-elle.

Elle revint près du jeune homme, lui prit la main, et, sans prononcer un mot, le força doucement à s'avancer devant la porte au bas de laquelle se trouvait l'escalier droit descendant au rez-de-chaussée.

La porte de l'escalier, s'ouvrant sur la grande salle, était également ouverte, et au milieu de la pièce, en pleine lumière, madame Denizot était à genoux, les mains jointes, la tête inclinée.

— Regardez! dit Mélie à voix basse.

Etienne avait vu déjà.

— Elle prie pour vous, ajouta la servante.

Oui, la mère priait, demandant à Dieu d'adoucir l'immense douleur de son fils.

Le jeune homme devint tout tremblant; il poussa un long soupir, se recula et s'affaissa sur un siège en sanglotant.

— Il ne se tuera pas! murmura Mélie.

Et, descendant rapidement l'escalier, elle alla s'agenouiller à côté de sa maîtresse.

XXI

LUNE DE MIEL

Le comte Maxime de Verdraine et sa jeune femme étaient impatiemment attendus par les grands-parents; aussi ne s'arrêtèrent-ils qu'à Lyon, vingt-quatre heures seulement, le temps de se reposer.

Enfin, ils arrivèrent à Verdraine.

Paule avait appréhendé quelque peu la première entrevue avec le marquis et la baronne; mais ceux-ci aimaient si passionnément leur petit-fils, qu'ils firent à la comtesse un accueil affectueux et lui ouvrirent leurs bras. D'ailleurs, tous deux convinrent que la jeune femme était tout à fait charmante et qu'on pouvait oublier qu'elle n'était que la fille d'un paysan. Evidemment, elle avait tout ce qu'il fallait pour fixer son mari près d'elle, le rendre heureux et mettre fin à ses aventures galantes. Ils n'avaient donc rien à regretter, tout était bien.

Paule, de son côté, se montra auprès des deux vieillards pleine de prévenances, gracieuse, aimable, aimante, câline. De sorte que, dès le lendemain, le marquis et la baronne raffolaient déjà de leur petite-belle-fille.

En l'honneur des jeunes époux, il y eut huit jours de fête au château. Les invités, choisis parmi les amis et connaissances du marquis et de la baronne, venaient de Grenoble et des châteaux et villas des environs.

La jeune comtesse fut l'objet de toutes les admirations; les invités étaient émerveillés. Paule était adulée; on ne lui ménageait ni les compliments, ni les félicitations. C'était un nouveau triomphe.

Quelques-uns, cependant, s'étonnaient que le comte Maxime se fût marié en dehors de la noblesse, qu'il eût épousé une bourgeoise. On ne savait pas exactement ce qu'était la famille de la jeune comtesse.

Mais elle était si jolie, si gracieuse!

La jeunesse et la beauté ont plus d'un privilège, celui, entre autres, de faire passer sur bien des choses.

Nous le savons, il y avait dans le regard de Paule, son sourire et l'expression de sa physionomie, un charme séducteur qu'il était difficile, sinon impossible de ne pas subir.

Elle possédait l'art de se faire aimer; elle faisait naître les sympathies par sa douceur, son ingénuité, son aménité, et attirait irrésistiblement vers elle.

Maxime prenait sa part du succès de la comtesse et en était heureux et fier. Son amour et aussi son amour-propre et sa vanité n'avaient pas à demander plus.

Quant aux grands-parents, ils étaient enchantés, ravis, et tressaillaient de joie à l'idée que les familles de Verdraine et de Bressac ne s'éteindraient pas.

Après les jours de fête et deux jours donnés à un repos nécessaire, le marquis et la baronne se préparèrent à rentrer à Grenoble où, chaque année, ils passaient l'hiver.

Le comte et la comtesse se mirent en route pour la Suisse. C'était le voyage de noces. Mais on était en octobre, la fin des beaux jours approchait. Ils visitèrent rapidement les principaux cantons de la République helvétique. Quinze jours après leur départ de Verdraine, ils étaient à Neufchâtel et rentraient en France par Pontarlier. Ils s'arrêtèrent une demi-journée à Dijon, sans songer peut-être qu'ils n'étaient pas loin de Saint-Amand-les-Vignes.

Il est vrai que, de Lausanne, la comtesse avait écrit à ses parents pour leur raconter son voyage, ses admirations, ses enchantements, et leur parler de son bonheur, de ses joies. Cela devait suffire.

Les deux époux, de plus en plus amoureux l'un de l'autre, avaient hâte de se trouver à Paris, la ville des merveilles, qu'on a appelée le paradis des femmes, la ville qu'il faut avoir vue, que l'on doit connaître. Or, la comtesse ne connaissait encore Paris que de nom.

Ils allaient s'y installer aussi confortablement que possible, au Grand-Hôtel ou à l'Hôtel-Continental, et y rester jusqu'à la fin de novembre. C'était convenu avec les grands-parents.

Ce séjour dans la ville de la mode, de l'élégance, du luxe, de toutes les belles choses, était d'ailleurs nécessaire. Il fallait d'abord trouver à la comtesse Paule une femme de chambre experte, c'est-à-dire de premier ordre; ensuite, elle devait compléter son trousseau, acheter des toilettes dignes de son rang et de sa beauté, et ces mille riens qui constituent l'arsenal de la toilette d'une élégante.

Le comte ne voulait pas qu'à Grenoble la critique pût mordre sur son idole.

L'argent ne manquait pas, le marquis avait fait ouvrir à son petit-fils un crédit chez un banquier.

Et puis la comtesse Paule avait en poche quinze mille francs que son père et sa mère lui avaient remis au moment de son départ de Saint-Amand.

Cette somme, relativement considérable, moins mille francs qu'on avait empruntés, était le fruit des économies réunies du père, de la mère et du grand-père. On s'était saigné à blanc pour donner cette dot à Paule. Elle avait pris l'argent sans se demander si ses parents n'allaient pas se trouver dans une gêne pénible. Assurément cette insouciance n'émanait pas d'un mauvais cœur. Mais on l'avait habituée depuis si longtemps à considérer comme choses insignifiantes les sacrifices qu'on faisait pour elle!

Une autre raison avait encore déterminé Maxime à passer à Paris au moins un mois. Il s'était dit que, si bien douée que fût la jeune comtesse, elle pouvait très bien, en se trouvant subitement transportée dans un milieu autre que le sien, commettre des naïvetés étranges qui produiraient un effet déplorable.

Il voulait donc qu'avant de la présenter dans les salons de Grenoble, où elle aurait à affronter les regards des belles Grenobloises, elle se fût retrempée dans cette atmosphère de plaisirs, d'élégances et d'excentricités mondaines que l'on respire à Paris et qu'on ne respire qu'à Paris.

Le comte eut lieu d'être satisfait. Il vit que la nouvelle comtesse, très intelligente, ayant une grande facilité d'assimilation, montrait les meilleures dispositions à se façonner aux usages mondains, à devenir une élégante, une femme du monde, enfin, à peu près irréprochable.

Sans doute, l'instruction laissait à désirer; mais on trouverait le moyen de remédier à cela.

L'arrivée des deux époux à Grenoble fut un événement.

Dans le monde aristocratique de l'Isère en général, et dans celui de Grenoble en particulier, le mariage du comte de Verdraine avait fait sensation. Les quelques personnes qui avaient vu la jeune comtesse au château de Verdraine, avaient parlé d'elle avec enthousiasme ; et l'on était impatient de connaître celle qui avait su s'emparer du cœur de Maxime, ce nouveau don Juan.

Les invitations arrivèrent, nombreuses; tous les salons de la ville étaient ouverts à la comtesse Paule.

Partout on lui fit bon accueil.

Bien qu'on lui portât envie et que sa radieuse beauté excitât bien des jalousies féminines, la première impression fut généralement excellente.

Le comte donna des dîners, des fêtes. On les lui rendit. Partout, chez elle comme chez les autres, la comtesse avait sa cour d'admirateurs. Elle était la reine de beauté.

Cependant, comme elle était ignorante de bien des choses, bien qu'elle s'observât avec le plus grand soin, il lui échappait parfois des expressions de terroir, des naïvetés bizarres qui faisaient dresser les oreilles. Mais personne ne les relevait, quelques femmes seulement en prenaient note.

Parmi les femmes jeunes et jolies qui faisaient particulièrement fête à la comtesse Paule et recherchaient son amitié, nous devons citer en première ligne une belle mondaine qui, disait-on, n'aurait pas été fâchée, même après la mort tragique de madame de Reybole, de troquer son titre de veuve contre celui de comtesse de Verdraine. La belle veuve s'appelait madame de Brogniès, et elle ajoutait sur ses cartes : née Leona de Bellamana. Elle était Piémontaise. Mariée à dix-huit ans à M. de Brogniès et veuve moins d'un an après son mariage, elle n'avait pas encore vingt-deux ans.

Madame de Brogniès s'était fait le chaperon, l'Égérie de la comtesse Paule, et bientôt les deux jeunes femmes furent inséparables.

Au bout d'un an d'un bonheur que rien ne menaçait d'altérer et qui semblait devoir durer toujours, la comtesse mit au monde un fils.

C'était une fille que Maxime aurait voulu avoir; néanmoins, il parut enchanté de sa paternité.

Paule, depuis qu'elle était à Grenoble, n'avait écrit qu'une seule lettre à ses parents. Elle avait été si occupée, elle avait eu tant à faire !... Les bals, les soirées et autres réunions mondaines prennent à une jolie femme tout son temps.

Les époux Pérard et le grand-père Rouget eurent, après six mois d'attente, des nouvelles du comte et de la comtesse, en recevant un billet de part imprimé, ainsi conçu :

« Le comte et la comtesse de Verdraine ont l'hon-
» neur de vous faire part de la naissance de leur

» fils Georges-Stanislas, vicomte de Verdraine. »

Au bas, écrits de la main de Maxime, ces mots :

« La mère et l'enfant se portent très bien. »

Toutefois, quand elle fut rétablie, Paule écrivit à ses parents une lettre bien affectueuse; mais elle ne leur promettait point de les aller voir, comme ils lui en témoignaient le vif désir dans toutes leurs lettres.

Maxime se refusait absolument à conduire sa femme à Saint-Amand-les-Vignes et n'admettait point qu'elle pût voyager seule avec sa femme de chambre.

Un an après la naissance du petit Georges, la comtesse eut une fille.

Cette fois, le comte fut transporté de joie. Le marquis et la baronne partageaient l'allégresse de leur petit-fils. Maintenant, ils n'avaient plus rien à désirer; ils étaient vieux, très vieux, ils pouvaient mourir.

Ce fut le marquis qui s'en alla le premier, trois mois après la naissance de la petite fille, qui avait reçu les prénoms de Réjane-Isabelle.

Le vieillard laissait à son petit-fils, avec le titre de marquis, un demi-million en valeurs mobilières et des immeubles pouvant être évalués à trois cent mille francs.

Maxime augmenta immédiatement son train de maison. Il était marquis, mais on continua à l'appeler comte de Verdraine.

L'année suivante, la comtesse eut un second fils. Mais, comme si toute naissance devait être suivie d'une mort, l'excellente baronne de Bressac mourut à son tour, quelque temps après, laissant à Maxime une nouvelle fortune de quatre cent mille francs.

Le comte était plus que millionnaire, et, à Saint-Amand, le père et la mère Pérard travaillaient comme par le passé, ce qui faisait dire aux gens du pays, non sans raison :

« Ce n'est pas la peine qu'ils aient un gendre riche et que leur fille soit comtesse ! »

Sans doute, le comte était riche ; mais pour tenir son rang, ou plutôt pour briller, éblouir, il dépensait énormément ; l'argent fondait pour ainsi dire dans ses mains, et les domestiques, les factures et mémoires des fournisseurs n'étaient pas toujours exactement payés.

Il y avait longtemps que la comtesse avait dépensé les quinze mille francs de sa dot, et, comme elle n'avait pas pris l'habitude de s'occuper des dépenses de sa maison et qu'elle ne demandait jamais d'argent à son mari, elle n'avait plus sa petite bourse comme quand elle était jeune fille.

Dans ces conditions, elle ne pouvait guère améliorer le sort de ses parents, leur procurer un peu plus de bien-être. Il est vrai que le père et la mère ne se plaignaient jamais et ne demandaient rien. Ils avaient leur fierté. Si seulement leur fille était venue les voir, ils eussent été contents.

La mort du marquis et celle de la baronne avaient suspendu la vie de plaisirs du comte et de la comtesse, toujours épris l'un de l'autre et toujours heureux.

La comtesse Paule profita de sa retraite pour travailler à compléter autant que possible son instruction. Tout en s'occupant de ses enfants, comme elle le devait, le temps ne lui manquait point. Elle eut un maître de français, un professeur de musique et un professeur de dessin ; de plus elle lisait beaucoup.

Comme elle avait de la volonté, un ardent désir de savoir, et qu'elle comprenait facilement, elle apprenait bien et vite.

Elle profita aussi de ses heures de loisir pour écrire un peu plus souvent à son père et à sa mère qui pensaient à elle sans cesse. Elle put même leur envoyer quelques petites choses. C'étaient des objets de mince valeur; mais cela venait de leur fille, c'était superbe. Pérard et sa femme pleuraient de joie.

Dans toutes ses lettres à ses parents, la comtesse disait :

« Je me porte à merveille, je suis on ne peut plus
» heureuse, je vous embrasse de tout mon cœur. »

Du moment que leur chère fille était heureuse, le père et la mère l'étaient aussi.

De fait, la vie, pour la comtesse, s'écoulait pleine de charmes et semblait lui réserver des félicités infinies. Elle se croyait au-dessus des déceptions, à l'abri des coups de l'adversité.

Elle ne pressentait pas que sa tranquillité, son bonheur pussent lui être enlevés. Et cependant, le malheur la menaçait, allait la frapper ; elle devait connaître la souffrance.

Quelques jours avant son mariage, elle avait dit à Mélie la bossue :

— Il faut que ma destinée s'accomplisse.

Sa destinée allait s'accomplir.

XXII

NOUVELLE LUNE

La belle Paule était mariée depuis quatre ans et demi. La lune de miel du comte et de la comtesse de Verdraine avait duré tout ce temps, sans qu'un nuage l'eût voilée. Bien des jeunes femmes ne l'ont pas aussi longue ; mais en revanche, pour quelques-unes, les favorisées, elle dure toujours.

Paule n'avait pas encore vingt-deux ans, et elle était toujours belle, plus belle encore peut-être qu'avant son mariage, comme si la maternité avait ajouté une auréole à sa beauté.

M. de Verdraine ne paraissait pas se repentir d'avoir donné son nom à la petite paysanne de Saint-Amand-les-Vignes. Il était toujours galant, courtois avec sa jeune femme et étonnait ses amis par la régularité de sa conduite et sa fidélité conjugale.

Cependant, pour la comtesse, un changement s'était presque subitement opéré dans l'humeur de son mari. Quoique toujours prévenant, elle sentait qu'il était moins affectueux.

Maxime était toujours le gentilhomme bien élevé, correct dans ses allures, mais ce n'était plus l'homme amoureux de sa femme.

— Oh! il ne méconnaissait pas les qualités de la comtesse; mais il voyait trop, maintenant, ses défauts et ce qui manquait à son instruction, à son éducation. Il la trouvait toujours belle; mais le mariage ne l'avait point corrigé, comme l'avaient cru le marquis et la baronne; il était resté le même homme. Nature inconstante, aimant le changement, facile à tous les entraînements, sa passion pour sa femme s'était éteinte peu à peu, il en avait assez, il ne l'aimait plus.

Les devoirs qui s'imposaient à lui pouvaient, devaient le retenir près de la mère de ses enfants; mais parlez donc des devoirs à un homme qui n'a jamais su obéir qu'à ses sens!

Paule sentait bien que son mari lui échappait, qu'il l'aimait moins, — elle ne voulait pas croire encore qu'il eût cessé de l'aimer, — et elle se demandait quelle pouvait être la cause de ce changement.

Regrettait-il donc, maintenant qu'elle était mère, d'avoir épousé une paysanne?

Rougissait-il de l'obscure origine de sa femme?

Lui faisait-il un crime de n'avoir pas cette éducation et cette instruction que l'on donne aux jeunes filles riches destinées à jouer un rôle dans la vie mondaine?

Mais si elle était née dans un village et de parents pauvres, n'était-elle pas une femme comme une autre, ayant sa fierté, ses sentiments et ses droits de mère et d'épouse?

Oui, sans doute. Mais dans le changement de son mari, dont elle recherchait les causes, il y avait un peu de ce qu'elle supposait.

En effet, plus d'une fois, M. de Verdraine avait été froissé dans son amour-propre par des sourires ironiques qui avaient souligné certaines paroles de sa femme; il avait également surpris des chuchotements et des observations malignes qui l'avaient fait tour à tour rougir et pâlir.

Aussi, quand un jour sa femme lui dit :

— Maxime, vous n'êtes plus le même avec moi. Qu'avez-vous? Que vous ai-je fait?

— Ma chère Paule, lui répondit-il, ne parlez donc dans les réunions où vous vous trouvez, que des choses que vous connaissez ; certaines naïvetés qui vous échappent font tellement ressortir votre ignorance qu'elle est remarquée de tous et qu'on en rit. Certes, je n'ai pas le droit de vous en vouloir de ce qui est chez vous un manque d'instruction et d'éducation. Mais souvenez-vous qu'il y a des prétentions qui rendent ridicule. En attendant que vous ayez appris, sachez vous taire. Enfin, si vous m'en croyez, vous irez moins dans le monde et vous serez plus entièrement à vos enfants.

La jeune femme était devenue très rouge.

— Mais, répliqua-t-elle, à la fois blessée et surprise, si je suis allée dans le monde, c'est qu'il vous plaisait de m'y conduire, et ce n'est point moi qui vous ai contraint à donner des fêtes. Je sais bien que je suis une ignorante ; cependant j'étais telle que je suis quand je suis arrivée ici, alors que vous vous montriez fier et heureux de ce que vous appeliez mes succès dans les salons. Oh! je ne cherche pas le plaisir autant que vous le pensez; n'ayant que le désir de vous être agréable, puisque vous croyez que je dois cesser de voir le monde, je resterai près de mes enfants.

— Et vous aurez raison, ma chère, une mère se doit à ses enfants.

— Maxime, je vous aime et j'aime ces chers petits êtres à qui j'ai donné la vie... Eh bien, oui, n'allons plus dans le monde, restons chez nous... Ah! pourvu que nous soyons ensemble...

— Nous serons ensemble autant que cela sera possible; mais vous devez comprendre que je n'ai pas les mêmes devoirs que vous à remplir, et qu'il m'est impossible de cesser de voir mes amis.

— Alors, vous irez dans le monde... seul?

— Je ne peux pas disparaître; que dirait-on?

— Et vous sortirez souvent?

— Il faut répondre aux invitations.

La jeune femme regarda fixement son mari.

— Ah! Maxime, dit-elle tristement, comme vous êtes changé!

Elle poussa un soupir et deux grosses larmes tombèrent sur ses joues.

— Allons, bon, fit le comte avec un mouvement d'impatience dont il ne fut pas maître, des pleurs maintenant!... Je vous assure, Paule, que les airs de victime ne vont pas à votre charmant visage.

Et comme elle pleurait tout à fait, Maxime s'empressa d'ajouter en l'embrassant :

— Veux-tu bien finir, a-t-on jamais vu... Est-ce que d'aussi beaux yeux doivent verser des larmes? Allons, allons, tu sais bien que je t'aime toujours.

— Oh! oui, n'est-ce pas?

— Comme tu es enfant, ma chère Paule!
Un instant après il se disposa à sortir.
— Tu sors? fit-elle.
— Oui.
— J'espérais que tu ne me quitterais pas ce soir.
— Je suis attendu.
— Où cela?
— Au cercle.

Elle resta silencieuse. Maxime lui mit un baiser sur le front et lui dit d'un ton dégagé et comme s'il se fût agi de la chose la plus simple :

— Il ne faudra pas m'attendre pour dîner ; je dîne au cercle.

Paule ne fit aucune observation et Maxime sortit en fredonnant un air de café-concert.

C'était la première fois que depuis son mariage le comte ne dînait pas avec sa femme.

C'était aussi le premier nuage qui s'élevait entre eux.

La comtesse souffrit et ne se plaignit pas ; elle se disait que son mari ne pouvait pas vivre uniquement pour elle et qu'il se devait aussi à ce monde exigeant auquel il appartenait. D'ailleurs, elle avait toujours pleine confiance en lui, et si quelques doutes lui étaient venus sur la solidité de la tendresse de l'époux, elle eût été rassurée par la tendresse du père.

Maxime, en effet, aimait beaucoup ses enfants, mais plus encore sa fille que les deux autres ; la fillette, toute charmante et jolie comme un ange, était pour lui une véritable idole ; pour elle il aurait tout donné, tout sacrifié. Quand il avait dit : « Mon Isabelle », il avait tout dit.

Et cependant la mignonne créature avait été la cause indirecte et innocente de la plus profonde blessure faite à l'amour-propre du comte.

C'était au mois d'août. On était à Verdraine où le comte et la comtesse passaient, chaque année, la belle saison. Ils avaient reçu à déjeuner quelques personnes parmi lesquelles se trouvait madame de Brogniès, la belle veuve piémontaise.

Le comte, montrant à ses invités sa fille, qui jouait et s'ébattait sur une pelouse avec Miro, un beau chien de garde, s'écria, dans un élan d'orgueil paternel :

— N'est-ce pas qu'elle est adorable, mon Isabelle ?

— Oui, adorable ; il n'y a que son nom que je n'aime pas.

— Vous n'aimez pas le nom d'Isabelle ? fit Paule avec étonnement.

— Non. C'est un nom démodé. On ne s'appelle plus Isabelle. C'était bon du temps de M. le chevalier de Florian ou aux beaux jours de la comédie italienne.

La comtesse, qui n'avait jamais lu Florian et qui connaissait encore moins le répertoire de la comédie italienne, ne trouva rien à répondre.

Maxime crut devoir venir au secours de sa femme.

— Si vous aviez une fille, madame, quel nom lui auriez-vous donné ? demanda-t-il.

— Oh! un nom tout simple, comme Louison, Jeannette, Fanchette ou Fanchon.

S'adressant à la comtesse, elle ajouta :

— Est-ce que ce nom ne vous plaît pas, ma chère amie ?

— Mais... balbutia la jeune mère.

— Oh! Fanchon! fit madame d'Arbusse, grande amie de la Piémontaise, mais c'est un nom de gardeuse de dindons!

— Permettez, permettez, c'est un nom célèbre, au contraire : nous avons eu Fanchon la vielleuse qui, en son temps, a fait courir tout Paris? Votre avis, monsieur de Verdraine?

— Moi, madame, répondit le comte, j'estime que n'importe quel nom va bien à une jolie femme.

— Excepté les noms ridicules, dit madame d'Arbusse.

— D'ailleurs, reprit la veuve, toujours sur un ton aimable et enjoué, on peut joindre une épithète à tel ou tel nom. Nous avons eu Berthe-aux-Grands-Pieds, — une reine, s'il vous plaît, — pourquoi n'aurait-on pas Fanchon-aux-Petites-Mains, ce qui s'appliquerait justement à votre gentille fillette, chère comtesse.

— Mais regardez-la donc, dit madame d'Arbusse, montrant l'enfant qui marchait avec une sorte de dignité comique, se tenant droite et raide, faisant des manières, regardez-la! Est-elle assez drôle!... En vérité, c'est une princesse en miniature.

— Oui, vraiment, une petite princesse. Eh bien, croyez-vous, — car je tiens à mon idée, — croyez-vous qu'il serait ridicule d'appeler cette chère mignonne Fanchon la Princesse? Cela ne l'empêcherait pas de se marier, au contraire.

La comtesse pâlit et le comte sursauta.

Madame de Brogniès et son amie échangèrent un regard rapide, puis cette dernière se leva pour aller embrasser la petite Isabelle.

Maxime et Paule se demandaient si ce qui venait d'être dit, si cette théorie sur les noms devait être attribuée au hasard, ou si, plutôt, tout cela n'avait pas été comploté entre les deux femmes, qui s'étaient donné la réplique comme obéissant à un mot d'ordre.

Cette dernière hypothèse était la seule admissible.

Mais alors madame de Brogniès et madame d'Arbusse avaient fouillé dans le passé de jeune fille de la comtesse, en faisant prendre des renseignements au village même de Saint-Amand-les-Vignes.

Quand le comte se trouva seul avec sa femme, il lui dit :

— Paule, madame de Brogniès ne me plaît pas.

— Mon ami, elle me déplaît également.

— Ah!... Mais je vous croyais très amies.

— C'est elle qui m'a en quelque sorte imposé son amitié. Non, je n'ai jamais aimé cette femme, une coquette qui voudrait voir tous les hommes à ses pieds, vous le premier.

Le comte sourit.

— Pour moi, un homme marié, dit-il, elle n'est pas redoutable.

— Oh! je n'ai pas peur d'elle.

— Et vous avez raison. Eh bien! ma chère amie, si vous voulez me faire plaisir, vous n'irez plus chez madame de Brogniès et vous cesserez de la recevoir.

— Je vous le promets, Maxime, et ce ne sera pas un sacrifice.

Au mois de septembre on quitta le château pour revenir à Grenoble.

La comtesse ne fit aucune visite à madame de

Brogniès ; celle-ci comprit ce que cela signifiait et la rupture se fit ainsi sans choc, sans éclat.

Du reste, ce fut peu de temps après que la comtesse Paule cessa presque complètement d'aller dans le monde.

On s'étonna. Et comme on continuait à voir toujours le comte seul, on se demanda :

— Qu'est-ce que cela veut dire ?

On ne comprenait pas.

Nous savons ce qui s'était passé entre le mari et la femme. L'horizon s'était réellement et subitement assombri.

Il n'y avait encore rien de bien grave, et cependant Paule sentait que quelque chose la menaçait, que son bonheur était prêt de lui échapper.

Elle redoubla de tendresse pour son mari, l'accabla de petits soins, de prévenances, de démonstrations amoureuses et, selon la loi de nature, le fatigua.

Il n'en fit rien voir d'abord ; mais un jour qu'elle le tutoyait et l'embrassait dans un petit coin, comme aux jours heureux de leur lune de miel, il lui dit assez sèchement :

— Eh ! ma chère, à quoi pensez-vous donc ? On ne croirait pas, vraiment, que vous êtes mère de trois enfants.

— Monsieur le comte, répondit-elle, la poitrine oppressée et le cœur gros, vous êtes devenu bien dur pour moi.

Elle le quitta brusquement pour aller pleurer dans sa chambre.

Elle pleura longuement ce jour-là et d'autres jours encore. Elle n'en était pas encore à regretter son mariage et son amour ; mais elle avait déjà de l'amertume au cœur, des pensées sombres et faisait de douloureuses réflexions. Elle commençait à voir que son avenir n'était plus de couleur rose.

L'hiver s'écoula, et le mois de mai arrivé on quitta la ville pour le château.

La comtesse éprouva une sorte de joie en se retrouvant à Verdraine. Sans doute, elle allait se trouver bien souvent seule avec ses enfants ; mais l'isolement ne l'effrayait point, au contraire ; maintenant elle aimait la solitude, elle en avait besoin. Et puis ce vieux château, ces jardins, ce parc, ces ombrages, ces massifs touffus, ces belles pelouses vertes couvertes de fleurs étaient pleins de délicieux souvenirs. C'était là que Maxime l'avait tant aimée ; c'était là qu'elle avait été la plus heureuse des femmes.

XXIII

LE VIVIER

Le château, construit au milieu d'un site des plus pittoresques, ayant des vues admirables, était une très belle et très agréable résidence d'été.

On vantait son parc où se trouvaient, disait-on, les plus beaux arbres de l'Isère.

On parlait aussi du grand vivier de Verdraine où il y avait une merveilleuse abondance de poissons.

Ce petit lac, qu'une source voisine alimentait et qui avait, à certains endroits, plus de trois mètres de profondeur, se trouvait à cinquante mètres environ du château et il était bordé d'un côté par des roseaux, de très hautes herbes et des massifs d'arbustes divers, très épais, qui s'étendaient jusqu'à la lisière du parc.

On ne permettait jamais aux enfants de jouer de ce côté, bien qu'ils fussent, d'ailleurs, constamment surveillés.

— On ne saurait être trop prudent, disait le comte, un malheur est si vite arrivé !

Mais Georges et Isabelle aimaient beaucoup à

voir les poissons qui se promenaient par centaines à la surface de l'eau, au soleil, et ils demandaient souvent à être conduits au bord du vivier afin de jeter des morceaux de pain aux poissons, ce]qui les amusait énormément.

La population de la pièce d'eau était assez familière; les poissons connaissaient les enfants, qui leur donnaient à manger, et dès qu'ils les voyaient paraître, ils arrivaient par bandes sur la rive.

Aussitôt commençait la distribution des petits morceaux de pain sur lesquels se précipitaient les affamés, se les disputant dans un pêle-mêle, une bousculade indescriptible.

Alors, du côté des enfants, c'étaient des exclamations, des cris joyeux, des battements de mains, des rires. Et cela durait jusqu'à ce que le dernier morceau de pain jeté eût disparu, enlevé par le poisson le plus fort ou le plus adroit.

Un jour, M. de Verdraine était parti immédiatement après le déjeuner pour Grenoble où, avait-il dit, une affaire importante l'appelait; Paule, triste et songeuse, se promenait dans une allée du jardin.

Son jeune fils, qu'elle avait couché elle-même, dormait d'un profond sommeil, et elle avait laissé Georges et Isabelle jouant ensemble dans une salle du rez-de-chaussée.

Il pouvait être quatre heures et demie.

Soudain, le petit garçon et la petite fille accoururent près de leur mère, ayant chacun un gros morceau de pain à la main.

—Maman, dit le petit Georges, mène-nous donner à manger aux poissons.

— Oui, maman, ajouta la petite fille, montrant son pain.

— Eh bien, mes mignons, venez, répondit la comtesse.

A ce moment, un coup de cloche annonça une visite.

— Mes chers petits, attendez-moi un instant, dit la mère, si je ne peux pas revenir tout de suite, je vous enverrai Marguerite, votre bonne.

La comtesse s'éloigna, laissant les enfants seuls.

Non loin de là, Miro dormait ou faisait semblant de dormir, étendu sur l'herbe de la pelouse, à l'ombre d'un mélèze.

Madame de Verdraine était appelée pour recevoir deux voisines de campagne, la mère et la fille ; elle les trouva au salon où on les avait fait entrer. Après les compliments d'usage et quelques autres paroles échangées, les visiteuses s'étaient assises.

La comtesse ne pouvait pas congédier ces dames brusquement ; elle sonna un domestique et le pria de dire à Marguerite de rejoindre les enfants, qui étaient au jardin, pour les conduire à la pièce d'eau.

L'ordre fut transmis à la bonne, qui était occupée dans sa chambre et qui crut pouvoir ne point se presser de descendre au jardin.

Après avoir attendu un instant, qui dut lui paraître bien long, le petit Georges finit par perdre patience. Il prit sa sœur par la main, et lui dit :

— Viens, viens !

Et tous deux, courant de toute la vitesse de leurs petites jambes, se dirigèrent vers le vivier par une large allée bordée d'ifs taillés en haie.

Ils arrivèrent à la pièce d'eau.

Que se passa-t-il alors ?

Quand Marguerite, enfin descendue de sa chambre, se mit à chercher des yeux les enfants dans le jardin, elle entendit tout à coup de grands cris poussés par le petit Georges. Ces cris venaient de la pièce d'eau ; plus loin, dans le parc, Miro aboyait furieusement, comme s'il eût été à la poursuite d'un lièvre ou d'un lapin.

La domestique, toute frissonnante, redoutant un malheur, s'élança vers le vivier.

Le petit garçon, debout au bord de l'eau et les bras tendus, continuait à remplir l'air de ses cris déchirants.

— Georges, mon petit Georges, où est ta sœur ? lui demanda Marguerite haletante.

— Là, là, répondit l'enfant, montrant l'eau.

La bonne, prise d'un tremblement nerveux, regarda. Mais à l'endroit indiqué, l'eau était trouble, elle ne vit rien.

Joignant alors ses cris à ceux du petit Georges, elle appela de toute la force de ses poumons :

— Au secours, à l'aide, au secours !

Ces cris de douleur et de désespoir traversèrent l'espace, arrivèrent au château et pénétrèrent dans le salon par une croisée ouverte.

La comtesse parlait ; subitement serrée à la gorge, la parole expira sur ses lèvres et, d'un seul mouvement, elle se dressa sur ses jambes.

— Oh ! fit-elle, en portant la main à son cœur.

Son visage avait pris une teinte livide.

Elle entendit distinctement ce cri sinistre :

— Au secours !

— Mon Dieu, mon Dieu ! prononça-t-elle d'une voix étranglée.

Et oubliant complètement les visiteuses qui s'étaient levées effarées, mais ne comprenaient rien encore, elle se précipita affolée hors du salon et prit sa course dans la direction de la pièce d'eau en jetant aux échos le nom de ses enfants :

— Georges ! Isabelle !

Après un moment d'hésitation, les visiteuses s'étaient élancées sur les pas de la comtesse. Le valet de chambre, la femme de chambre et la cuisinière, sortis en toute hâte, couraient aussi vers la pièce d'eau.

Mais la mère, aiguillonnée par l'épouvante, franchit la distance avec une rapidité vertigineuse et arriva la première au bord du vivier.

— Ah ! madame, ah ! madame ! fit Marguerite en sanglotant et en se tordant les bras de désespoir.

La comtesse avait déjà enveloppé son fils du regard.

— Où est ma fille ? s'écria-t-elle.

— Tombée à l'eau !

La malheureuse mère poussa un cri horrible.

— Où, mais où, à quel endroit ? demanda-t-elle.

— Là, madame, là, à cet endroit où l'eau est troublée par la vase.

L'instant n'était ni aux questions, ni aux explications, ni aux reproches.

Sans hésitation, sans crainte du danger qu'elle pouvait courir, ne pensant qu'à son enfant qu'elle voulait sauver, s'il en était temps encore, Paule se jeta à l'eau. Ses pieds s'enfoncèrent dans la vase et il y eut autour d'elle de gros bouillonnements d'eau noirâtre.

Elle avait de l'eau au-dessus de la ceinture; elle avança péniblement creusant la vase, écartant les larges feuilles de nénuphars, appelant le ciel à son aide, et à mesure qu'elle avançait, l'eau montait, arrivait à sa poitrine, à ses épaules.

Marguerite, à genoux sur la rive, cramponnée de chaque main à une touffe d'herbe, et le corps penché sur l'eau, suivait avec angoisse et terreur tous les mouvements de la comtesse. Si l'une des touffes d'herbe se fût rompue, elle eût perdu l'équilibre et serait tombée dans le vivier la tête en avant.

Tout à coup elle jeta ce cri :

— La voilà!

Elle venait, en effet, d'apercevoir entre deux eaux la pauvre petite Isabelle que le pied de sa mère avait sans doute rencontrée sur le fond vaseux et que l'eau violemment agitée faisait remonter à la surface.

Le cri de la domestique fut suivi d'un autre poussé par la comtesse en saisissant des deux mains son enfant qu'elle éleva au-dessus de l'eau.

Le valet de chambre, qui savait nager, venait de se précipiter dans la pièce d'eau, allant à l'aide et au secours de sa maîtresse. La comtesse ne voulut pas lui confier sa fille, mais ne refusa point son aide pour regagner le bord.

Il n'était que temps, car la pauvre mère, n'étant plus soutenue par l'espèce de fièvre nerveuse qui l'avait saisie, perdit subitement toutes ses forces. L'enfant fut enlevée de ses bras par Marguerite et ce fut avec beaucoup de peine et de difficultés que

14.

le valet de chambre et les autres personnes présentes parvinrent à retirer la comtesse du vivier. Elle était à demi évanouie.

A ce moment arriva Miro, ayant à la gueule un lambeau d'étoffe qu'il laissa tomber sur le gazon avant de se précipiter vers la comtesse et la petite fille dont, tour à tour, il se mit à lécher les mains et le visage, en faisant entendre de sourds gémissements. On lui ordonna de s'éloigner ; il obéit en baissant tristement la tête.

La cuisinière seule avait vu entre les dents de l'animal l'espèce de chiffon, et n'y avait pas fait autrement attention. Du reste, sur un ordre de madame de Linans, l'une des visiteuses, elle était tout de suite partie en courant pour aller chercher le médecin du village.

Cependant on avait pu remettre la comtesse sur ses jambes. Elle était toute grelottante et ne cessait pas de gémir et de pousser des plaintes navrantes, en tournant ses yeux hagards vers sa fille, qui ne donnait aucun signe de vie et que Marguerite cherchait à réchauffer de son haleine.

On se mit en marche, la comtesse soutenue par sa femme de chambre et madame de Linans.

Marguerite, serrant la petite Isabelle contre sa poitrine, emportait en courant son précieux fardeau.

Mademoiselle de Linans tenait par la main le petit Georges, qui sanglotait toujours.

Miro, la queue entre ses jambes, le nez sur les talons de son jeune maître, fermait la marche.

Marguerite, aussitôt arrivée au château, s'était empressée de dévêtir l'enfant et de l'envelopper de flanelle pour sécher son corps ; puis elle l'avait couchée dans un lit et s'était mise à la frictionner. Ni Marguerite, ni la comtesse, ni les autres personnes ne voulaient admettre que la pauvre petite fût morte.

Dans une pièce voisine, la femme de chambre et madame de Linans donnaient des soins à madame de Verdraine, qui, folle de douleur et de désespoir, ne cessait de crier :

— Où est ma fille ! Je veux voir ma fille !

Mais, comme nous l'avons dit, elle était sans force et comme anéantie, et ne pouvait s'échapper des mains des deux femmes qui l'avaient déshabillée et lui remettaient d'autres vêtements.

Le médecin arriva. Il avait couru; il était haletant, ruisselant de sueur.

Il n'eut pas plutôt jeté les yeux sur la petite fille qu'il laissa échapper un cri de douleur.

Tous les soins étaient inutiles. Hélas! Isabelle était morte!

Le médecin sortit de la chambre en chancelant et entra dans celle où se trouvait madame de Verdraine.

— Ma fille, monsieur, ma fille! dit la comtesse d'une voix étranglée, avez-vous sauvé mon enfant?

Le médecin resta silencieux et baissa tristement la tête.

— Ah! ma fille est morte! exclama la malheureuse mère.

Son immense désespoir eut raison de son extrême faiblesse; elle se dressa debout, farouche, le regard plein d'éclairs, poussa un cri rauque, déchirant, puis repoussant violemment sa femme de chambre, qui voulait l'arrêter, elle se précipita dans la chambre voisine et se jeta avec une sorte de fureur sur le cadavre de son enfant, qu'elle couvrit de baisers.

Pendant un instant elle se tordit dans d'affreuses convulsions, poussant des cris sauvages, maudissant la vie, appelant la mort.

Tout à coup elle se redressa, et, droite, raide, s'éloigna du lit en reculant. Sa figure était décomposée et ses yeux avaient une fixité effrayante. On la vit chanceler, battre l'air de ses mains, et la femme de chambre n'eut que le temps de s'avancer pour la recevoir évanouie dans ses bras.

Sur l'ordre du médecin, on l'emporta et elle fut immédiatement déshabillée et couchée dans son lit.

Une heure après, le comte de Verdraine arriva, revenant de la ville. Il était tout joyeux.

Mais à la douleur empreinte sur le visage des domestiques, à leur air consterné, il eut le pressentiment d'un horrible malheur et devint affreusement pâle.

Madame de Linans, qui guettait son retour, vint à lui. Il ne pensa pas à la saluer.

— Que se passe-t-il donc ici? demanda-t-il.

— Un malheur, monsieur le comte, un épouvantable malheur! répondit madame de Linans avec un effort douloureux.

— Isabelle, Isabelle est blessée! s'écria-t-il d'une voix sourde.

— Hélas! monsieur le comte, votre malheur est plus grand!

— Morte! ma fille est morte!

— Dieu vous l'a reprise, monsieur le comte; c'est un ange de plus au ciel!

Il y eut dans la gorge de Maxime comme un râle; ses yeux se couvrirent d'un voile épais, ses jambes se dérobèrent sous lui et il tomba sur le sol lourdement, comme une masse.

XXIV

C'EST UN CRIME

Nous ne dirons pas quelle affreuse nuit on passa au château; le lecteur s'en fera facilement une idée.

Le lendemain, la comtesse Paule était en proie à une fièvre violente, avait les membres comme paralysés et de longs et fréquents accès de délire. La femme de chambre désolée ne quittait pas son chevet.

Le médecin, qui avait passé une partie de la nuit au château, donnant tour à tour ses soins à la femme et au mari, était revenu vers dix heures et n'avait pu dissimuler l'inquiétude que lui causait l'etat de la comtesse. Il avait ordonné à Julie, la femme de chambre, de ne pas s'éloigner de sa maîtresse d'un instant, et de lui faire boire, de temps à autre, une cuillerée d'une potion calmante qu'il avait préparée lui-même.

Le comte, dans sa chambre, étendu sur une chaise-longue, était dans une prostration complète; il ne voulait voir personne, ne prononçait pas une parole et refusait obstinément de prendre aucune nourriture.

Le soir, cependant, avec de bonnes paroles et en invoquant la raison, le médecin parvint à faire sortir le comte de son mutisme et à le faire manger un peu.

Le surlendemain du terrible drame, eurent lieu les obsèques de la petite Isabelle.

Le comte, le front courbé, sombre, ayant l'air hébété, conduisait le deuil, tenant son petit garçon par la main.

On ne s'étonna point de ne pas voir la comtesse; on savait qu'elle était alitée et que, peut-être, sa vie était en danger.

La pauvre mère, en effet, était toujours dans le même état. La fièvre n'avait point diminué d'intensité, ainsi que l'avait espéré le docteur; elle était comme frappée d'insensibilité et paraissait ne plus avoir conscience de rien.

Un assez grand nombre de personnes étaient venues de la ville pour assister au service funèbre. Parmi ces personnes, qui prenaient une vive part à la profonde douleur de M. de Verdraine, se trouvaient le procureur de la République, le juge d'instruction et deux autres magistrats.

Après la cérémonie, ces messieurs et quelques autres amis du comte furent reçus au château où une collation avait été préparée à leur intention.

— Mais enfin, demanda-t-on au comte, comment ce malheur est-il arrivé?

— Je l'ignore encore, répondit-il; madame de Verdraine n'est pas dans un état à pouvoir me l'apprendre, et je n'ai pas eu jusqu'ici l'esprit assez tranquille pour interroger mes serviteurs. Tout ce que je puis vous dire, c'est que ma pauvre petite est tombée dans le vivier, que la comtesse est accourue aux cris poussés par la bonne des enfants et s'est jetée à l'eau pour sauver sa fille. Mais, hélas ! il était trop tard !

— Il y a eu là, évidemment, un manque de surveillance, dit le procureur de la République, et la domestique chargée de veiller sur vos enfants, monsieur le comte, me paraît être bien coupable.

— Aussi vais-je la congédier ce soir même.

— Elle a certainement mérité son renvoi ; mais il serait bon, je crois, de l'entendre et de savoir ce qu'elle peut invoquer pour se justifier ou tout au moins atténuer sa responsabilité.

— Puisque nous allons procéder ici à une sorte d'enquête, dit le juge d'instruction, je demande à M. de Verdraine de vouloir bien faire paraître devant nous tous les serviteurs du château.

— Soit, monsieur, dit le comte.

Et il sonna.

Le valet de chambre parut aussitôt.

— Ces messieurs, lui dit le comte, désirent interroger Marguerite, Julie, la cuisinière et vous-même au sujet du malheur qui nous a frappés. Allez vite prévenir vos camarades et revenez ici tous les quatre. Ah ! j'oubliais le jardinier et son aide ; priez le cocher de ma part de les aller chercher.

— Oui, monsieur le comte ; mais je dois dire à monsieur le comte que le jardinier et son aide n'étaient pas dans les jardins au moment où le malheur est arrivé.

— Où étaient-ils donc ?

— A la ferme, où par ordre de M. le comte, ils surveillent les travaux de terrassement.

— Oui, en effet.

— Il est inutile alors de faire venir le jardinier et son aide, dit le juge d'instruction.

— Messieurs, reprit le comte, je ne fais pas appeler non plus le cocher et le valet de pied qui étaient avant-hier avec moi à la ville.

— C'est inutile.

— Sur un signe de son maître, le valet de chambre se retira, mais pour reparaître bientôt, suivi des trois femmes.

Marguerite, qui se sentait coupable et comprenait qu'elle allait être chassée, pleurait comme une Madeleine.

Le juge d'instruction regarda le procureur de la République, ayant l'air de lui dire : A vous la parole.

Le chef du parquet comprit et répondit :

— Interrogez, monsieur le juge d'instruction.

Celui-ci se tourna vers Marguerite et lui dit :

— Mademoiselle, veuillez d'abord essuyer vos yeux et cesser de pleurer.

La jeune fille essuya ses yeux, laissa échapper un profond soupir et renfonça ses larmes.

— Bien, fit le juge. Maintenant, mademoiselle, apprenez-nous comment la petite Isabelle est tombée dans le vivier.

— Monsieur, je ne le sais pas.

— Comment, vous ne le savez pas? Est-ce que vous n'étiez pas au bord de la pièce d'eau avec les enfants?

— Hélas! non, monsieur... Ah! je suis bien malheureuse !

— Mais, où étiez-vous ?

— Dans ma chambre, monsieur.

— Vous étiez dans votre chambre, vous aviez laissés seuls les enfants confiés à votre garde !

— Je ne veux pas chercher à m'excuser, messieurs, répondit-elle d'un ton plus douloureux encore, tous les reproches que l'on peut me faire, je me les suis adressés, je les ai mérités... mais permettez-moi de vous dire comment le malheur est arrivé et pourquoi je n'étais pas avec les enfants pour l'empêcher.

— Nous écoutons, dit le juge.

— Marguerite, dit le valet de chambre, vous savez qu'aussitôt que madame la comtesse m'en eût donné l'ordre, je vous ai prévenue, dites-le bien.

— Je dirai la vérité, monsieur Louis, je n'ai à accuser que moi-même.

Elle soupira et reprit :

— Messieurs, Georges et sa sœur jouaient dans la salle de billard ; nous étions avec eux madame la comtesse et moi ; avec la permission de madame, je montai dans ma chambre pour répondre à une lettre que j'avais reçue le matin, une lettre de mon frère aîné, qui est soldat, en garnison à Saint-Étienne.

Ma lettre était écrite à moitié lorsque j'entendis le son de la cloche ; je me levai, je me mis à la fenêtre et je vis madame la comtesse dans le jardin et les enfants auprès d'elle. Tranquille, je me remis à ma lettre.

Au bout d'un instant on frappa à ma porte. C'était M. Louis. Sans entrer, il me dit de la part de madame de descendre au jardin où les enfants m'attendaient pour aller avec eux donner à manger aux poissons.

— « Oui, tout de suite, répondis-je.

Mais je crus pouvoir prendre le temps de terminer ma lettre ; je n'avais plus que quelques lignes à écrire. Je l'achevai donc et la mis dans une enveloppe sur laquelle j'écrivis l'adresse.

Voilà ma faute, messieurs, voilà ce qui me rend coupable, car si j'avais obéi immédiatement à l'ordre de madame la comtesse, le malheur ne serait pas arrivé.

En achevant ces mots, la pauvre jeune fille se remit à fondre en larmes.

On la laissa se calmer un peu, puis sur l'invitation du juge d'instruction, elle continua :

— Enfin, je descendis, trop tard, hélas !... A peine eus-je fait quelques pas dans le jardin que j'entendis, dans la direction du vivier, les cris du petit Georges. La peur me prit, et presque folle, je courus de ce côté : l'enfant était au bord de l'eau poussant des cris perçants.

— » Georges, où est ta petite sœur ? lui demandai-je.

Avec sa petite main tremblante, il me montra un endroit du vivier et me répondit :

— » Là.

A cet endroit, l'eau était trouble, comme si l'on eût, au fond, fortement remué la vase. Je ne pouvais douter, la petite était tombée dans le vivier. Éperdue, folle d'épouvante, j'appelai au secours de toutes mes forces.

Tout le monde accourut ; madame la comtesse la

première, qui, tout de suite, sans hésiter un instant, se jeta à l'eau.

Marguerite, pleurant toujours, acheva son poignant récit en racontant comment la comtesse avait retrouvé Isabelle, l'avait élevée au-dessus de sa tête et était revenue à bord avec l'aide de Louis, le valet de chambre, qui s'était, lui aussi, jeté à l'eau.

— Il y a là une affreuse fatalité! murmura le procureur de la République.

— Mais Miro, dit M. de Verdraine, Miro, qui accompagnait toujours les enfants dans leurs promenades, où donc était-il?

— Au fond du parc, monsieur le comte, où je l'entendis aboyer très fort, répondit Marguerite.

— Là encore, il y a la fatalité, messieurs, dit le comte, car si le chien eût été près de la pièce d'eau avec les enfants, témoin de la chute de ma chère Isabelle, il l'aurait certainement sauvée!

— A quelle heure madame la comtesse a-t-elle reçu la visite de madame et de mademoiselle de Linans? demanda le juge d'instruction.

— La demie de quatre heures venait de sonner, répondit le valet de chambre, quand, après avoir fait entrer ces dames dans le salon, j'ai annoncé leur visite à madame la comtesse par un coup de cloche. Madame la comtesse est arrivée aussitôt et presque tout de suite m'a chargé de dire à mademoiselle Marguerite de rejoindre les enfants qui attendaient au jardin.

— Combien de temps s'est-il écoulé entre l'ordre de madame la comtesse, que vous avez transmis à la bonne, et les premiers cris : « Au secours! » de cette dernière?

— Environ un quart d'heure, monsieur.

— Dix fois plus de temps qu'il n'en fallait pour que la pauvre petite ne fût pas retirée vivante de la pièce d'eau.

Il résultait du récit de Marguerite et des réponses du valet de chambre que les deux enfants, ne voyant pas arriver leur bonne et las d'attendre, s'étaient rendus au bord du vivier, bien qu'ils n'eussent pas l'habitude d'y aller seuls et que cela leur fût absolument défendu.

Mais comment la petite fille était-elle tombée dans le vivier? S'était-elle approchée trop près du bord et son pied avait-il glissé? ou sa chute avait-elle une autre cause?

Après avoir réfléchi un instant, le juge d'instruction appela le petit Georges, qui s'amusait dans un coin du salon avec des soldats de plomb.

L'enfant cessa son jeu, se leva et vint près du magistrat qui, après l'avoir embrassé, l'enferma entre ses jambes. Ensuite, tout en caressant de la main ses belles joues roses, le juge lui dit :

— Petit Georges, tu aimais bien ta petite sœur Isabelle, n'est-ce pas?

— Petite sœur, je l'aime toujours, répondit le petit avec cette hésitation et ce zézayement si charmant dans le langage des enfants.

— Tu l'aimes toujours; mais elle est morte.

— Oui, elle est morte.

— Tu ne la verras plus.

— Je ne la verrai plus, répondit tristement l'enfant.

— Elle s'est noyée dans le vivier.

— Petite sœur s'est noyée.

— Dis-moi, mon petit Georges, n'est-ce pas toi qui l'as poussée pour la faire tomber?

L'enfant regarda fixement le magistrat avec une expression étrange et devint tout tremblant.

— Ainsi, reprit le juge, en jouant avec ta petite sœur, tu l'as poussée et elle est tombée dans le vivier?

L'enfant pâlit et il y eut dans son regard comme une flamme.

— Non, non, répondit-il énergiquement et avec l'accent de la colère.

Il ajouta aussitôt :

— C'est l'homme!

Le juge d'instruction sursauta.

Il y eut chez les auditeurs un frémissement qui fut suivi d'un murmure.

— Que dit-il! exclama le comte, en se dressant d'un bond.

— Silence, messieurs, silence, dit le juge d'instruction avec autorité ; de grâce, ne troublez pas cet enfant, laissez-le parler.

Le comte retomba sur son siège, le silence se fit et les yeux se fixèrent sur le juge d'instruction et sur le petit garçon.

— Donc, mon petit ami, reprit le magistrat en caressant de nouveau les joues de l'enfant, il y avait près du vivier un homme, un vilain homme.

— Un vilain homme, grand, grand...

— Et il t'a fait peur?

— Oui, répondit l'enfant, les poings serrés et frappant du pied.

— Est-ce que ce vilain homme était méchant?

— Méchant, méchant!

— Voyons, petit Georges, dis-moi ce qu'il a fait, le méchant homme ?

L'enfant resta un moment silencieux, ayant l'air de chercher ses paroles, puis répondit :

— Le méchant homme a pris petite sœur comme ça (il fit le geste), et bien fort, bien fort, il l'a jetée dans le vivier.

Jamais coup de théâtre habilement préparé n'a produit un effet pareil à celui que produisit la révélation inattendue de l'enfant.

On s'agita avec malaise, les regards se croisèrent effarés, des exclamations retentirent.

Mais sur un signe impérieux du juge d'instruction, chacun maîtrisa son émotion et tout le monde redevint attentif.

— Ainsi, mon gentil petit Georges, reprit le magistrat, voilà ce qu'il a fait, le méchant homme ; il a pris ta petite sœur et il l'a jetée dans le vivier.

— Oui.

— A-t-il voulu te jeter aussi dans le vivier, toi ?

— Non.

— Après avoir jeté ta petite sœur dans le vivier, le méchant homme a pris la fuite, il s'est sauvé ?

— Il s'est sauvé, répéta l'enfant.

A ce moment, dans la cour, le chien se mit à aboyer, et le petit Georges reprit :

— Miro a couru après le méchant homme pour le mordre.

— Vous venez d'entendre cet enfant, dit le juge d'instruction s'adressant à l'assistance, la petite Isabelle, que nous pleurons, n'est pas tombée accidentellement dans la pièce d'eau, elle a été victime d'un crime, et ce crime ne peut être que l'acte d'une monstrueuse et lâche vengeance contre M. le comte et madame la comtesse de Verdraine.

Debout, blanc comme un suaire et le regard chargé d'éclairs, le comte s'écria :

— Malheur, malheur à l'assassin de mon enfant !

Le juge continua :

— Miro, vient de nous dire le petit Georges, s'est lancé à la poursuite du scélerat ; cela nous explique les aboiements du chien au fond du parc, entendus par Marguerite. Miro a dû être témoin de ce qui s'est passé au bord de la pièce d'eau ; pourquoi s'est-il mis à la poursuite de l'homme au lieu de se précipiter dans le vivier afin de chercher à sauver sa petite maîtresse ? Voilà ce que nous ne saurions dire. Le chien a son instinct particulier, et souvent une intelligence extraordinaire ; mais si bon et si fidèle que soit cet animal, il n'a pas la faculté de raisonner.

Est-ce que l'on voit quelquefois des étrangers, des vagabonds, s'introduire dans la propriété et rôder aux alentours du château ?

M. de Verdraine, absorbé par ses pensées, restant silencieux, le valet de chambre répondit :

— Pas dans le jour, monsieur, ils n'oseraient pas. Mais plus d'une fois, la nuit, des individus, des pêcheurs restés inconnus, sont venus jeter leurs filets dans le vivier. Des braconniers escaladent aussi les murs et pénètrent jusqu'au milieu du parc pour y tendre leurs collets.

L'homme qui nous occupe pourrait bien être un de ces braconniers ou un de ces pêcheurs ; dans tous les cas, ce misérable n'a pas craint, en plein jour, de s'approcher de la pièce d'eau où, certainement, et depuis plusieurs jours peut-être, caché dans quelque massif, il guettait les enfants.

— Marguerite, avez-vous encore quelque chose à dire ?

— Plus rien, monsieur.

— Et vous ? dit le magistrat en désignant la femme de chambre.

— Je ne pourrais que répéter ce que vous avez déjà entendu.

— Et vous, madame la cuisinière ?

— J'aurais bien quelque chose à dire, monsieur, mais je ne sais pas si ça en vaut la peine.

— Nous verrons ; parlez toujours.

— C'est donc pour vous dire, monsieur, que j'étais près du vivier avec ces demoiselles et les dames de Linans quand Louis aida madame la comtesse à revenir à bord et que Marguerite prit la pauvre mignonne que nous ne voulions pas croire morte ; et j'étais si bien là, monsieur, que j'ai aidé de toutes mes forces à retirer madame la comtesse du vivier.

Pour lors donc, et comme madame la comtesse était encore étendue sur l'herbe, plus morte que vive, et poussant des gémissements qui fendaient l'âme, voilà que je vois venir Miro tout courant, et il avait dans la gueule quelque chose que je n'ai pas bien pu voir ; mais il m'a semblé tout de même que ce devait être un morceau de drap ou de toile.

— Mais ceci est d'une grande importance! s'écria le juge d'instruction. Où est ce morceau d'étoffe ?

— Bien sûr encore à l'endroit où Miro l'a laissé tomber.

— Comment, vous ne l'avez pas ramassé ?

15.

— Ma fine, monsieur, je ne pouvais pas deviner que ça valait quelque chose ce chiffon-là. Et puis, d'ailleurs, je suis partie tout courant pour aller dire au docteur de venir bien vite.

— Vous avez vu le chien lâcher ce morceau de toile ou de drap?

— Oui, monsieur.

— Pourquoi l'a-t-il laissé tomber à terre ?

— Pourquoi? Et pardieu, la pauvre bête, pour venir tout contrit, tout gémissant, lécher les mains glacées de madame la comtesse et de notre pauvre petite Isabelle.

Ces paroles si simples, mais en même temps si touchantes, firent venir des larmes aux yeux.

— Retrouverez-vous l'endroit où est tombé le morceau d'étoffe? demanda le magistrat.

— Bien sûr que oui, monsieur, et aussi la chose si, comme je le crois, elle est encore là.

— Messieurs, dit le juge d'instruction en se levant, il nous faut ce morceau de drap ou de toile; il peut non seulement nous guider dans nos recherches, mais être une précieuse pièce à conviction.

Madame la cuisinière, nous allons aller le chercher ensemble.

— Je vous accompagne, dit le procureur de la République.

— Et moi aussi, dit un autre magistrat.

Les trois hommes sortirent du salon et suivirent la cuisinière qui, passant à travers la pelouse, les conduisit au bord de la pièce d'eau.

XXV

LE PETIT GEORGES

La cuisinière alla droit à la place où était tombé le morceau d'étoffe. Il était encore là, comme elle l'avait pensé. Elle le ramassa et vint le mettre dans la main du juge d'instruction, en disant :

— C'est ça, monsieur.

— Bien, merci, fit le juge.

Les trois hommes examinèrent la chose.

C'était une bande de drap léger, se terminant en pointe, longue de quarante-cinq centimètres environ, ayant dix centimètres dans sa plus grande largeur, et provenant, à n'en pouvoir douter, d'un pantalon. Le tissu était sale, usé jusqu'à la trame, et il eût été difficile de dire quelle avait été sa couleur primitive.

La déchirure avait été faite de haut en bas, et évidemment par le chien, car on voyait la place où il avait mordu et l'on pouvait compter les trous faits par ses crocs.

Les magistrats remarquèrent aussi sur la bande de drap quelques taches de sang, ce qui indiquait que le chien avait dû arracher un morceau de chair en même temps que la pièce du pantalon.

Par la longueur de celle-ci, on pouvait dire avec certitude que le chien avait mordu l'homme par derrière et dans le gras de la cuisse.

Les magistrats revinrent au salon avec leur trouvaille qui, comme l'avait dit le juge d'instruction, était une précieuse pièce à conviction.

Enfin, comme il était impossible d'admettre que le petit Georges n'eût pas dit la vérité, et qu'il était surabondamment prouvé que c'était un homme que Miro avait poursuivi dans le parc, on était absolument certain que la pauvre petite Isabelle avait été victime d'un crime atroce.

Mais quel avait été le mobile de ce crime?

Le juge d'instruction maintenait que ce ne pouvait être qu'un acte de lâche vengeance.

Le procureur de la République partageait sa conviction.

— Mais, disait M. de Verdraine, je ne me connais pas un seul ennemi.

— Nous verrons, monsieur le comte, nous chercherons, répondaient les magistrats.

En attendant, ce que l'on devait chercher d'abord, et sans perdre un temps précieux, c'était l'homme qui avait commis le crime et qui, selon toutes les apparences, n'avait dû être que l'instrument de cette vengeance à laquelle croyaient les magistrats.

Le procureur de la République se hâta de retourner à Grenoble afin de prendre, le soir même, toutes les mesures nécessaires pour que, dès le lendemain, la gendarmerie des arrondissements de l'Isère fût lancée dans toutes les directions, avec ordre d'arrêter tous les mendiants et vagabonds et même les voyageurs sans papiers, de les interroger et de retenir ceux dont les réponses paraîtraient suspectes.

Avec le procureur de la République étaient parties les autres personnes de la ville qui avaient déjeuné au château. Seul, le juge d'instruction était resté ; il désirait avoir un entretien avec le comte.

La commune de Verdraine, chef-lieu de canton, avait une brigade de gendarmerie. Le juge d'instruction envoya chercher le brigadier, qui vint immédiatement.

— La petite Isabelle, lui dit le magistrat, ne s'est pas noyée accidentellement comme on l'a cru d'abord ; elle a été jetée dans le vivier par un homme inconnu, qui n'est peut-être pas encore sorti du canton ; il faut sans retard vous mettre à la recherche de ce misérable. Demain, du reste, toutes les brigades de gendarmerie du département seront mises en campagne.

Le juge fit voir au brigadier la bande de drap arrachée au pantalon par les dents de Miro, lui montra également les taches de sang et lui fit comprendre que l'assassin avait dû être gravement mordu à la cuisse par le chien.

Le brigadier avait compris. Il se retira, et un quart d'heure après, lui et trois de ses gendarmes montaient à cheval et partaient au galop deux d'un côté, deux de l'autre.

Le juge d'instruction se demanda s'il ne lui serait pas possible d'obtenir encore quelques précieux renseignements du petit Georges.

Il serait si important, en effet, de pouvoir donner même vaguement le signalement du criminel.

Le magistrat prit l'enfant sur ses genoux.

— Mon petit ami, lui dit-il, écoute-moi bien et tâche de te rappeler ; voyons, comment était-il, l'homme qui a jeté la petite Isabelle dans la rivière ?

L'enfant resta muet. Evidemment il ne trouvait pas les mots pour répondre.

— Dis-moi, Georges, avait-il de la barbe ?
— Oui.
— Beaucoup de barbe, une longue barbe ?
— Il avait de la barbe, répondit l'enfant.
— De la barbe noire?
— Oui.

Mais le petit garçon avait prononcé ce mot avec une hésitation qui permettait de supposer qu'il n'avait pas bien distingué la couleur de la barbe de l'assassin.

— Georges, reprit le magistrat, tu m'as dit qu'il était grand, l'homme.
— Oui, grand, grand.

Le juge mit l'enfant sur le parquet, debout, et se dressant lui-même sur ses jambes :

— Grand comme moi? fit-il.
— Oui, répondit l'enfant.

Il ne fallait pas lui demander de dire comment l'homme était vêtu ; il n'aurait pas su répondre et c'eût été le fatiguer inutilement.

Cependant le juge d'instruction voulut tenter une expérience. Il se fit apporter les différents costumes de domestique, de paysan et d'ouvrier qu'on pût trouver dans le château, les communs et chez un fermier du voisinage.

Le jardinier, homme de trente-cinq à quarante

ans, d'assez haute taille et qui portait toute sa barbe, très noire, fut requis pour endosser successivement, sous les yeux du petit Georges, les divers habillements : blouse, paletot, jaquette, gilet long à manches, bourgeron, etc.

Le petit garçon prenait intérêt à voir le jardinier se vêtir et se dévêtir et ne le quittait pas des yeux.

Avec chaque vêtement, le jardinier complétait son habillement en mettant sur sa tête, l'une après l'autre, les diverses coiffures en usage dans la contrée, depuis le chapeau de paille aux larges ailes jusqu'au bonnet de coton.

C'était un spectacle amusant pour l'enfant que ces espèces de déguisements, de transformations; mais il ne riait pas, il restait au contraire sérieux, grave, comme s'il eût réellement bien compris ce que l'on attendait de lui.

A chaque nouveau costume le juge d'instruction lui disait :

— Georges, mon ami, regarde bien : est-ce comme cela que l'homme était habillé?

Ou il répondait non, ou il se contentait de secouer la tête.

Le jardinier endossa une veste ronde de velours marron, pareille à celles que portent les montagnards alpins et, à Paris, certains de nos commissionnaires des rues.

L'enfant eut un redoublement d'attention.

— Eh bien, petit Georges, est-ce cela? lui demanda le magistrat, qui ne perdait pas un mouvement de sa physionomie.

Le petit resta silencieux; mais ses yeux largement ouverts semblaient se dilater.

— L'assassin devait avoir une veste ronde dans le genre de celle-ci, pensa le juge d'instruction.

Et il fit signe au jardinier de mettre les coiffures.

Cinq ou six chapeaux de différentes formes passèrent sur la tête du jardinier.

L'enfant toujours attentif ne disait rien.

Mais quand le jardinier se coiffa d'une vieille casquette plate, à petite visière, et de velours comme la veste, Georges eut un mouvement brusque et fit :

— Ah !

— Ainsi, mon ami, dit le juge, l'homme avait une casquette.

— Une casquette, répéta l'enfant.

— C'est bien, monsieur, c'est assez, reprit le magistrat s'adressant au jardinier.

C'était suffisant, en effet, car on ne pouvait vraiment demander plus à un enfant à peine âgé de quatre ans.

— Si vagues qu'ils soient, se dit le magistrat, ce sont des renseignements : homme grand, ayant de la barbe ; doit être vêtu d'une veste ronde et coiffé d'une casquette.

Un instant après, le juge d'instruction se trouva seul avec M. de Verdraine.

— Maintenant, monsieur le comte, dit-il, nous allons chercher ensemble, si vous le voulez bien, quelles personnes peuvent être soupçonnées d'avoir commis le crime : ou, ce qui est pour la justice exactement la même chose, d'avoir payé un misérable pour le commettre ; car, ne nous y trompons pas, monsieur le comte, l'homme qui a jeté votre petite fille dans le vivier n'est qu'un instrument dans cette grave affaire criminelle.

— Le misérable! murmura le comte sourdement.

— Oui, misérable... mais non moins misérable est la personne qu'il a servie.

— Vous persistez à croire à une vengeance?

— Oui. Le crime ne peut pas avoir un autre mobile.

— Mais en admettant l'existence d'un ennemi que je ne connais pas, est-ce qu'il se serait vengé de moi sur une innocente enfant?

— On sait que vous adoriez votre petite Isabelle; en s'attaquant à elle on était sûr de vous frapper cruellement.

— Pourquoi ne pas s'être attaqué à moi directement?

— Parce que, dans leur ardeur à se venger, il y a des gens qui sont lâches.

— Oui, c'est vrai; mais je ne comprends pas, non je ne comprends pas.

— Ainsi, vous ne voyez pas d'où peut venir la vengeance?

— Je vous le dis encore, monsieur, je ne me connais aucun ennemi.

— Cherchez bien, monsieur le comte.

— J'ai beau chercher, je ne trouve pas.

— Il y a des ennemis qui savent dissimuler, se cacher; comme le reptile, ils rampent et se tapissent dans l'ombre.

— Je n'ai certes pas la prétention de n'avoir que des amis à Grenoble et partout où je suis connu; mais n'ayant jamais fait de tort ou de mal à qui que ce soit, je ne puis y avoir des ennemis.

— Peut-être faut-il remonter bien loin dans le passé pour trouver l'ennemi que nous cherchons?

— Il y a quelques années, mon nom a été mêlé à un drame sombre, un drame de sang.

— Oui, oui, je sais, la mort tragique des époux de Reybole...

— J'ai été la cause indirecte de ce funeste événement; étais-je donc si coupable? Est-ce que jamais, dans aucun temps, on a fait un crime à un homme d'avoir obtenu certaines faveurs d'une jolie femme? Mais tout cela est déjà loin, est oublié... D'ailleurs M. et madame de Reybole n'ont laissé ni frère, ni fils, ni parent pour venger leur mort, croyant en avoir le droit et s'en faisant un devoir..

— Peut-être aviez-vous alors un rival?

— Je n'avais pas de rival. Dans tous les cas, si ce rival eût existé, il m'aurait à l'époque demandé raison, il n'aurait pas attendu jusqu'à ce jour pour tuer lâchement ma fille.

— Et puis, comme vous le dites, monsieur le comte, cette triste affaire est oubliée depuis longtemps. Enfin, puisque jusqu'à présent nous ne trouvons rien de votre côté, voyons du côté de madame la comtesse.

— Où voulez-vous, monsieur, que madame de Verdraine ait des ennemis?

— Je sais que par son affabilité, sa douceur, sa bonté, madame la comtesse a acquis de nombreuses sympathies; cependant...

— Lors de son arrivée à Grenoble et dans les premiers temps de notre mariage, madame de Verdraine a bien fait naître quelques petites jalousies féminines; mais l'amabilité de la comtesse en a eu facilement raison, et bientôt toutes se sont éteintes; madame de Verdraine a des amis et, comme moi, ne peut avoir des ennemis. D'ailleurs, elle ne va presque plus dans le monde.

— En effet, et l'on s'est étonné de la voir se retirer brusquement de toutes les fêtes, de toutes les réunions.

— Madame de Verdraine n'a jamais aimé réellement à aller dans le monde; lorsqu'elle prenait part à nos plaisirs mondains, c'était uniquement pour m'être agréable. Mais la maternité impose des devoirs, et, l'année dernière, madame de Verdraine a pris la résolution de se donner entièrement à l'éducation de ses enfants, près desquels elle trouve ses plus douces joies.

— Je comprends cela parfaitement. Mais voyons encore, monsieur le comte, cherchons avant son mariage.

— Elle avait dix-sept ans lorsque je l'ai épousée; une jeune fille de cet âge n'a pas d'ennemis.

— Qui sait?

— Elle était alors ardemment, éperdument aimée par un jeune homme de Saint-Amand-les-Vignes, village où elle est née. Mais mademoiselle Paule Pérard n'aimait pas ce jeune homme, qui se nomme Étienne Denizot, elle ne l'avait jamais aimé. Si j'en crois ce qui m'a été rapporté, le pauvre garçon faillit mourir de douleur et de désespoir après le mariage et le départ du pays de celle qu'il adorait.

— Ah! ah! vraiment? fit le magistrat.

— Depuis, M. Denizot a eu tout le temps de se consoler.

— Il est marié?

— Je l'ignore absolument.

— Qu'est-ce qu'il est, ce jeune homme ?

— Tout simplement un paysan, un cultivateur.

— A-t-il revu madame la comtesse depuis son mariage ?

— Jamais. Madame de Verdraine n'est pas retournée à Saint-Amand-les-Vignes.

Le juge d'instruction resta un moment pensif.

— Monsieur le comte, reprit-il, ce que vous venez de me dire concernant ce M. Étienne Denizot est à noter. Nous verrons de ce côté.

Cependant le jour approchait de sa fin, et comme le magistrat voulait rentrer à Grenoble, étant attendu chez lui, il prit congé du comte en lui annonçant qu'il reviendrait à Verdraine le lendemain dans la matinée.

Le lendemain, en effet, il arriva au château à dix heures. Il était accompagné d'un greffier. Ces messieurs avaient à examiner le théâtre du crime, à découvrir, s'il était possible, l'endroit où l'assassin avait dû se tenir caché, enfin à chercher si le misérable n'avait pas laissé ou perdu aux alentours de la pièce d'eau ou dans le parc quelque objet pouvant guider la justice dans ses investigations.

Le magistrat apprit au comte que le parquet avait fait diligence, que l'enquête était ouverte et qu'à l'heure où il parlait les gendarmes du département étaient sur toutes les routes, sur tous les chemins.

Les instructions et les détails qu'il avait donnés lui-même au brigadier de Verdraine, avaient été transmis par le commandant de gendarmerie à tous les officiers et sous-officiers de la gendarmerie départementale.

Les recherches faites aux abords de la pièce d'eau furent inutiles. On ne trouva aucun objet. Mais on fit cette découverte que l'audacieux scélérat s'était caché en plusieurs endroits, dans les roseaux, les hautes herbes, les massifs et principalement dans les ifs qui bordent l'allée aboutissant au vivier.

Dans le parc, on ne trouva rien également.

A l'endroit où le misérable avait escaladé le mur de clôture, il y avait sur les pierres et sur le sol de nombreuses taches de sang, ce qui confirmait, ainsi que le juge d'instruction l'avait déjà dit, que l'assassin de la petite Isabelle avait été grièvement mordu par le chien.

XXVI

PAUVRE MÈRE !

Les gendarmes étaient sur les dents.

La justice cherchait et ne trouvait pas ; ne pouvant et n'ayant le droit de soupçonner personne, elle poursuivait dans le vague, péniblement, son enquête qui paraissait ne devoir jamais aboutir.

On avait mis la main, de ci, de là, sur un certain nombre de vagabonds. Quelques-uns avaient été remis en liberté, d'autres étaient passés en police correctionnelle et condamnés à des peines plus ou moins fortes, mais n'excédant pas un mois de prison. Un seul, un récidiviste, qui avait injurié les gendarmes et fait acte de rébellion, avait été condamné à deux ans de détention dans une maison centrale.

Ces malheureux étaient les victimes des mesures de sévérité et de rigueur motivées par un autre, et cet autre, le misérable que l'on voulait trouver, échappait à toutes les recherches.

Il avait disparu et semblait n'avoir laissé derrière lui d'autres traces de son passage que la bande de drap enlevée à son pantalon par les crocs de Miro et quelques gouttes de sang.

Un jour, cependant, un garde forestier apporta au juge d'instruction un vieux pantalon qu'il avait trouvé par hasard dans un bois, à une lieue de Verdraine, en donnant du pied dans un tas de feuilles sèches sous lesquelles il était caché.

Le magistrat reconnut tout de suite que ce pantalon était celui de l'assassin. Un morceau d'étoffe manquait à la jambe droite, celui que le chien avait déchiré et arraché. Le juge d'instruction en eut la preuve évidente en ajustant la pièce à la place qu'elle avait occupée dans le vêtement.

Donc, aucun doute n'était possible.

Dès lors on avait le droit de supposer, et cela avec raison, que l'assassin, avant le crime, avait un second habillement, caché dans le bois, qu'il avait revêtu, après le coup fait, évidemment par mesure de prudence.

Le juge d'instruction avait le pantalon, mais où était celui qui l'avait porté ?

Le pantalon n'avait aucune marque et les boutons d'os, très ordinaires, comme il y en a partout, ne pouvaient fournir aucune indication.

On présenta le pantalon à toutes les maisons de vêtements pour hommes, à tous les tailleurs de la ville et des environs.

Aucun marchand ne put dire où le pantalon avait pu être acheté ; aucun tailleur ne reconnut son travail.

L'enquête en était toujours au même point.

Les investigations de la justice ne s'étaient pas arrêtées aux extrêmes limites du département ; elles étaient allées jusqu'à Saint-Amand-les-Vignes. Et Etienne Denizot fut singulièrement étonné en apprenant un jour que la police s'occupait de lui, sans le prévenir et sans daigner lui dire pourquoi.

La chose, d'ailleurs, ne dura pas longtemps et ne fit point grand bruit dans le pays.

A la note du juge d'instruction de Grenoble, le parquet de Dijon répondit par une autre note, qui était l'éloge d'Etienne Denizot.

« Le mariage de mademoiselle Paule Pérard,
» disait la note, a causé à Etienne Denizot un vio-
» lent chagrin ; pendant plusieurs mois, ses parents
» et ses amis ont pu craindre qu'il ne perdît la rai-
» son ou qu'il ne mît fin à ses jours. Malgré le
» temps écoulé, sa douleur n'est point encore cal-
» mée ; il reste fidèle à son amour méconnu, incom-
» pris. S'il voulait se marier, il n'aurait qu'à choisir
» parmi les filles les plus jolies et les plus riches de
» son canton ; mais il a fait, paraît-il, le serment de
» toujours rester garçon.

» C'est une nature douce, bienveillante et des
» plus honnêtes. Il jouit d'une considération méri-
» tée ; il est très estimé et aimé de tous. Il est mem-
» bre du conseil municipal de sa commune depuis
» déjà bien des années ; il y a un an, le maire de
» Saint-Amand étant décédé, les collègues d'Etienne
» Denizot l'ont élu maire à l'unanimité ; mais il a
» cru devoir donner immédiatement sa démission,
» tout en déclarant qu'aussi longtemps qu'il aurait
» la confiance de ses concitoyens et que l'on aurait
» besoin de ses services, il resterait dans le con-
» seil.

» Etienne Denizot est le meilleur des fils ; il a

» une vieille mère qu'il aime, vénère et entoure
» de soins. Sa tendresse filiale est un sujet d'admi-
» ration.

» Ce jeune homme est un grand travailleur, et on
» le cite comme étant un des meilleurs agriculteurs
» du département de la Côte-d'Or. Très intelligent,
» très entreprenant, très hardi et très oseur en cul-
» ture, il se jette hors des chemins de la routine,
» prend l'initiative d'innovations qui réussissent
» parfaitement et donnent des résultats superbes.

» Nous pouvons affirmer que depuis quatre mois
» Etienne Denizot n'a pas quitté Saint-Amand-les
» Vignes et que l'on a pu le voir tous les jours à son
» travail.

» Du reste, Etienne Denizot ne fait jamais que
» de très courts voyages, lesquels ont toujours pour
» cause directe son exploitation agricole. »

Le brave juge d'instruction de Grenoble, qui cherchait partout la lumière, s'enfonçait de plus en plus dans la nuit. Il finit par se dire un jour :

— Je ne trouverai pas!

Un mois s'était écoulé. L'affaire fut classée, c'est-à-dire, en langage de palais, abandonnée.

．·．

Pendant les quinze premiers jours de ce mois, qui s'était écoulé en efforts inutiles pour retrouver l'homme au pantalon déchiré, la comtesse Paule avait été entre la vie et la mort, dans un état voisin de la folie.

Enfin, le médecin qui l'avait soignée avec un dévouement au-dessus de tout éloge déclara que tout danger avait disparu.

Le mieux continua, la comtesse entra en convalescence et ses forces lui revinrent peu à peu.

La secousse terrible qu'elle avait éprouvée et la maladie ne lui avaient rien fait perdre de sa beauté; mais elle portait sur son visage amaigri l'empreinte d'un chagrin mortel et d'un désespoir infini.

Elle ne pouvait prévoir la destinée qui l'attendait, mais elle sentait que la petite Isabelle avait emporté son bonheur avec elle.

Le comte, lui aussi, avait traversé une crise douloureuse, mais l'homme, autrement constitué que la femme, n'a point la même sensibilité.

Certes, la comtesse n'était guère coupable, on ne pouvait que lui reprocher d'avoir laissé les enfants seuls un instant quand le coup de cloche l'avait appelée; cependant, au fond de son cœur ulcéré, désillusionné, Maxime accusait Paule de négligence, d'imprévoyance.

Comme nous l'avons dit, le comte, arrivé à la satiété, n'aimait plus sa femme; il n'en était pas encore à se repentir de l'avoir aimée et épousée, mais déjà il s'en étonnait. La mort d'Isabelle avait complété son désenchantement.

Sans doute il lui restait ses deux fils, et il aurait dû puiser là le courage et la consolation. Malheureusement, par un de ces sentiments bizarres qui ne s'expliquent pas, bien qu'ils soient assez fréquents, le comte préférait les filles aux garçons, et la mort de la pauvre petite lui avait fait comprendre qu'à elle seule Isabelle tenait plus de place dans son cœur que ses deux fils et sa femme réunis.

Préférence blâmable et des plus injustes, car Georges et Edouard étaient charmants.

Tant que durèrent la maladie et la convalescence de Paule, Maxime s'abstint de tout reproche et de tout mauvais procédé. S'il n'aimait plus sa femme, il avait encore pour elle le respect qu'on doit à une honnête femme, à la mère de ses enfants.

Quand la comtesse se sentit assez forte pour affronter une explication qu'elle redoutait, mais qu'elle jugeait nécessaire, elle se présenta à son mari tenant ses deux petits garçons par la main.

— Monsieur, lui dit-elle d'une voix profondément émue, nous avons encore ceux-ci.

— Ecoutez-moi, lui répondit-il froidement, je ne veux pas vous le dissimuler, rien ne me fera oublier celle que j'ai perdue.

— Croyez-vous donc, répliqua-t-elle en fondant en larmes, que je puisse oublier, moi ?

— Vous le devez d'autant moins que vous n'êtes pas absolument sans reproche.

— Oh ! monsieur le comte, voilà une parole bien cruelle !

— Pardonnez-la moi, et surtout n'en exagérez pas la portée. Je ne reviendrai plus sur l'épouvantable drame ; mais je dois vous déclarer que si le temps parvient à calmer ma douleur, il ne parviendra pas à l'éteindre.

Rien au monde, rien, rien ne pourra chasser de mon souvenir ma chère petite Isabelle !

— Ah ! Dieu me garde d'essayer seulement de vous la faire oublier. Si vous avez cette pensée, monsieur le comte, il faut que les sentiments que vous aviez pour moi soient bien changés... Oh ! mon Dieu, pourquoi ne suis-je pas morte, noyée comme la chère créature !

— Si vous étiez morte, qui eût pris soin de vos fils ?

— Pourquoi ne dites-vous pas nos fils ? Est-ce que vous les repoussez comme vous repoussez leur malheureuse mère ?

— A Dieu ne plaise ! Ma douleur est si grande que sous son influence mes paroles se trouvent en désaccord avec ma pensée.

— Alors, Maxime, embrassez-les... et... embrassez-moi aussi, ajouta-t-elle en levant sur son mari ses yeux suppliants et pleins de larmes.

Le comte mit un baiser sur le front de ses enfants, qui se pendaient à son cou.

Mais quand Paule lui tendit les bras en murmurant :

— Et moi ?

Il la regarda froidement, détourna la tête et se retira en laissant tomber cette parole désespérée et désespérante :

— Rendez-moi Isabelle !

Paule s'affaissa lourdement sur un siège. Il s'opéra dans tout son être un épouvantable déchirement, et elle éclata en sanglots.

— C'est fini, fini, gémit-elle, l'illusion m'échappe, il ne m'aime plus... je suis condamnée !... Et me voilà seule !

— Mais non, maman, je suis toujours avec toi, moi ! dit le petit Georges.

— Oh ! s'écria la pauvre femme en pressant ses fils sur son cœur, voilà que je blasphème et deviens mauvaise et ingrate !... Mon Dieu, pardonnez-moi !... Mes enfants, mes enfants !... Ah ! vous m'aimerez toujours, n'est-ce pas mes chers mignons ?

— Oh ! oui, maman, répondit Georges en faisant à sa mère un collier de ses petits bras.

— Oh ! oui, maman, répéta le petit Edouard en bégayant.

Cependant le séjour de Verdraine était devenu pénible, aussi bien à la comtesse qu'au comte, et dans la première quinzaine d'août, M. de Verdraine et sa famille rentraient à Grenoble, six semaines plus tôt que les autres années.

A partir de ce moment, la vie de la comtesse Paule fut à peu de chose près celle d'une recluse.

Le comte avait fermé son salon. Plus de déjeuners, plus de dîners. On ne trouva pas cela trop singulier. La mort de l'enfant était si récente et l'on savait quel chagrin en avait éprouvé M. de Verdraine !

Mais comme si toutes s'étaient donné le mot, les femmes qui avaient été naguère les meilleures amies de la comtesse ne s'occupaient pas plus d'elle, qui avait tant besoin de consolation, de démonstrations affectueuses, que si elle n'eût plus existé.

C'était comme une espèce de quarantaine établie autour de l'hôtel de Verdraine.

Un seul homme, un certain M. de Miray, grand ami du comte, faisait à celui-ci et à la comtesse d'assez fréquentes visites. C'était un homme de quarante ans, très riche, veuf d'une femme qu'il avait rendue malheureuse, et qui, sous des dehors de bonhomie, cachait une âme hypocrite et perverse.

Si M. de Miray se montrait très empressé auprès de la mère si cruellement éprouvée, s'il témoignait tant de sympathie à l'épouse si injustement délaissée, ce n'était pas, disons-le, par véritable intérêt. Ce qui l'attirait à l'hôtel de Verdraine, c'était l'amour, ou plutôt ce qui y ressemble, c'est-à-dire le désir.

La beauté de la comtesse Paule et l'abandon où la laissait son mari avaient excité les appétits sensuels de M. de Miray et il s'était juré que la jeune femme serait sa maîtresse.

Depuis plus d'un an il convoitait la possession de la belle Paule et, pour arriver plus sûrement à son but, il s'était fait l'ami intime de Maxime, jouant à son côté le rôle de Méphistophélès auprès de Faust. Et il attendait avec la patience du fauve qui guette une proie que la comtesse fût frappée au cœur d'une blessure inguérissable, qu'elle fût atteinte dans son amour-propre de femme comme dans ses sentiments d'épouse.

Il croyait la jeune femme frivole, légère, vaniteuse, et il s'était dit :

— Quand l'abandon de son mari tournera au scandale, elle cherchera un consolateur et se jettera dans mes bras.

Ayant dressé son plan, préparé ses batteries, le faux ami poussa le comte à reprendre sa vie de dissipation.

Maxime avait été joueur, de Miray réveilla en lui la passion du jeu que son amour pour sa femme et sa fille avait endormie.

Il avait été libertin, il fallait le faire rentrer dans la voie des amours faciles, lui faire reprendre goût aux aventures galantes.

M. de Miray s'attacha à cette tâche odieuse avec une persistance et une habileté infernales.

Le comte se laissait bien un peu entraîner ; mais

dès qu'il s'apercevait qu'il pouvait aller loin, pensant à sa fille, il s'arrêtait, résistait à son mauvais génie et lui échappait.

La mort de l'enfant était venue apporter un maître atout dans le jeu de M. de Miray.

— Vois-tu, mon cher, disait-il au comte, il faut absolument te distraire de ta grande douleur. Oh! je ne te donne pas le conseil de reprendre la vie de garçon, mais viens plus souvent au cercle, dîne avec nous, fais la partie de temps en temps, enfin amuse-toi, si tu peux.

— Que dira le monde? objectait Maxime.

— Le monde dira que tu cherches à faire diversion à ton grand chagrin et il ne te blâmera point.

Nous ne répéterons pas ici tout ce que M. de Miray disait à M. de Verdraine pour l'éloigner de sa femme et de ses enfants et lui faire oublier tous ses devoirs.

Hélas! les insinuations perfides de ce dangereux conseiller flattaient trop les mauvais penchants du comte pour qu'il ne les écoutât point.

Il fut d'abord modéré dans ses écarts et sut les cacher à ceux qui pouvaient les blâmer ; mais peu à peu, emporté par le courant, il n'eut plus aucune retenue, il joua follement, se vautra dans des orgies sans nom et redevint le viveur qu'il était autrefois

Il restait des journées entières sans voir sa femme et quand il se trouvait avec elle, il s'oubliait jusqu'à lui reprocher sa naissance obscure, sa pauvreté et son ignorance.

Un jour qu'elle hasardait timidement une observation sur les dépenses exagérées qu'il faisait, il lui répondit sèchement :

— Ce n'est pas votre dot que je dépense, vous le savez bien ; tâchez de vous souvenir que sur ce chapitre vous n'avez rien à dire.

Elle courba la tête en murmurant :

— Je ne vous parle que pour vos enfants.

— Eh bien, s'ils deviennent pauvres, ils se feront vignerons comme votre père.

— Monsieur le comte, dit-elle plus humblement encore, ce que je vous dis, c'est aussi pour le monde !

— Pour le monde ! Et quel monde, s'il vous plaît ? Le mien ou le vôtre ?... En vérité, ma chère, continua-t-il avec hauteur, ne parlez donc pas de choses que vous ignorez et sachez bien que le monde du comte de Verdraine n'a rien de commun avec celui de Paule Pérard.

— Monsieur le comte, répondit-elle avec vivacité, votre monde est devenu le mien.

— Vous vous trompez ; j'ai pu vous y introduire, mais vous n'y avez pas trouvé place... On vous y a reçue à cause de moi... et c'est tout. Allez, vous êtes toujours restée Paule Pérard, ou, si vous aimez mieux, Fanchon la Princesse.. tant pis pour vous.

Et le malheureux sortit sur ce dernier trait, plus cruel peut-être que tous les autres.

XXVII

LA COUPE AMÈRE

Le comte de Verdraine allait fatalement où M. de Miray, son mauvais génie, voulait le conduire, c'est-à-dire à manquer absolument de dignité, à n'avoir plus le respect de lui-même et des autres et à perdre l'estime des honnêtes gens.

M. de Miray avait pour auxiliaire, dans son œuvre ténébreuse et lâche, madame de Brogniès, qui haïssait mortellement la comtesse Paule.

La belle Piémontaise aimait Maxime depuis des années et s'était même, dans un temps, bercée de l'espoir qu'il l'épouserait. Elle avait su dissimuler sa rage en apprenant le mariage du comte, comme elle avait su cacher sa passion pour l'homme qu'elle voyait lui échapper ; et si, dès son arrivée à Grenoble, elle s'était faite l'amie de la comtesse Paule, c'était afin de mieux saisir, lorsqu'elle se présenterait, l'occasion de se venger de la femme qui semblait avoir pour toujours anéanti ses espérances.

Tout en ayant l'air de se tenir en dehors des coteries malveillantes, madame de Brogniès avait entrepris une odieuse campagne contre la jeune comtesse. Lancées par la Piémontaise, trois ou quatre de ses amies allaient raconter dans les salons et à qui voulait les entendre, ce qu'était autrefois, à Saint-Amand-les-Vignes, la belle Paule, surnommée Fanchon la Princesse, et ses amours romanesques avec le beau et séduisant Maxime de Verdrainé.

Ce qu'on fit de gorges chaudes sur la pauvre comtesse ne saurait se dire. Les hommes prenaient bien un peu sa défense, timidement, mais les femmes étaient implacables.

Paule allait à la grand'messe le dimanche, à la cathédrale, avec ses enfants. Elle remarqua que telles et telles personnes qu'elle avait reçues chez elle répondaient à peine à son salut. Des pimbêches de mœurs douteuses ne le lui rendaient même pas.

Un pareil affront! Qu'avait-elle donc fait? En quoi avait-elle démérité?

On savait que son mari la délaissait, qu'elle était malheureuse, et au lieu de la plaindre on l'accablait. Pourquoi? Parce qu'elle était jeune et que, malgré ses chagrins, sa beauté était toujours sans égale; peut-être aussi parce qu'elle était une honnête femme et une mère dévouée, et que les plus méchantes n'osaient pas s'attaquer à sa réputation.

Sa réputation! Dieu sait combien de femmes auraient voulu avoir un prétexte pour y mordre à belles dents.

— Ah ça! elle ne prendra donc pas un amant, la belle comtesse, dit un jour la femme d'un antiquaire, qui passait pour en avoir eu au moins trois.

— Hé, hé, ça peut venir, répondit une amie de madame de Brogniès avec un sourire énigmatique.

— Oh! vous savez quelque chose... allons dites vite.

— Mais je ne sais rien et je n'ai rien à dire, seulement...

— Eh bien ?

— Seulement, on trouve que M. de Miray va bien souvent à l'hôtel de Verdraine.

— Lui! Mais il est l'ami intime du comte.

— Le fait est que ce serait bien mal... un ami !

Personne, pas même madame de Brogniès, qui travaillait pour son compte, ne savait rien des intentions cachées de M. de Miray; mais l'insinuation était lancée, elle servirait à des commentaires et, au besoin, à calomnier la comtesse.

Celle-ci était loin de se douter que madame de Brogniès d'une part, de l'autre M. de Miray, qui se disait son ami sincère et dévoué, conspiraient, nous ne dirons pas contre son bonheur, — elle ne l'avait plus, — mais contre sa réputation, contre son honneur.

Par tous les moyens possibles, et toujours sous l'apparence du dévouement et d'un profond intérêt, le faux ami s'efforçait de détacher Paule de son mari, comme madame de Brogniès cherchait par tous les moyens possibles à s'emparer du comte.

— Je suis furieux, oui furieux, dit un jour M. de Miray à la comtesse.

— Et pourquoi donc ?

— Je viens d'avoir une scène terrible avec Maxime.

— Mon Dieu, mais à quel propos ?

— A cause de vous, chère madame.

— De moi !

— Oui, je lui ai ouvertement fait sentir l'indignité de sa conduite envers la femme la plus charmante et la meilleure qu'il y ait au monde.

— Monsieur...

— Je suis un homme; mais cela ne m'empêche pas de dire que la plupart des hommes sont ingrats et bêtes... Quand ils n'aiment plus une femme, ils se vengent des maladresses qu'ils ont pu commettre pour elle, par des vilenies.

— Vilenies, le mot est dur !

— Je n'en trouve pas un autre. J'ai compris le chagrin du comte, chagrin qui se passe du reste; mais ce que je ne puis admettre, c'est qu'il persiste à s'aveugler sur les causes du malheur qui vous a frappés !

— Hélas ! oui, je sais qu'il m'accuse.

— A tort, comtesse. Mais en admettant que, en effet, cette minute d'imprévoyance qu'il vous reproche si amèrement, si injustement...

— Oh ! oui, si injustement.

— Eh bien, en admettant qu'elle ait été la première cause de l'horrible drame de Verdraine, en quoi votre naissance et votre éducation y touchent-elles ? Ne vous a-t-il pas épousée par amour ?

— Oh ! oui, il m'aimait alors.

— Il savait bien ce que vous étiez; vous ne pouviez le tromper ni sur votre naissance, ni sur votre fortune.

La comtesse laissa échapper un long soupir.

— Alors, reprit M. de Miray, de quoi a-t-il à se plaindre ?

— Ah ! il se plaint ?

— Oui, et voilà où est sa sottise. Pourquoi ces

récriminations, ces doléances, ces regrets dont il me casse les oreilles et que je ne veux plus entendre?

— M. de Verdraine n'a peut-être pas tort, monsieur.

— Que dites-vous, madame? Il a tort, cent fois tort!

— Oui, de m'avoir épousée!

— Non, non, non! Quel est donc l'homme qui vous eût connue alors et qui n'aurait pas fait comme le comte? Vous n'étiez qu'une simple paysanne, soit; mais vous étiez jeune, belle et chaste, et votre famille est honorable. Est-ce que la fille d'un paysan n'est pas une femme comme la fille d'un négociant, la fille d'un financier, d'un bourgeois, la fille d'un gentilhomme?

Vous êtes née dans un village et vous étiez une paysanne, eh bien, après? Est-ce que celle-ci, qui est née sous le chaume, ne vaut pas autant et quelfois plus que telle autre qui est née dans un palais? La supériorité de la femme ne consiste pas dans l'argent ou dans un titre, mais seulement dans les qualités qui émanent du cœur.

Voyez-vous, Dieu, créateur de toutes choses, ayant établi une distinction, des catégories, si vous voulez, entre les créatures humaines qu'il a également faites à son image!

C'est dans leur misérable orgueil que certains hommes s'imaginent qu'ils sont au-dessus de la masse des autres et d'une essence particulière, et il faut que la mort leur dise, à ceux-là, voilà le véritable niveau.

Du reste, il est bien loin, ce temps où l'orgueilleuse noblesse, avec ses ridicules préjugés, englobait dans un suprême mépris tous ceux qui n'étaient pas de race.

Pour l'homme, madame, la femme la plus parfaite, la femme qu'il place au-dessus de toutes les autres, est celle qu'il aime. L'amour rapproche toutes les distances, et celui-ci ou celle-ci, qui est en haut, élève celle-là ou celui-là qui est en bas.

Je vous le dis, chère comtesse, Maxime a beau être mon ami, mon meilleur ami, je m'indigne quand je l'entends exprimer le regret de s'être marié et parler de mésalliance.

— Ainsi, monsieur de Miray, le comte de Verdraine en est là aujourd'hui; il a des regrets!...

— Oui, et cela, je ne peux pas le lui pardonner... Il a l'incomparable bonheur de vous avoir, de vous posséder tout entière, et ce bonheur, il le brise... Vous si jeune, si belle, si pleine de charmes, si dévouée à vos enfants; vous qui devez être aimée, adorée comme une divinité, votre époux vous délaisse! Oh! le fou, le fou!

Paule soupira et essuya furtivement deux grosses larmes suspendues au bord de ses paupières.

— Comtesse, poursuivit le séducteur, avec un accent où le feu du désir perçait sous une compassion simulée, vous cesserez d'aimer Maxime, car il est des outrages qu'une femme ne pardonne pas et dont elle se venge; vous cesserez de l'aimer et, par sa faute, l'insensé aura irrémédiablement perdu son bonheur. Eh bien, je ne le plaindrai pas, il aura mérité son sort!

Oui, encore une fois, il est fou! Il aura une maîtresse...

— Une maîtresse, dites-vous, monsieur?

— Oui, il aura une maîtresse, s'il ne l'a pas déjà.
— Oh !
— Et il se trompe étrangement, s'il espère trouver auprès d'une autre, si belle et si attrayante qu'elle soit, le bonheur pur, sans mélange d'amertume qu'il avait à son foyer.

— Une maîtresse, une maîtresse ! murmura la jeune femme.

— Hélas ! oui, madame la comtesse ; alors sa conduite sera tout à fait scandaleuse et l'on vous plaindra.

— Ah ! on me plaindra ?

— Mais on vous plaint déjà, chère comtesse, et l'on a raison ; on vous plaint et l'on vous admire, car bien d'autres femmes se fussent déjà vengées d'un abandon outrageant.

— Vengées ! comment ?

— Comment ? Mais comme se vengent toutes les femmes.

— Oh ! monsieur ! fit Paule en rougissant.

— Je vous parle avec franchise, madame : moi, en matière de fidélité conjugale, je suis partisan de la loi du talion. Après tout, la femme est née pour aimer et être aimée ; c'est un besoin de sa nature, de son âme. Si, mariée, son époux cesse de l'aimer et l'abandonne, elle a parfaitement le droit, à son tour, de cesser d'aimer l'infidèle et d'aimer ailleurs dès qu'elle trouvera un homme dévoué, dont elle sera ardemment aimée et en qui elle pourra avoir toute confiance. Oh ! je ne veux pas dire que la femme dont je parle doive s'afficher, se compromettre, perdre sa réputation et ajouter un autre scandale à celui causé par son mari ; non, non. Mais que de félicités existent pour deux cœurs unis par un amour réciproque et qui est ignoré de tout le monde !

Paule regarda fixement M. de Miray et ne parut pas avoir compris l'intention des paroles étranges qu'il venait de prononcer.

— Si mon mari ne revient pas à moi, comme je l'espère encore, répondit-elle, je ne sais pas si je cesserai de l'aimer ; dans tous les cas, je reporterai toute mon affection, toute ma tendresse sur mes enfants et ils me tiendront lieu de tout.

M. de Miray pinça ses lèvres, ébaucha un sourire, mais sentit qu'il ne devait pas aller plus loin pour l'instant.

Ces insinuations, qui n'étaient pas les premières, ces blessures faites au cœur de l'épouse et à l'amour-propre de la femme, faisaient énormément souffrir la comtesse, mais ne parvenaient point à ébranler sa vertu.

La jeune femme, cependant, qui avait trop d'honnêteté dans l'âme pour être méfiante, pour constamment soupçonner le mal, et était trop loyale pour croire facilement à la fausseté, à la duplicité des autres, s'était laissé prendre aux faux semblants d'amitié du soi-disant ami intime du comte de Verdraine, lequel était parvenu, comme nous venons de le voir, à lui inspirer une confiance amicale.

M. de Miray, très infatué de sa personne, se trompant sur cette confiance et cette amitié que lui témoignait la comtesse, crut enfin qu'il avait le droit de tout oser.

Il attendit quelques jours, et avec cette audace de l'homme qui est certain de son triomphe, il revint.

Comme toujours, il commença à plaindre la jeune femme, si indignement délaissée et méprisée par son mari, à se répandre en récriminations contre le comte, dont la conduite, disait-il, répugnait à tous les cœurs honnêtes. Puis, subitement, changeant de ton et prenant une figure de circonstance :

— Ah ! s'écria-t-il, si j'avais été assez heureux pour rencontrer une femme comme vous, mais tous les instants de ma vie eussent été consacrés à la rendre la plus heureuse des femmes, à lui prouver mon amour, et elle eût été l'objet de mon éternelle adoration !

Paule, cette fois, s'étonna du langage de M. de Miray, de l'expression de son regard et de l'accent passionné de sa voix ; mais ne pouvant croire encore que cet homme, ami de son mari, eût joué près d'elle un rôle odieux, elle attribua ses paroles à un excès d'amitié.

— Je vous remercie, monsieur, répondit-elle ; mais M. de Verdraine m'a tenu les mêmes discours ; je l'aimais de toute mon âme, j'ai été une épouse dévouée, jamais il n'a eu le droit de se plaindre de moi, je lui ai donné des enfants, et cependant je lui suis devenue indifférente. Il est donc probable que vous auriez fait comme mon mari, monsieur de Miray, puisque la constance des hommes n'existe pas.

— Madame, répliqua-t-il avec chaleur et les yeux brillants, mettez-moi à l'épreuve et vous verrez.

Il se rapprocha de Paule et voulut lui prendre la main.

Elle se recula brusquement, en le regardant avec effarement.

— Monsieur, balbutia-t-elle, vous vous oubliez.

— Non, non. Écoutez-moi, chère comtesse, oh! oui, écoutez-moi : il faut que vous le sachiez enfin, je vous aime, je vous adore!

— Mais vous êtes fou, monsieur, vous êtes fou!... Oh! oh! oh! Et moi qui vous croyais un honnête homme, moi qui croyais à votre amitié!

— Comtesse, chère comtesse, mon amitié pour vous était sincère, à toute épreuve; en vous voyant malheureuse, en vous voyant souffrir, un sentiment plus tendre s'est peu à peu emparé de mon cœur. Ah! ce n'est pas ma faute si mon amitié s'est ainsi transformée en un amour ardent, prêt à tous les dévouements, et ce n'est pas non plus votre faute si vous êtes la plus admirable des femmes, la plus digne d'être adorée!... Paule, chère Paule, croyez toujours à mon amitié, mais croyez aussi à mon amour, qui est le plus grand qu'une femme ait jamais inspiré!

— Monsieur de Miray, dit la jeune femme, qui s'était dressée debout, frémissante d'indignation, vos paroles, adressées à la comtesse de Verdraine, à une mère, sont une insulte!

— De grâce, calmez-vous. Pourquoi cette colère ? Vous ne m'avez donc pas compris ?... Vous êtes belle, adorable, et vous êtes lâchement abandonnée; je vous aime, je vous adore et je vous le dis, n'est-ce pas très naturel ?

— Mon Dieu, mon Dieu! gémit la comtesse, mais tous les hommes sont donc des misérables !

— Si c'est un crime de vous aimer, répliqua de Miray sans se déconcerter, je suis, en effet, un grand coupable; mais le plus criminel, le plus coupable, c'est le comte de Verdraine; s'il ne vous avait pas abandonnée, s'il ne vous rendait pas malheureuse, pauvre victime d'un homme sans cœur et sans foi, je serais resté son ami et le vôtre, et l'amitié m'aurait préservé de l'amour. Si je n'ai pas su résister au charme qui m'attirait vers vous, c'est que ce charme était irrésistible... Et vous m'en faites un crime ! Oh ! comtesse, comtesse !

Hélas ! c'est vous, c'est votre avenir et celui de vos enfants que je voudrais défendre contre les malheurs qui vous menacent, car vous êtes dans une situation plus cruelle encore que vous ne le pensez. M. de Verdraine est riche, sans doute, mais vous savez à quelles dépenses exagérées il se livre ; le malheureux, l'insensé court à sa ruine.

Et puis, ce que je n'ai pas voulu vous dire l'autre jour, je dois vous l'apprendre aujourd'hui : votre mari a une maîtresse.

La comtesse sursauta et le rouge envahit son visage.

— C'est faux ! s'écria-t-elle, c'est impossible !

— Je le voudrais ; mais malheureusement la chose n'est que trop vraie !

— Et vous connaissez la femme qui est la maîtresse de mon mari ?

— Oui.

— Son nom !

— Elle a été votre meilleure amie, c'est madame de Brogniès.

Paule laissa échapper un cri rauque.

Puis redevenant très pâle et ayant une flamme dans le regard :

— Je ne vous crois pas, dit-elle, vous mentez !

— Et pourquoi mentirais-je ? fit-il en haussant légèrement les épaules.

— Est-ce que je sais, moi ?

— Ainsi vous ne me croyez pas ?

— Non, je ne vous crois pas.

— Et si je vous donnais la preuve que je dis la vérité ?

— Prouvez, prouvez donc !

— Cela ne sera pas bien difficile.

— La preuve, monsieur, la preuve !

— Écoutez : les amours du comte et de la belle Léona de Brogniès sont encore à peu près ignorées, car ils prennent d'assez grandes précautions pour se voir, et c'est tantôt dans un endroit, tantôt dans un autre, qu'ils se donnent rendez-vous.

Vous connaissez la petite propriété de madame de Brogniès à six kilomètres de la ville et qu'on appelle le Louvet ?

— Oui.

— Eh bien, souvent, Maxime et sa maîtresse se rendent au Louvet, séparément et secrètement, et y passent vingt-quatre heures.

— Oh !

— Ce soir même, madame, le comte se rendra au Louvet où madame de Brogniès doit l'attendre.

— Vous êtes sûr ?

— Parfaitement sûr.

— Êtes-vous donc le confident de M. de Verdraine ?

— Non, certes.

— Mais comment savez-vous ?...

— Ceci est mon secret. Je sais et je vous offre le moyen de surprendre les deux amants.

— C'est bien, monsieur, dit Paule froidement et d'une voix oppressée, j'irai ce soir au Louvet.

— Vous me permettrez de vous y conduire, car voyez, il fait un temps affreux.

— Non, j'irai seule.

— Par ce vent et cette neige?

— Qu'importe !

— Madame, prenez garde !

— A quoi ?

— A tous les dangers que vous pouvez courir. Laissez-moi vous accompagner.

— Encore une fois, non. Je devine certaines de vos craintes; mais rassurez-vous, je ne ferai pas de scandale ; je veux être sûre, voir de mes yeux, voilà tout. Il est quatre heures... Dans une heure, la nuit sera complète... A quelle heure pensez vous que le comte se rendra au Louvet ?

— Mais probablement comme toujours, vers sept heures.

— J'y serai avant lui et avant elle.

— Avant lui, peut-être, mais pas avant elle, car elle doit être là depuis ce matin. Comtesse, permettez-moi d'insister ; en vérité, vous ne pouvez pas vous risquer seule ainsi, la nuit, sur la grande route.

— Je prendrai une voiture.

— Sans doute ; mais...

— Vous savez qu'à Verdraine, je me suis exercée au tir, j'aurai mon revolver.

— Vous irez armée au Louvet ?... Mais quelles sont donc vos intentions ? Décidément, comtesse, j'ai eu tort de tout vous dire.

— Peut-être, mais le mal est fait.

17.

— Votre calme et la résolution que je lis dans vos yeux me font trembler.

— Ah! ah! je suis calme, et pourquoi ne le serai-je pas, dites, monsieur de Miray? De quoi s'agit-il, après tout? de constater la trahison d'un mari, voilà bien un fait nouveau!... Il est vrai que la femme légitime n'a rien à se reprocher et que l'autre femme, la maîtresse, il n'y a pas longtemps encore, accablait de démonstrations d'amitié et de dévouement l'épouse trahie... Eh bien quoi? A quoi donc servirait l'amitié, sinon à masquer les infamies?

Et puis, enfin, de quoi ai-je à me plaindre? Qu'est-ce que j'étais? Une pauvre paysanne. Q'est-ce que me doit M. le comte de Verdraine? Rien.

Tout en parlant ainsi, Paule s'exaltait malgré les violents efforts qu'elle faisait pour se maîtriser; ses yeux lançaient des éclairs et sur ses lèvres crispées glissait un sourire sinistre.

M. de Miray était réellement effrayé.

— Madame la comtesse, dit-il, je ne vous laisserai pas aller au Louvet.

Paule marcha droit à lui.

— Vous ne me laisserez pas aller au Louvet! fit-elle en scandant les phrases d'une voix saccadée.

— Non, répondit-il résolument,

— Et de quel droit prétendez-vous m'en empêcher?

— Du droit qu'un cœur dévoué comme le mien a de s'opposer aux folies d'une femme aimée.

— Ah! c'est vrai, prononça-t-elle avec un accent singulier, j'oubliais que vous m'aimez.

— Vous n'en doutez pas, au moins?

— Non, certes... Mais quel moyen prendrez-vous pour vous opposer à ce que vous appelez ma folie ?

— Je fais tout simplement appel à votre raison ; écoutez les sifflements du vent, regardez la neige qui tombe.

La comtesse haussa les épaules.

— Monsieur de Miray, répliqua-t-elle, voulez-vous que je vous dise ? Eh bien, je reviens à croire que vous calomniez M. de Verdraine et madame de Brogniès.

Et elle enveloppa le délateur d'un regard méprisant qui le fouetta comme un coup de cravache en plein visage.

— Vous êtes cruelle, madame, dit tristement de Miray, et vous avez tort de me croire capable de vous tromper. Je redoute, je l'avoue, un scandale inutile dont les suites ne pourraient que vous être funestes, et aussi d'autres dangers que vous pourriez courir. Mais sans qu'il soit nécessaire que vous alliez au Louvet, je puis vous prouver autrement que j'ai dit la vérité.

— Comment ?

— Une lettre que j'ai trouvée...

— Une lettre du comte adressée à madame de Brogniès ?

— Non, mais une lettre d'elle à lui.

— Montrez-moi cette lettre.

— Je ne l'ai pas sur moi.

— Eh bien, allez la chercher.

— J'y vais, madame.

— Je vous préviens que si vous n'êtes pas de retour ici dans vingt minutes, je partirai pour le Louvet à pied, à cheval ou en voiture.

— Je ne vous demande que le temps d'aller chez moi et de revenir.

— C'est bien, j'attends.

M. de Miray sortit.

XXVIII

LA LETTRE

En révélant à la comtesse le secret des relations intimes qui existaient entre le comte et madame de Brogniès, M. de Miray avait cédé à l'entraînement de la passion et en même temps à un mouvement de colère, en se disant que c'était peut-être le meilleur moyen de triompher de la résistance de l'épouse vertueuse.

C'était une mauvaise action, une félonie ; mais il y a des hommes peu scrupuleux et M. de Miray n'en était pas à sa première trahison.

En disant à Paule que les amours du comte et de la belle Piémontaise étaient encore ignorées, il ne l'avait pas trompée ; il ne lui avait pas menti non plus en affirmant qu'il n'était pas, en cette circonstance, le confident de M. de Verdraine.

C'était le hasard, accompagné d'une autre mauvaise action, qui lui avait livré le secret des deux amants.

Le comte, depuis quelque temps, passait une partie de ses nuits au cercle, où il jouait après avoir dîné en joyeuse compagnie.

Trois jours auparavant, comme Maxime ôtait son pardessus, le valet de pied lui remit une lettre arrivée dans l'après-midi.

— Un rendez-vous d'amour, dit en riant M. de Miray.

— Peut-être bien, répondit gravement le comte.

Après avoir lu rapidement la missive, il la remit dans son enveloppe et la glissa dans la poche de son vêtement, mais elle s'arrêta dans un pli, et quand, après le dîner, le comte remit son pardessus pour sortir, la lettre s'échappa de la poche, glissa sous le vêtement et tomba sur le tapis, sans que Maxime, qui causait avec deux personnes, s'en aperçût.

M. de Miray avait vu, lui ; il ramassa prestement le billet. Quoique fort curieux, il l'allait rendre au comte ; mais il le garda ayant reconnu sur l'enveloppe l'écriture de madame de Brogniès.

Dès qu'il se trouva seul, il lut la missive qui, comme il l'avait pressenti, était un billet doux et des plus tendres, disant à M. de Verdraine qu'il serait attendu au Louvet le jeudi suivant à sept heures.

Le billet était signé Léona. Il n'y avait pas de doute possible, la belle Piémontaise était la maîtresse du comte.

— Ah ! ah ! voilà qui est bon à savoir, se dit M. de Miray, la belle veuve n'ayant pu être comtesse de la main droite, a voulu l'être de la main gauche. Allons, c'est très bien. Ce poulet pourra peut-être me servir un jour, je le garde.

. . . .
. . . .

Tout de suite après le départ de M. de Miray, la comtesse se rendit dans la pièce où ses enfants jouaient ensemble sous les yeux de leur gouvernante, femme de trente-cinq à quarante ans, qui avait remplacé la jeune bonne congédiée par le comte après le drame de Verdraine.

Paule embrassa les petits garçons avec une tendresse passionnée, en les serrant fiévreusement contre son cœur. Hélas, maintenant, elle n'avait plus qu'eux au monde.

Elle revint dans son boudoir, se laissa tomber dans un fauteuil et, la tête dans ses mains, s'absorba dans ses sombres et douloureuses pensées.

Cinq heures sonnèrent à la pendule.

Paule sursauta et se dressa debout.

Il faisait tout à fait nuit, et pendant que la jeune mère était avec ses enfants, Julie avait allumé les bougies dans le petit salon.

La comtesse était très agitée. Il y avait plus de vingt minutes que M. de Miray l'avait quittée et il n'était pas de retour.

— Il ne revient pas, il ne reviendra pas, murmura-t-elle. Soit. Est-ce que j'ai besoin de cet homme? Qu'il ne revienne plus, qu'il ne revienne jamais, c'est ce que je désire... J'irai au Louvet... Ah! je n'ai peur ni du vent ni de la neige!

Elle sonna.

La femme de chambre vint aussitôt.

— Julie, dit la comtesse, je vais sortir: il faut absolument que je sorte ce soir, à l'instant; je pourrais faire atteler un cheval au coupé; mais je préfère une voiture de louage; dites au cocher ou à Louis, si le cocher n'est pas là, de m'en aller chercher une; il y a, je crois, une remise non loin d'ici, près de l'abreuvoir.

— Oui, madame; mais je doute qu'un cocher, même en le payant très cher, veuille monter sur son siège par un temps pareil.

— Si l'on ne me trouve pas une voiture, je sortirai à pied.

— Y pensez-vous, madame, sortir à pied, mais ce serait un acte de folie! S'il n'y avait que la neige, mais cet épouvantable vent de tempête... il souffle avec une rage... il emporte les toitures, il brise tout, il remplit l'air de gémissements lugubres.

Peu m'importe! Encore une fois, Julie, je vous dis qu'il faut que je sorte; si je n'ai pas une voiture, j'irai à pied. Allez, et qu'on fasse vite ce que j'ai dit.

La femme de chambre se retira.

La comtesse alluma un bougeoir et passa dans son cabinet de toilette où elle mit des bottines, un manteau et un chapeau. Dans le tiroir d'un meuble de sa chambre elle prit un revolver chargé, qu'elle glissa dans la poche de sa robe.

Elle avait le regard farouche; l'expression de sa physionomie était terrible.

Pourquoi voulait-elle aller au Louvet, armée d'un revolver? M. de Miray l'avait deviné. Si elle trouvait madame de Brogniès avec son mari, elle avait résolu de tuer madame de Brogniès.

Elle rentra dans le boudoir et appela de nouveau Julie.

— A-t-on trouvé une voiture? demanda-t-elle d'un ton bref.

— Il n'y a pas de voiture, madame.

— C'est bien, dit Paule simplement.

Et elle marcha vers la porte.

Julie se plaça devant sa maîtresse.

— Avec tout le respect que je dois à madame, dit-elle, je ne lui permettrai pas de sortir.

— Ah çà! Julie, est-ce que vous êtes folle?

— Je ne crois pas, madame.

— Laissez-moi passer !

— Madame ne sortira pas !

La colère étincela dans les yeux de la comtesse.

— D'ailleurs, continua la femme de chambre, M. de Miray a défendu au cocher et à Louis de vous aller chercher une voiture et de vous laisser sortir.

Paule, stupéfiée, fit deux pas en arrière.

— M. de Miray, M. de Miray, prononça-t-elle sourdement, et depuis quand donc M. de Miray donne-t-il des ordres ici ?

La femme de chambre n'eut pas le temps de répondre.

La porte du salon s'ouvrit et M. de Miray parut.

— Monsieur, s'écria la comtesse tremblante et pâle de colère, qu'est-ce que Julie vient de me dire? Vous donnez des ordres chez moi !... De quel droit, monsieur, et qu'est-ce que cela signifie?

— Calmez-vous, madame ; je n'ai pas le droit de donner des ordres chez vous et je n'en ai donné aucun.

— Pourtant, monsieur...

— J'ai seulement dit à vos gens qu'il y aurait du danger à vous laisser sortir.

— Vous n'aviez rien à dire à mes gens, monsieur.

— J'ai cru que, dans votre intérêt...

— Oh ! mon intérêt, fit-elle avec un accent plein d'amertume.

— Il n'est pas défendu à vos amis de vous porter intérêt, madame la comtesse ; toutefois, si j'ai eu tort, veuillez me pardonner. D'ailleurs, ne vous avais-je pas dit que je pouvais vous éviter la peine de sortir ? Je ne suis pas revenu aussi vite que je vous l'avais promis, parce que j'ai été retenu un instant chez moi par une personne qui m'y attendait. Enfin, madame, voici :

Il tira de sa poche le billet de madame de Brogniès et le tendit à la jeune femme.

Paule s'en empara précipitamment, l'ouvrit et le parcourut d'un coup d'œil.

Jusque-là elle s'était tenue droite, hautaine, le regard enflammé, ayant la voix brève et sourde ; mais devant la preuve de la trahison dont elle était victime, elle se sentit sur le point de défaillir.

Julie la vit pâlir, chanceler et s'approcha d'elle vivement en même temps que M. de Miray.

La comtesse fit un effort puissant pour vaincre son émotion, pour se contenir, et, se redressant, elle dit à Julie d'une voix claire et ferme :

— Retirez-vous !

La femme de chambre obéit.

Alors, Paule, sans faire attention à M. de Miray, dont elle semblait avoir oublié la présence, rouvrit la lettre qu'elle avait tenue froissée dans sa main crispée, et la relut :

Cette lettre, ou plutôt ce billet, était ainsi conçu :

« Mon bien cher Maxime,

» J'ai pris mes mesures pour nous ménager une
» belle nuit d'amour. Jeudi, vers midi, je me ren-

» drai au Louvet pour t'y attendre. Fais ton pos-
» sible pour arriver à sept heures. Nous dînerons
» assis à côté l'un de l'autre, comme tu le veux
» toujours.

» Viens, mon Maxime, viens, j'ai soif de tes bai-
» sers.

» Tu verras une fois de plus la différence qu'il y
» a entre les caresses bêtes d'une paysanne et les
» baisers brûlants de celle qui n'a connu que par
» toi les ivresses de l'amour.

» Ta chérie,

« LÉONA. »

— Oh! la coquine! Oh! l'horrible femme! prononça la comtesse d'une voix creuse.

Une seconde fois elle froissa le papier en le serrant avec rage, puis elle s'écria :

— Je me vengerai, oui, je me vengerai !

— Et vous aurez raison, dit M. de Miray.

Paule tressaillit, se tourna vers le traître et le regarda avec une fixité effrayante.

— Oui, reprit-il, il faut vous venger et je vous y aiderai.

Et comme elle restait silencieuse, immobile, ayant l'air de l'écouter, il ajouta, baissant la voix, avec l'accent d'un tentateur :

— Comtesse, vous savez comment une femme se venge de la trahison de son mari...

Elle ne fit pas un mouvement, pas un mot ne s'échappa de ses lèvres.

M. de Miray fit deux pas vers elle.

Elle ne bougea pas ; elle était comme pétrifiée.

— Paule, dit le séducteur presque à voix basse, je

vous aime, je vous adore, vous le savez ; soyez à moi, soyons l'un à l'autre pour la vie.

Même immobilité, même silence.

M. de Miray pensa que pour triompher il n'avait plus qu'à se montrer audacieux. L'instant était propice ; il n'avait pas à craindre d'être surpris par le comte, qui était sur le chemin du Louvet. Il s'approcha encore.

La comtesse gardant son immobilité, il put supposer qu'elle attendait.

L'œil ardent, la face rayonnante, ayant sur les lèvres un sourire de satyre, il la prit par la taille en murmurant :

— Paule, je t'aime!

La jeune femme poussa un cri rauque et bondit en arrière comme si elle eût senti la morsure d'un serpent. Ses yeux ressemblaient à deux tisons. Elle se dressa de toute sa hauteur, et fière, hautaine, superbe d'indignation et de colère :

— Monsieur de Miray, dit-elle d'une voix frémissante, vous êtes un misérable, un lâche, un infâme, et je vous jette à la face le mépris et le dégoût que vous m'inspirez !

D'un geste impérieux, elle lui montra la porte.

— Sortez, monsieur, sortez ! Et que je sois à jamais délivrée de votre odieuse présence !

Et comme il restait sans mouvement, étourdi, hébété par les paroles qu'il venait d'entendre, et écrasé sous le regard fulgurant de la femme qu'il avait outragée, elle reprit d'une voix terrible :

— Mais sortez donc, monsieur ! Si vous ne sortez pas à l'instant, j'appelle ici tous mes serviteurs et devant eux je vous crache au visage et vous fais chasser comme un valet infidèle! comme un voleur!

Cette fois, M. de Miray fit entendre une espèce de rugissement et s'élança vers la porte. Mais avant de disparaître, il lança à la jeune femme ces mots, dans un grincement de dents:

— Comtesse de Verdraine, un jour vous regretterez amèrement vos paroles!

C'était une menace. La comtesse y répondit en haussant dédaigneusement les épaules et par un regard plein de défi. Mais M. de Miray ne vit ni ce regard ni le mouvement des épaules, il était déjà loin.

La malheureuse femme, à bout de forces, s'affaissa sur un siège et éclata en sanglots.

Elle tenait toujours dans sa main la lettre au papier satiné, au parfum de violette, preuve irréfutable de la trahison de son mari.

Le comte avait une maîtresse, et pour rendre plus sanglant encore l'outrage fait à l'épouse et à la mère, le comte, dans les bras de sa maîtresse, se moquait de sa femme et permettait à sa maîtresse d'insulter la mère de ses enfants!

Oh! comme c'était lâche! Comme c'était infâme!

Son cœur était pris d'un insurmontable dégoût et elle sentait qu'elle ne pourrait jamais pardonner à cet homme qu'elle avait tant aimé!

Oh! oui, tout était fini, bien fini pour elle! Elle était abandonnée, elle n'avait plus d'époux!

Mais ses enfants, mon Dieu, ses enfants! Que deviendraient-ils?

La malheureuse connaissait maintenant son mari. Elle savait bien que le comte, n'étant plus retenu par les liens de la famille, s'abandonnerait sans frein à ses passions, se lancerait à corps perdu dans une vie de désordres. C'était la ruine, la ruine complète, dans un temps plus ou moins éloigné.

Ses enfants, ses enfants !

N'avait-elle donc plus rien à faire, plus rien à tenter pour retenir leur père auprès d'eux ?

Elle cessa de pleurer, de sangloter, se leva; elle cacha la lettre dans un tiroir, se débarrassa de son chapeau et de son manteau, qui la gênaient, les jeta sur un meuble et retomba inerte dans son fauteuil.

Absorbée dans sa douleur profonde, elle laissait s'écouler le temps, et l'heure habituelle du dîner était passée depuis longtemps, qu'elle était encore clouée dans le fauteuil, s'effrayant du délire de ses pensées, sondant avec terreur la profondeur de l'abîme qui s'était si subitement creusé sous ses pieds.

Le feu, qu'elle avait cessé d'entretenir, s'était éteint dans la cheminée, le froid du dehors pénétrait dans la pièce et peu à peu l'avait saisie. Elle grelottait, elle ne le sentait pas. Elle était dans un état de torpeur qui la rendait insensible aux souffrances physiques.

Cependant Julie se décida à aller prévenir sa maîtresse que le dîner était servi. Elle frappa à la porte du boudoir. N'entendant pas de réponse, elle entra.

Elle vit la comtesse immobile, pâle comme une morte, la tête renversée, les yeux démesurément ouverts et fixés.

— Madame ! madame ! s'écria-t-elle avec effroi.

Paule resta dans son immobilité.

Julie s'approcha et s'aperçut alors que sa maîtresse grelottait. Elle lui prit la main, la main était glacée; elle toucha son front, le front était brûlant.

La femme de chambre, de plus en plus effrayée, se jeta sur le cordon de la sonnette.

La gouvernante des enfants et la cuisinière accoururent.

Leur montrant la comtesse, que des frissons secouaient de la tête aux pieds, Julie leur dit :

— Voyez dans quel état est madame; son feu s'est éteint et le froid l'a saisie; elle a une forte fièvre ; il nous faut la coucher sans retard et vite aller chercher le médecin.

La comtesse fut conduite dans sa chambre, et pendant que la femme de chambre et la gouvernante la déshabillaient, Marianne, la cuisinière, bassinait le lit.

En enlevant la robe, Julie sentit dans la poche un objet dur et lourd ; elle le retira. C'était le revolver.

Les trois femmes échangèrent un regard de surprise.

Paule eut alors la force de parler.

— Julie, dit-elle, mettez, je vous prie, ce pistolet dans ce tiroir qui est à moitié ouvert.

La femme de chambre obéit et ferma complètement le tiroir.

La comtesse fut mise dans son lit et, interrogée par les femmes, déclara que, déjà, elle se sentait beaucoup mieux.

Le médecin, que Louis était allé prévenir, arriva.

— Ce ne sera rien, dit-il, après avoir examiné la malade, une nuit de repos suffira.

On était tranquillisé.

La mère demanda ses enfants. On les lui amena.

Elle les tint longtemps dans ses bras, les couvrant de baisers.

A onze heures, elle s'endormit d'un profond et lourd sommeil.

XXIX

NOUVELLE BLESSURE

M. de Miray, confus, honteux, était rentré chez lui la rage dans l'âme et frémissant encore en pensant aux paroles violentes dont madame de Verdraine l'avait flagellé.

Toutefois, ayant réfléchi, il commença à regretter de s'être avancé aussi loin, d'avoir été trop hardi. Disons-le, il était inquiet. En livrant à la comtesse la lettre de madame de Brogniès, il avait commis un acte indigne d'un honnête homme, et cette indélicatesse pouvait avoir les plus graves conséquences. C'était donc avec inquiétude qu'il se demandait quel usage la comtesse ferait de la lettre. Si le comte était instruit de sa double trahison, comment prendrait-il la chose ?

M. de Miray n'était pas un poltron, mais il ne tenait pas à avoir un duel, sachant du reste que M. de Verdraine était de première force à l'épée. D'un autre côté, homme bien posé dans la ville, il redoutait fort un scandale.

Le lendemain, la comtesse se leva à dix heures

elle avait encore un peu de faiblesse, mais la fièvre avait disparu. Elle resta avec ses enfants, causant et jouant avec eux, jusqu'à une heure de l'après-midi, car on attendait le comte, qui ne rentra pas.

Après le repas, qui ne fut pas long, car la comtesse toucha à peine aux mets qui furent servis, elle resta encore avec ses enfants. Il semblait qu'elle ne pouvait plus les quitter d'un instant, comme si elle eût eu peur qu'on ne les lui enlevât.

Elle attendait toujours son mari, mais vainement.

Ce fut seulement le lendemain matin, vers onze heures, que M. de Verdraine reparut.

La nuit d'amour, ménagée par madame de Brogniès, s'était augmentée du jour qui l'avait suivie et doublée d'une seconde nuit. Il y avait tant de neige sur les chemins et l'on se trouvait si bien au Louvet!

Le comte avait la figure fatiguée, les yeux battus, enfin paraissait harassé. Sans demander des nouvelles de ses enfants et de sa femme, il monta dans sa chambre pour faire sa toilette, changer de vêtement.

Quand on le prévint que le déjeuner était servi, il était habillé; il descendit à la salle à manger, dit à sa femme « bonjour » froidement, donna une petite tape à chacun des enfants, sur la joue, et se mit à table.

Le déjeuner fut silencieux. Paule ne voulait pas parler, Maxime ne trouvait rien à dire; il ne songea même pas à s'excuser de son absence; il lui aurait fallu trouver un mensonge pour la justifier. Peut-être redoutait-il quelques questions; mais ce n'était pas devant les enfants et Louis, qui sortait et rentrait à chaque instant, que la comtesse pouvait provoquer une explication.

Aussitôt après avoir pris son café, le comte sortit pour se rendre au cercle, où on ne l'avait pas vu depuis deux jours. Il y entra gaiement, ayant sur les lèvres le sourire d'un homme heureux.

— Il ne sait rien, se dit M. de Miray, la comtesse n'a rien dit et ne dira rien.

Rassuré, il marcha à la rencontre du comte. Ils se serrèrent la main.

— Savez-vous, cher ami, dit M. de Miray, que nous commencions à être inquiets; deux grands jours sans qu'on vous voie... Que diable avez-vous pu faire pendant tout ce temps?

— Mon cher, répondit le comte, je suis revenu ce matin de Verdraine, où une affaire urgente m'avait appelé.

— Très bien, très bien, je comprends maintenant.

D'autres amis entourèrent le comte, des poignées de mains furent échangées et tout fut dit.

A cinq heures, M. de Verdraine rentra chez lui. Il avait dit à ses amis qu'il était un peu fatigué et qu'il n'aurait pas le plaisir de dîner en leur compagnie.

Il trouva Paule dans le petit salon, ayant avec elle ses enfants. Elle tenait le petit Édouard sur ses genoux, et Georges se roulait à ses pieds sur le tapis.

— Charmant tableau! c'est très bien, fit le comte.

Il s'assit dans un fauteuil, ouvrit un journal qu'il avait à la main et se mit à lire.

La comtesse se leva et sonna la gouvernante. Celle-ci parut, et sur un signe que lui fit sa maîtresse, elle emmena les enfants.

— Pourquoi les renvoyez-vous? demanda le comte en levant la tête.

— On ne peut pas empêcher les enfants de faire du bruit, répondit-elle, ils vous auraient troublé dans votre lecture.

Le comte, sans répliquer, se renfonça dans son fauteuil et reprit sa lecture.

Au bout d'un instant, Paule, qui l'observait du coin de l'œil, s'aperçut que sa tête tombait sur sa poitrine, que ses yeux se fermaient malgré lui, qu'il avait beaucoup de peine enfin à résister au sommeil.

Elle étouffa un soupir.

Lui s'assoupissait, mais ainsi qu'il arrive quand on sommeille sans que la tête ait un appui, Maxime sursauta par suite d'un vacillement de la tête, rouvrit les yeux, se redressa brusquement, changea de position, se secoua et s'aperçut que sa femme avait les yeux fixés sur lui.

— Les journaux deviennent de plus en plus insignifiants, dit-il, qu'ils soient du département ou de Paris; la politique est écœurante, les polémiques sont assommantes, toujours les mêmes rengaines; ce que je lis est insipide, cela m'endort.

Avec un mouvement de mauvaise humeur, il jeta le journal sur un guéridon.

Après un court silence :

— Vous plaît-il que nous causions un instant? demanda-t-il.

— Si cela vous est agréable, je le veux bien, répondit-elle.

— Eh bien, voyons, qu'est-ce que nous allons dire?

— Autrefois, Maxime, une causerie entre nous n'était jamais une chose difficile, ni embarrassante.

— Autrefois, fit-il, c'était autrefois.

— Vous voulez dire que tout est bien changé.

Il ne répondit pas.

— Vous avez été deux jours absents, reprit-elle, ce serait un sujet de causerie de me dire où vous êtes allé et ce que vous avez fait pendant ces deux jours.

— Je suis allé à Verdraine où j'avais à faire.

Paule sourit tristement.

— Pour m'éviter d'être inquiète, répliqua-t-elle, vous auriez pu me prévenir que vous étiez forcé de vous absenter et me parler de l'affaire qui vous appelait à Verdraine. Eh bien, puisque nous causons, dites-moi cela maintenant.

— Vous savez bien que je ne vous parle jamais de mes affaires, répondit-il, visiblement embarrassé.

— C'est vrai, vous ne m'en parlez plus; autrefois tout ce que vous faisiez ou aviez l'intention de faire, vous me l'appreniez et je m'y intéressais; nous causions ensemble de vos projets, et comme ils étaient raisonnables et bons, j'étais heureuse de les approuver. Mais comme vous le disiez tout à l'heure, Maxime, autrefois, c'était autrefois. Vous ne trouvez plus maintenant que je sois digne de votre confiance; et pourtant, n'ayant rien fait pour ne plus la mériter, il me semble que la mère de vos enfants y a plus que jamais des droits. Mais, hélas! vous ne voulez compter pour rien les titres que j'ai acquis auprès de vous. Ah! vous ne tenez guère les belles promesses que vous m'avez faites avant notre mariage et toutes celles que vous me faisiez après, dans les premières années de notre union : nous devions toujours être heureux, vous en aviez fini avec les erreurs de votre jeunesse, vous ne vouliez plus vivre que pour votre famille. Si vous êtes toujours heureux comme en ce temps-là, tant mieux; il n'en est plus de même pour moi, mon bonheur s'est enfui, la douleur m'accable et, inquiète pour vous et pour mes enfants, je redoute sans cesse les malheurs dont je sens que nous sommes tous menacés.

— Vous êtes ridicule, ma chère, avec vos craintes puériles.

— Mes craintes ne sont pas sans raison, monsieur le comte; et je tremble de les voir trop vite justifiées.

Il haussa les épaules.

— Mais laissons cela, reprit-elle, je sais trop que, maintenant, ma voix ne va plus jusqu'à votre cœur. Tout à l'heure vous vous endormiez, malgré les efforts que vous faisiez pour résister au sommeil, c'est l'effet d'une grande lassitude; qu'avez-vous donc pu faire à Verdraine pour vous être ainsi fatigué?

— Mais... je ne suis nullement fatigué.

— Votre abattement, l'altération de vos traits disent le contraire. Allez, on ne parvient pas à tromper facilement les yeux d'une femme inquiète, qui voit dans l'avenir s'amonceler des orages... Monsieur le comte, vous n'êtes pas allé à Verdraine.

— Comment, je ne suis pas allé...

— Non, vous n'êtes pas allé à Verdraine.

— Alors, j'ai menti?

— Vous ne m'avez pas dit la vérité.

— Mais vous êtes folle! Ah! prenez garde!

— Le malheur qui est dans cette maison ne peut guère être plus grand.

— Ainsi, vous prétendez...

— Vous n'êtes pas allé à Verdraine.

— Oh!

— Et je sais où vous avez passé ces deux jours.

— Vous savez?...

— Oui. Avant-hier soir, monsieur le comte, vous vous êtes rendu au Louvet, où madame de Brogniès vous attendait.

Le comte resta un instant ahuri et tout déconcentrancé.

— Qui vous a dit cela? s'écria-t-il. D'où vient cette calomnie?

— Hélas! dans votre intérêt et pour votre honneur, je voudrais que ce fût une calomnie, mais ce n'est que trop vrai.

— Non, c'est faux, c'est faux!

— Monsieur le comte, pourquoi chercher à mentir encore? Oh! je comprendrais, si vous regrettiez votre conduite, si vous espériez pouvoir cacher à moi et aux autres l'outrage fait à la mère de vos enfants, si vous ne deviez plus revoir madame de Brogniès, cette femme odieuse qui, il y a peu de temps encore, jouant ici un rôle lâche et infâme, se disait ma meilleure amie; mais vous ne regrettez rien, et cette femme éhontée n'a voulu être votre maîtresse que pour vous saisir comme une proie. Je vous connais, vous ne ferez rien pour briser ces nouveaux liens qui vous tiennent, et votre maîtresse ne vous laissera vous échapper ou plutôt ne vous échappera elle-même que quand elle vous aura fait descendre aussi bas que possible. Alors, alors, vous et vos enfants serez irrémédiablement perdus. Pauvres chers petits ! Quel sombre avenir les attend !

Le comte s'était levé et se promenait dans le salon d'un pas agité, fiévreux, le regard farouche.

— Je ne parle plus de moi, je n'ai plus à parler de moi, poursuivit la comtesse, vous ne m'aimez plus et vous regrettez de m'avoir épousée, d'avoir donné votre nom à une pauvre petite paysanne; vous me l'avez fait comprendre, je ne compte plus dans votre existence, je ne suis plus rien, c'est déjà comme si je n'existais plus.

Elle suffoquait; elle s'interrompit et essuya ses yeux pleins de larmes.

Le comte s'était arrêté devant elle, les bras croisés sur la poitrine, et la regardait d'une façon étrange.

— Et pourtant, monsieur le comte, reprit-elle, vous n'avez à me reprocher que de vous avoir trop aimé. Ah ! ma tendresse pour vous méritait d'être mieux récompensée.

Madame de Brogniès est une belle femme, c'est vrai ; mais je suis belle aussi, moi, et plus jeune qu'elle ; et puis vous devriez voir en moi autre chose encore que ma jeunesse et ma beauté, vous y devriez voir la mère...

Malheureusement, je ne suis que la fille d'un paysan et madame de Brogniès est la veuve d'un baron.

Rien n'a pu effacer ma tache originelle, pas

même ma maternité, puisque pour vous ce n'est rien d'être mère. Eh bien ! soit, je ne suis rien, méprisez-moi, puisque vous croyez en avoir le droit; mais au nom de Dieu, monsieur le comte, pensez à vos enfants, à Georges et à Edouard qui portent votre nom.

Je ne vous demande pas de revenir à moi, on ne demande pas l'impossible ; aucune illusion ne m'est plus permise, je n'ai plus rien à espérer; je suis condamnée, je subirai mon sort... Mais vos enfants, vos enfants, monsieur le comte! Ah! qu'ils ne soient pas abandonnés, eux, qu'ils ne perdent pas leur père ! Songez que vos fils seront un jour les gardiens de l'honneur de votre nom, et que c'est vous qui devez leur apprendre à être dignes des marquis de Verdraine et des barons de Bressac.

Le comte restait dans une immobilité complète; mais ses traits s'étaient affreusement contractés et ses prunelles avaient des lueurs fauves.

— Je vous en prie, monsieur le comte, poursuivit la pauvre femme, ne prenez pas en mal ce que je vous dis; ce ne sont pas des reproches que je vous adresse, c'est un cri d'angoisse qui vient de s'échapper de mon âme et que je n'ai pu retenir. Je ne parle pas pour moi, vous le voyez, mais dans votre intérêt et celui de vos enfants. Pendant qu'il en est temps encore, réfléchissez, rentrez en vous-même, regardez où vous allez; appelez à votre aide votre fierté, votre dignité et, s'il le faut, la rigidité des principes de vos grands-parents dont la mémoire sera toujours vénérée ; de grâce, monsieur le comte, n'attendez pas que, par suite de quelque scandale, qui me paraît inévitable, vous ayez perdu l'estime du monde... de votre monde, ajouta-t-elle en appuyant sur les mots.

Elle se tut.

— Vous avez fini ? dit le comte d'une voix creuse.
— Oui.

— Je pensais que vous en aviez pour une heure encore. Je vous ai écoutée avec patience, bien que je n'éprouvasse pas un plaisir infini à vous entendre.

Recevez mes félicitations, madame, continua-t-il d'un ton ironique; vraiment, quand le sujet vous convient, vous ne manquez pas d'une certaine éloquence; la baronne de Bressac ne m'a jamais fait un aussi long sermon, même quand elle enfourchait son dada des grands jours.

Mais tout cela ne m'a pas appris ce que je désire vivement savoir : Qui vous a dit que j'étais allé au Louvet ? Qui vous a dit que madame de Brogniès était ma maîtresse ?

— Du moment que je sais, que vous importe que je vous dise comment j'ai su ?

— Cela m'importe beaucoup, madame.

— Alors, vous voulez absolument...

— Oui, je veux...

Paule tira du corsage de sa robe le billet accusateur et le tendit au comte, qui le lui arracha pour ainsi dire de la main.

— Ce papier m'a tout appris, dit la jeune femme.

Un coup d'œil jeté sur le billet avait suffi au comte pour lui faire comprendre qu'il lui était impossible de nier.

Il se mordit les lèvres.

— Comment cette lettre est-elle tombée entre vos mains ? demanda-t-il d'un ton bref.

— Comment ?

— Oui, comment ?

— Je l'ai trouvée.

— Trouvée ? Où ?

— Evidemment où vous l'avez perdue.

Le comte se mordit de nouveau les lèvres.

Il se rappelait que ce billet, reçu au cercle, il l'avait mis dans la poche de son pardessus ; il croyait l'avoir placé ensuite dans son portefeuille ; il s'était donc trompé, c'était une autre lettre, sans aucune importance, qu'il avait serrée dans le portefeuille.

Tout s'expliquait : le malencontreux billet était tombé de sa poche dans sa chambre, dans la salle à manger ou le salon, et sa femme l'avait ramassé. Il avait manqué de précaution.

Au lieu de courber son front devant l'épouse sans reproche qu'il avait mortellement outragée, devant la mère de ses enfants, une fille de paysans, mais infiniment plus grande et plus noble que lui, il se redressa avec hauteur, et la regardant d'une façon insultante :

— Eh bien, oui, lui dit-il brutalement et avec un cynisme révoltant, madame de Brogniès est ma maîtresse ; après ? Je ne vous aime plus, j'ai pris une maîtresse, cela devait être.

La malheureuse poussa un sourd gémissement.

— Tout est perdu ! murmura-t-elle.

— Ah ! ah ! reprit-il, vous étiez bien heureuse d'avoir cette preuve entre les mains ; et vous pensiez sans doute vous en servir contre madame de Brogniès.

Il déchira la lettre en plusieurs morceaux qu'il jeta au feu en disant :

— Cette preuve, elle n'existe plus !

— Oui, monsieur le comte, répondit Paule d'un ton douloureux, mais ce qui reste, ce que rien ne détruira, c'est la blessure profonde que vous m'avez faite au cœur.

— Elle guérira, répliqua froidement le misérable.

Paule hocha la tête et lui lança un regard de pitié.

— Ecoutez-moi, madame, reprit-il, j'ai encore quelque chose à vous dire.

— J'écoute.

— Il y a longtemps que je ne vous aime plus, et même j'en suis à me demander si je vous ai réellement aimée.

— Mais, monsieur, s'écria la jeune femme indignée et en se dressant debout, il fallait me laisser où vous m'avez prise !

— Oui, sans doute ; mais je ne vous ai pas laissée où vous étiez et nous avons l'un et l'autre le droit de le regretter. Avec votre permission, je reviens à ce que je veux vous dire : il faut que vous le sachiez, si Isabelle, si ma fille eût vécu, bien que ne vous aimant plus, je ne me serais jamais éloigné de vous ; Isabelle était le lien qui me retenait au foyer de la famille, le lien, l'unique lien qui m'attachait à vous.

— Mais Georges, mais Edouard !

— Ils ne remplacent pas Isabelle. Je vous le

répète, si ma fille eût vécu, elle m'aurait retenu auprès d'elle, et jamais, jamais, vous entendez, ni madame de Brogniès, ni une autre femme n'aurait été ma maîtresse !

Sur ces mots, le comte regarda fixement sa femme, comme pour juger de l'effet produit par ses odieuses paroles, puis sortit du salon.

La malheureuse comtesse retomba sur son siège ; appuyant sa main sur son cœur, elle murmura :

— Il ne m'aime plus et il se demande si, autrefois, il m'a réellement aimée... Moi, je l'ai aimé, beaucoup aimé, et je me demande si, réellement, je l'aime encore !

XXX

PENSÉES

Trois jours après la scène lamentable, révoltante, que nous venons de raconter, scène où le comte de Verdraine, non moins lâche que vil, avait montré à nu toutes ses laideurs morales, on apprit que madame de Brogniès allait quitter Grenoble.

La belle Piémontaise était appelée en Italie, à Turin, disait-elle à toutes ses amies, par une parente infirme et âgée, dont elle était l'unique héritière, et qui la réclamait depuis plusieurs mois déjà.

Madame de Brogniès, en effet, faisait ses préparatifs de départ, recevait les personnes qui venaient lui dire adieu et paraissait très affectée de s'éloigner d'une ville qu'elle aimait, où elle avait de précieuses amitiés.

Enfin, après avoir congédié ses trois domestiques, elle se mit en route pour l'Italie, et trois ou quatre jours après son arrivée à Turin elle écrivit à deux de ses plus intimes amies de Grenoble pour leur faire savoir qu'elle avait fait un bon voyage, que sa santé ne laissait rien à désirer et que son arrivée avait causé une joie folle à sa vieille parente. Elle se trouvait bien en Italie ; mais elle pensait constamment à ses chères amies de France, qu'elle ne reverrait de longtemps, hélas ! car sa vieille parente voulait absolument la garder près d'elle, et elle n'était pas sans tristesse en se disant qu'une longue année s'écoulerait peut-être avant qu'elle puisse revenir à Grenoble.

Entre le comte et la comtesse de Verdraine, la rupture était complète.

Paule, qui pensait constamment au sort réservé à ses enfants, souffrait horriblement, mais ne faisait aucune tentative pour ramener son mari au sentiment de ses devoirs. Elle avait échoué plusieurs fois et savait que, quoi qu'elle fît, elle échouerait encore. Ne pouvant plus conjurer le malheur, elle était résignée.

Elle ne voyait plus guère le comte. Tous les jours il dînait au cercle ou ailleurs. Il rentrait n'importe à quelle heure de la nuit, se couchait, dormait ou ne dormait pas, se levait le matin selon son bon plaisir, faisait sa toilette et s'en allait, sans plus s'inquiéter de sa femme et de ses enfants que s'ils n'eussent pas existé.

Bien certainement, il ne passait pas tout son temps au cercle. Mais que faisait-il ? Que pouvait-il faire ?

Très rarement il déjeunait chez lui ; c'était ces jours-là seulement que sa femme et ses enfants le voyaient ; mais autant eût valu qu'il ne leur fît point la gracieuseté de rester une heure avec eux. Il n'adressait pas une parole à Paule qui, de son côté, ne tenait aucunement à rompre le glacial silence. Du reste, depuis la scène, les deux époux n'avaient pas échangé un mot ; ils ne se parlaient plus.

L'attitude du comte était la même vis-à-vis des petits garçons ; il ne leur disait rien, ne s'occupait pas d'eux, ne les regardait même pas. On aurait dit qu'il mettait à cela de l'affectation.

Une pareille indifférence révoltait la mère, l'indignait, faisait bondir son cœur ; mais elle ne laissait point deviner les déchirements qui se faisaient en elle.

Seulement, quand elle se retrouvait seule avec ses chers petits, elle les prenait dans ses bras et les mangeait de baisers. Elle cherchait ainsi à leur faire oublier l'inqualifiable conduite de leur père envers eux.

L'exaltation de son amour maternel était une violente protestation contre le père indigne.

Certes, Georges et Edouard ne méritaient point cette froide indifférence que le comte avait pour eux : ils étaient beaux tous deux, très doux, très obéissants, très sensibles, aimants et doués d'une intelligence qui promettait beaucoup.

La jeune mère s'était faite l'institutrice de ses enfants, Georges savait déjà lire, compter un peu et commençait à écrire. Edouard connaissait toutes les lettres de l'alphabet et commençait à épeler.

Bien que la comtesse s'occupât beaucoup des deux petits, ils ne lui prenaient pas tout son temps. Elle avait pour se livrer à ses pensées, pour réfléchir tristement, les heures pendant lesquelles Georges et Edouard s'amusaient ou reposaient, et entièrement à elle aussi les longues veillées qui commençaient après le coucher des chers mignons.

C'était souvent pendant des heures que Paule s'absorbait dans ses pensées, toujours les mêmes. Sans cesse fouillant la plaie de son cœur, elle la ravivait, la faisait saigner, et trouvait à cette souffrance une âpre satisfaction.

Elle ne tournait plus ses regards vers l'avenir pour l'interroger, lui demander ce qu'il cachait : elle n'osait plus. L'avenir lui donnait le frisson, lui faisait peur. Tout y était si incertain, si sombre, si noir ! Il y a des profondeurs terribles devant lesquelles on recule avec épouvante.

Au lieu de chercher à voir dans cet avenir où il lui semblait entendre gronder la foudre, la comtesse préférait regarder en arrière, et elle se plaisait à évoquer le passé.

Elle se revoyait, jeune fille, à Saint-Amand-les-Vignes. C'est là que, idolâtrée par son père, sa mère et son aïeul, le vieux père Rouget, qui vivait encore, c'est là qu'elle avait été réellement heureuse.

Sans doute, en ce temps-là, qui lui paraissait si éloigné, elle avait eu ses contrariétés, ses déboires, ses peines ; elle n'avait pas eu d'amies, ses compagnes jalouses l'avaient accablée de railleries, tournée en ridicule, humiliée et souvent même injuriée ; mais qu'était-ce que cela à opposer à ses amertumes de maintenant, à son malheur ?

Et, d'ailleurs, avait-elle fait quelque chose pour gagner les sympathies qui lui avaient été refusées ? Ne s'était-elle pas attiré les sarcasmes qui avaient empoisonné les joies de sa jeunesse ? Elle avait été fière, dédaigneuse, hautaine ; elle avait trop laissé voir sa supériorité et elle aussi, à son tour, avait humilié les autres par ses idées de grandeur.

Oh ! ces misérables et folles idées, comme elle en était confuse ! Elle les répudiait, elle se repentait amèrement de les avoir conçues ; mais à quoi lui servaient ses regrets ?

Elle comprenait maintenant que ses parents ne l'avaient pas élevée comme ils auraient dû le faire, qu'ils l'avaient gâtée, qu'ils avaient changé sa nature, faussé son esprit, mal dirigé ses aspirations. C'étaient leurs adulations qui l'avaient rendue fière vaniteuse, orgueilleuse. Ils avaient été maladroits, imprudents, imprévoyants. Ils auraient dû faire la guerre à son caractère romanesque, couper les ailes à son imagination, opposer la réalité à ses rêves.

Mais non ; loin de là, ils l'avaient poussée à l'exaltation en lui faisant voir les sommets élevés où elle pouvait atteindre, sans lui montrer la pente par laquelle on en descend pour tomber dans un abîme.

Sans doute, si elle était malheureuse, c'était sa faute, mais ses parents étaient pour beaucoup dans son malheur. Elle leur en voulait bien un peu de n'avoir rien su sacrifier à leur orgueil, de n'avoir point su la défendre contre elle-même.

Néanmoins, disons-le, elle aimait toujours tendrement son père et sa mère et son aïeul, plus coupable encore que les autres.

Depuis qu'elle s'était complètement éloignée du monde, il était rare qu'elle laissât passer une semaine sans écrire ou à sa mère ou à Pierre Rouget. Elle terminait toujours ses lettres par ces mots :

« Je vous embrasse.

Mais elle ne leur disait plus comme autrefois :

« Je n'ai rien à désirer ; je suis très heureuse ! »

Toutefois, comme elle avait trop de fierté pour se

plaindre et que peut-être elle en aurait été honteuse, elle se gardait bien de rien écrire qui pût permettre de deviner la vérité.

Les réponses du père, de la mère et du vieux Rouget étaient toujours très affectueuses, et Paule voyait qu'elle n'avait pas cessé d'être leur fille et petite-fille adorée.

Pendant longtemps, dans toutes leurs lettres, les braves gens avaient exprimé leur vif désir de revoir leur fille et dit, en le répétant, quel bonheur ce serait aussi pour eux de voir et d'embrasser leurs petits-enfants. Mais ils avaient tant de fois écrit à Paule de venir passer quelques jours à Saint-Amand avec ses enfants qu'ils n'osaient plus lui parler de cela. Ils ne lui disaient pas non plus que, puisqu'elle ne venait pas les voir, ce seraient eux qui iraient à Grenoble.

Oh! ce n'était pas qu'ils n'en eussent grande envie; mais de même que la comtesse leur cachait la vérité, ils ne faisaient point connaître leur situation. Elle était telle qu'ils eussent été fort embarrassés pour trouver l'argent nécessaire au voyage.

Comme nous l'avons dit, Paule avait emporté tout l'argent économisé par ses parents et son grand-père, et même, pour parfaire la somme, on avait emprunté. Ce premier emprunt avait été suivi d'un autre nécessité par la reconstruction de la maison incendiée. La compagnie d'assurances n'avait accordé que 3,000 francs et la dépense totale avait été de 5,000 francs.

Les vignerons avaient eu trois mauvaises années: la première, la vigne avait été gelée; la deuxième, la grêle avait saccagé le coteau, hachant les grappes vertes ; la troisième, les raisins n'avaient pas pu mûrir.

Les pertes avaient été grosses, on s'était tiré d'affaire comme on avait pu, on avait vécu péniblement et, naturellement, rien de ce qui avait été emprunté n'avait été remboursé ; on était même en retard pour les intérêts.

Pierre Rouget, qui venait constamment en aide à son gendre et à sa fille, était aussi pauvre qu'eux.

Bref, on était dans la gêne et pour longtemps.

Mais ni les époux Pérard ni l'ancien sergent ne se plaignaient. Eux aussi avaient leur fierté.

Ils se disaient bien que leur Paule était dans l'opulence, entourée de luxe, comblée de superflu... elle leur avait écrit tant de fois : « Je n'ai rien à désirer... » seulement, ce n'était pas elle, mais le comte de Verdraine qui était riche.

Bien certainement, ils auraient accepté avec reconnaissance un don de leur gendre millionnaire, mais lui demander quelque chose, oh ! non, jamais !

La comtesse Paule s'intéressait maintenant à ce qui se passait à Saint-Amand-les-Vignes. Pourquoi ? Elle n'aurait probablement pas su le dire. Dans chacune de ses lettres elle priait ses parents de ne pas oublier de lui donner toutes les nouvelles du pays.

On lui parlait des uns et des autres, un peu de tout le monde, de la mort d'un tel, de la naissance du septième enfant des époux L., du mariage de mademoiselle B. On lui rapportait, pour la faire rire un peu, pensaient Pérard et sa femme, quelques-uns des cancans du village, mais dans aucune lettre elle ne trouvait un mot ou seulement une allusion concernant Etienne Denizot.

La comtesse en éprouvait du dépit, tout en ne voulant pas s'avouer que c'était surtout de son ancien amoureux qu'elle aurait désiré qu'on lui parlât.

Elle finit par demander à sa mère pourquoi elle ne lui parlait jamais de M. Etienne Denizot.

« Ton père et moi nous avions peur de te contrarier, disait madame Pérard, répondant à sa fille ; mais puisque tu nous demandes des nouvelles d'Etienne, voici ce que j'ai à te dire : Après ton départ de Saint-Amand, il a été très malheureux et l'on a craint un instant qu'il ne devienne fou ; mais grâce à sa mère et à Mélie, la bossue, qui ne lui ont pas épargné les bonnes paroles, il a fini par prendre le dessus. Malgré cela, il y a toujours en lui un fond de tristesse et tout le monde sait bien qu'il te regrette, quoiqu'il ne parle jamais de toi à personne.

» Plusieurs fois on a voulu le marier, on lui a offert les plus beaux partis ; il a refusé. Il veut rester vieux garçon, c'est connu maintenant, il ne s'en cache pas, et l'on trouve cela singulier ; il faut bien croire qu'il pense toujours à toi, qu'il ne peut pas t'oublier.

» Madame Denizot vit toujours, promet de vivre longtemps encore, et Etienne est très bon pour elle. C'est toujours le bon fils que tu as connu.

» Il y en a qui disent qu'il a vieilli ; moi, je ne trouve pas ; sauf sa figure qui a un peu maigri et n'est plus aussi rougeaude, il est toujours le même.

» La Mélie, auprès de madame Denizot, est devenue une brave et bonne fille ; elle est très entendue dans la maison et son dévouement à ses maîtres est admirable. Etienne et sa mère l'ont en grande amitié et elle est aujourd'hui aimée de tout le monde comme autrefois elle en était détestée.

» Etienne a hérité de son oncle et parrain Firmin Mouillet, qui était bien plus riche qu'on ne le pensait, car il avait en plus de ses terres, plus de trente mille francs en argent. Tout de suite Etienne a acheté une ferme, la ferme des Vignolles, et a pris deux autres domestiques, ce qui ne l'empêche pas de travailler beaucoup, comme par le passé, et d'être toujours le premier et le dernier à l'ouvrage.

» Tout lui réussit ; il fait des affaires d'or et tout le monde s'accorde à dire qu'il deviendra riche, très riche. »

En lisant, Paule sentait battre son cœur, elle était palpitante d'émotion et des larmes mouillaient ses paupières.

Quand elle eut lu la dernière ligne, elle murmura :

— Oh!, tant mieux, tant mieux!

Elle s'étonna de cette émotion qu'elle éprouvait, de l'espèce de joie égoïste qui pénétrait en elle. Pourquoi donc était-elle ainsi?

Etait-ce parce que Etienne pensait toujours à elle, ne l'avait pas oubliée? Mais qu'est-ce que cela pouvait lui faire? Non, ce n'était pas cela; c'était plutôt la satisfaction d'apprendre que son ami d'enfance réussissait dans toutes ses entreprises, prospérait, s'enrichissait.

Mais les jours suivants, elle s'étonna de nouveau et plus encore en s'apercevant qu'Etienne était constamment dans sa pensée, que, malgré ses efforts pour l'en éloigner, il y revenait toujours.

Sans cesse il lui apparaissait timide, attristé, embarrassé, avec sa bonne figure si franche, si expressive, ses yeux doux, qui lui disaient tant de choses qu'elle n'avait pas voulu entendre.

Il était bon, dévoué, soumis, prêt à tout faire pour elle; et comme il était sincère et respectueux, l'amour qu'elle lui avait inspiré !

Et elle se disait, entre deux soupirs :

— Oh! oui, il m'aimait, il m'aimait bien, et il m'aurait toujours aimée, lui !

C'étaient des regrets nettement exprimés.

A un autre moment, elle se rappelait les paroles de sa marraine à son lit de mort et la conversation qu'elle avait eue avec Mélie quelques jours avant son mariage. Toutes deux, la vieille tante Françoise et la bossue lui avaient dit :

— Réfléchissez, prenez garde, vous vous trompez, le bonheur n'est pas où vous voulez aller; il est près de vous, le bonheur, prenez-le !

Elle n'avait pas compris, elle n'avait pas cru, elle était fatalement entraînée.

A un moment, profondément remuée par les paroles de la bossue, elle lui avait répondu :

— Il faut que ma destinée s'accomplisse !

Eh bien ! sa destinée s'accomplissait.

Et quelle destinée !

Sa pensée s'égarait, essayait de se perdre dans le dédale de ses souvenirs de jeune fille; mais c'était toujours pour revenir à Etienne avec plus de persistance.

— Ah! il ne m'aurait pas rendue malheureuse, lui !

Elle répétait cette phrase souvent.

N'était-ce pas encore l'expression de tardifs regrets ?

Eh bien, oui, elle en était arrivée à regretter son aveuglement, sa folie, et d'avoir donné son amour à un inconnu passant à cheval dans la rue, sous sa fenêtre. Elle reconnaissait qu'elle avait eu tort de ne pas épouser Etienne. Éblouie par un séduisant mirage, le bonheur, le bonheur vrai, s'était offert à elle, et elle l'avait repoussé.

Elle se disait cela, se le répétait et continuait de s'étonner d'avoir de pareilles pensées.

Un jour qu'elle regrettait plus amèrement que jamais d'avoir passé à côté du bonheur en détournant la tête, et se disait qu'elle aurait toujours été heureuse avec Etienne, Georges et Edouard vinrent tout à coup se jeter dans ses bras.

Elle tressaillit dans tout son être et, pendant un long instant, resta comme terrifiée.

Elle se remit cependant et en embrassant les chéris avec frénésie, elle murmura :

— Ils seraient ses enfants, à lui !

Comme on le voit, il se faisait en elle un travail progressif dont, sans en être absolument inconsciente, elle ne prévoyait certainement pas les conséquences.

Dans une lettre qu'elle reçut de son père, elle lut avec stupeur le passage suivant :

» Peu de temps après la mort de la pauvre petite Isabelle qui, comme tu nous l'as écrit, a été jetée dans la rivière par un scélérat resté inconnu, il y eut dans notre canton une enquête concernant Etienne Denizot, et le maire de Saint-Amand eut trois fois la visite des gendarmes.

» Il y a quinze jours, Etienne ignorait encore à quel propos la justice s'était occupée de lui.

» Il faut croire que la chose le taquinait et il voulut savoir.

» Il s'adressa à un ami qu'il a à Dijon, lequel connaît plusieurs magistrats. On a dit le fin mot de l'affaire à ce monsieur, et c'est ainsi qu'Etienne a appris qu'on l'avait un instant soupçonné d'avoir commis par vengeance l'horrible crime du château de Verdraine.

» Juge si Etienne a été étonné ! On l'est à moins. »

La comtesse se dressa comme mue par un ressort, les yeux pleins de flammes.

— Infamie ! s'écria-t-elle rouge d'indignation.

Puis ayant un sanglot dans la gorge, elle murmura :

— Oh! l'avoir soupçonné, lui !

Cette fois, Paule n'avait pas à s'étonner de prendre aussi énergiquement la défense de celui qui l'avait tant aimée.

Elle le connaissait ; elle savait que cet homme bon et loyal, que ce cœur d'élite, loin d'être capable de commettre un crime, ne voudrait pas avoir seulement la plus petite chose à se reprocher.

FIN DU PREMIER VOLUME

TABLE DES CHAPITRES

Avant-propos		1
I.	La belle Paule	7
II.	Le sergent Rouget	14
III.	La caravane	22
IV.	Mercédès, la gitana	31
V.	Etienne Denizot	42
VI.	L'incendie	54
VII.	La Marraine	63
VIII.	La Fontaine-Belle-Eau	72
IX.	Première visite	84
X.	Maxime de Verdraine	95
XI.	La bossue	108
XII.	La sagesse d'un fou	119
XIII.	Paysan et gentilhomme	133
XIV.	Avant la fête	143
XV.	Au bal	154
XVI.	Le quadrille	164
XVII.	La demande en mariage	179
XVIII.	Joie des uns, douleur des autres	191
XIX.	La chanson des larmes	201
XX.	Le mariage	213
XXI.	Lune de miel	224
XXII.	Nouvelle lune	230
XXIII.	Le vivier	240
XXIV.	C'est un crime	250
XXV.	Le petit Georges	263
XXVI.	Pauvre mère	274
XXVII.	La coupe amère	285
XXVIII.	La lettre	304
XXIX.	Nouvelle blessure	313
XXX.	Pensées	326

Émile Colin. — Imprimerie de Lagny.

www.ingramcontent.com/pod-product-compliance
Lightning Source LLC
Chambersburg PA
CBHW072018150426
43194CB00008B/1161